09/29/14

D0707542

DENTRO DE LA CAJA

Drew Boyd • Jacob Goldenberg

Dentro de la caja

El proceso creativo
que funciona en todos los casos

EMPRESA ACTIVA
Argentina – Chile – Colombia – España
Estados Unidos – México – Perú – Uruguay – Venezuela

Título original: *Inside the Box – A Proven System of Creativity for Breakthrough Results*
Editor original: Simon & Schuster, New York
Traducción: María Isabel Merino Sánchez

1.ª edición Febrero 2014

Copyright © 2013 by Drew Boyd y Jacob Goldenberg
All Rights Reserved
© 2013 de la traducción *by* María Isabel Merino Sánchez
© 2013 *by* Ediciones Urano, S.A.
    Aribau, 142, pral. – 08036 Barcelona
    www.empresaactiva.com
    www.edicionesurano.com

ISBN: 978-84-96627-78-9
E-ISBN: 978-84-9944-666-0
Depósito legal: B-1186-2014

Fotocomposición: Ediciones Urano, S.A
Impreso por: Romanyà-Valls – Verdaguer, 1 – 08786 Capellades (Barcelona)

Impreso en España – *Printed in Spain*

*Dedicamos este libro
a todas las generaciones de
innovadores pasados y futuros
que hacen del mundo
un lugar mejor.*

ÍNDICE

INTRODUCCIÓN

«¡Ha funcionado! —dije a Jacob Goldenberg, mi amigo y coautor de este libro—. Han usado el método, y lo han usado bien.» Aunque era tarde para que usáramos Skype, dada la diferencia de siete horas entre Cincinnati y Jerusalén, Jacob tenía muchas ganas de saber cómo había ido mi última clase. Jacob y sus colegas de Israel, Roni Horowitz y Amnon Levav, habían desarrollado un nuevo método de creatividad y lo habían estado enseñando a ejecutivos corporativos, ingenieros, profesionales del marketing y otros líderes empresariales de todo el mundo. Sin embargo, esta última clase mía era un auténtico test para saber si el método era fiable y a toda prueba, como todos nosotros creíamos.

Sí, lo era, me alegré de informar. Uno de los alumnos en particular había conseguido la clase de avance creativo que Jacob y yo habíamos esperado, y que habíamos visto producirse una y otra vez en profesionales experimentados. Le había dado a Ryan, de dieciséis años, una linterna corriente y, después de revisar con él los pasos del método, le dije que inventara algo nuevo. La invención de Ryan era una simple modificación del interruptor de encendido y apagado de la linterna. Creó un interruptor que, además, actuaba como regulador que modificaba la intensidad de la luz según fuera necesario. Puede que a usted no le parezca una idea particularmente apasionante, y no es la más revolucionaria que presentaremos en este libro. Pero escuche cuáles fueron las circunstancias.

Ryan formaba parte de un grupo de alumnos con necesidades especiales del instituto Hughes Center de Cincinnati. Estos alumnos tenían diversas limitaciones cognitivas y motoras, entre ellas autismo y trastornos del aprendizaje. Ryan tiene síndrome de Down. Pese a sus restricciones cognitivas, aprendió y usó con éxito el mismo método que usted aprenderá aquí, un método que usan las principales corporaciones e inventores de todo el mundo.

UN MÉTODO PARA INNOVAR

La opinión tradicional que se tiene de la creatividad es que no está estructurada ni obedece a normas ni patrones. Que es preciso pensar «fuera de la caja» para ser verdaderamente original e innovador. Que se debe empezar con un problema y luego lanzar una «lluvia de ideas» sin limitaciones, hasta dar con una solución. Que debemos «volvernos locos» haciendo analogías con cosas que no tienen nada que ver con nuestros productos, servicios o procesos. Que desviarnos tan lejos como sea posible nos ayudará a dar con una idea innovadora.

Nosotros creemos justo lo contrario. Le mostraremos que se produce más innovación —y más rápida y mejor— cuando trabajamos *dentro* del mundo que nos resulta familiar (sí, *dentro* de la caja) usando lo que llamamos plantillas. No hacemos esta afirmación a la ligera. Jacob, Roni, Amnon y sus asesores, los profesores David Mazursky y Sorin Solomon, desarrollaron este método de creatividad inspirados por el trabajo del investigador pionero Genrich Altshuller. Altshuller descubrió que las soluciones creativas tienen una lógica subyacente que se puede definir y enseñar a otros. Su concentración en los patrones para crear soluciones estimuló a Jacob y sus socios a hacerse las mismas preguntas sobre los patrones existentes en productos y servicios muy innovadores.

En 1999, este equipo había estudiado cientos de productos de éxito para ver qué los diferenciaba de otros productos parecidos. Lo que descubrieron le sorprenderá. Pensaríamos que los productos nuevos e innovadores tendrían que ser muy diferentes unos de otros. De hecho, las soluciones inventivas comparten ciertos patrones, unos patrones a los que se les puede dar la forma de plantillas. Estas plantillas regulan nuestro pensamiento y canalizan el proceso creativo de tal manera que nos hace más —no menos— creativos.

Creemos que los innovadores de todos los rincones del mundo han usado plantillas en sus inventos durante miles de años, la mayoría sin ser conscientes de ello. Estas plantillas están ya codificadas como el ADN en los productos y servicios que vemos alrededor.

Sorprendentemente, la mayoría de productos nuevos, inventivos y exitosos son el resultado de sólo cinco plantillas: sustracción, división, multiplicación, unificación de tareas y dependencia de atributos. Estas plantillas son la base del método de innovación llamado Pensamiento Inventivo Sistemático (SIT, por sus siglas en inglés). En los veinte años transcurridos desde sus inicios, el método se ha ampliado para abarcar una amplia serie de fenómenos relacionados con la innovación en diversos contextos. Con la utilización del SIT, las empresas han conseguido resultados sin precedentes en muchos tipos de situaciones y en todo el mundo. En este libro nos centramos en las técnicas y principios básicos que son el núcleo del método y lo convierten en único.

Quizá le haya sorprendido la palabra «sistemático» en Pensamiento Inventivo Sistemático. A la mayoría les sorprende. Sabemos que parece algo contrario al sentido común la noción de que la creatividad puede ser sistemática. Sin embargo, puede serlo. Además, resulta que el método también es muy eficaz para hacer que la creatividad sea accesible a cualquiera. Y, al usar el método, estará sacando partido conscientemente de las plantillas que la humanidad ha usado de forma intuitiva durante siglos para crear nuevas ideas.

¿Da resultado? Royal Philips Electronics, una empresa líder mundial en electrónica, usó la técnica de la «sustracción» para revolucionar el mercado de los DVD. ¿Recuerda cuando los reproductores de DVD tenían el mismo aspecto que los voluminosos reproductores de vídeo tradicionales, con un desconcertante número de botones y opciones en el panel frontal? El equipo de Philips utilizó nuestro sistema para crear un reproductor de DVD controlado por un dispositivo manual. El resultado: un aparato de DVD más delgado, más barato, con un aspecto más sencillo y más fácil de usar. La solución de Philips redefinió el mercado de los DVD y estableció un nuevo diseño estándar para los reproductores de DVD y otros aparatos electrónicos para el hogar. Fue sólo una de las 149 ideas utilizables que Philips generó usando el SIT en aquella ocasión.

Samsonite, la mayor empresa de maletas de viaje del mundo, aplicó la técnica de «unificación de tareas» para expandirse al mercado de mochilas escolares. Las mochilas, en especial para los estudiantes universitarios, causan tensión en la espalda y el cuello, debido al peso de lo que contienen: libros de texto, ordenador portátil, etcétera. En lugar de acolchar las correas como todos los demás, el equipo de Samsonite ideó una manera de usar el peso como *ventaja* para la comodidad. Las correas están diseñadas de tal manera que presionan suavemente los hombros del portador en «puntos de *shiatsu*» estratégicamente situados para proporcionar la sensación de un masaje calmante. Cuanto más pesa el contenido, más profunda es la sensación y más alivia el estrés del portador.

Pearson Education, empresa líder en educación en el mundo, utilizó la técnica de la «multiplicación» para crear un nuevo curso diseñado específicamente para estudiantes que suspendían preálgebra o álgebra y necesitaban un enfoque diferente para estudiar estas asignaturas. Por cierto, es sólo una coincidencia que la técnica de la multiplicación fuera útil con las matemáticas; la misma técnica llevó también a Pearson a inventar un nuevo instructor de planificación en formato de audio que ayuda a los profesores a planificar sus lecciones, y a crear un nuevo enfoque basado en la web para el servicio al cliente.

En este libro, vamos a enseñarle cómo aplicar nuestro planteamiento de dentro de la caja para crear cualquier tipo de producto, servicio o proceso. Ilustraremos cada técnica con muchos ejemplos, procedentes tanto de clientes con los que hemos trabajado como del mundo en general.

Consideremos, por ejemplo, a Bill Frisell, uno de los principales guitarristas de *jazz* desde finales de los años ochenta. Se lo conoce por usar toda una serie de efectos electrónicos (retardo, distorsión, reverberación, pedales octavadores y pedales de volumen, por nombrar unos pocos) para crear sonidos únicos para su instrumento. Una de las técnicas favoritas de Frisell para idear nuevos sonidos es imaginar que sólo dispone de una de las seis cuerdas de la guitarra. Sustrae las otras y se limita a tocar con una única cuerda, forzándose a hacer una música más creativa. Bill Frisell acabó siendo más creativo cuando trabajó dentro de la caja; es decir, confinado a una guitarra, pero sustrayendo algunos elementos clave.

En una situación tras otra, las mismas cinco plantillas aparecen como claves para la innovación. Cuanto más aprenda sobre este enfoque, más empezará a ver que las cinco técnicas se aplican para solucionar problemas difíciles y crear todo tipo de avances. Estas cinco técnicas son:

SUSTRACCIÓN. Con frecuencia, a los productos y servicios innovadores se les ha quitado algo, por lo general algo que antes se creía esencial para el producto o servicio. Las compañías aéreas de bajo coste eliminaron los extras. Al retirar la cobertura para las orejas de los auriculares tradicionales, tuvimos «audífonos» colocados dentro de la oreja. Al sustraer el polímero de los rotu-

15

ladores permanentes, se creó el marcador borrable. Desafiando toda lógica, Apple eliminó la característica de «llamada» de su popular iPhone y creó el iTouch, del que ha vendido sesenta millones de unidades desde entonces.

DIVISIÓN. En muchos productos y servicios creativos se ha separado uno de sus componentes y se ha colocado en algún otro sitio en la situación de uso, por lo general de una manera que al principio no parecía productiva ni factible. En casa, los productos que usan mandos a distancia ofrecen más comodidad gracias al patrón de «división». Las pesas de gimnasia nos facilitan regular el peso adecuado para construir masa muscular. Las impresoras informáticas nos permiten separar el cartucho de tinta para sustituirlo más fácilmente.

MULTIPLICACIÓN. Con esta técnica, se copia un componente, pero cambiándolo de alguna manera que, por lo general, al principio parecía innecesaria o extraña. Por ejemplo, las bicicletas de los niños tienen ruedas normales más dos «ruedas para aprender» más pequeñas, unidas a la rueda de atrás para mantener estable la bicicleta mientras el niño aprende. Los televisores con «imagen dentro de la imagen» tuvieron un enorme éxito entre los usuarios porque permitían que viéramos un programa mientras seguíamos lo que pasaba en otro canal, por ejemplo un acontecimiento deportivo importante o las noticias.

UNIFICACIÓN DE TAREAS. En algunos productos y servicios creativos, se han agrupado ciertas tareas y se han unificado dentro de un componente del producto o servicio, por lo general un componente que antes se creía que no guardaba relación con la tarea. Los calcetines Odor-Eaters («devoradores de olor») mantienen los pies calientes y, *además*, tienen el trabajo adicional de desodorizar. Los hidratantes faciales ahora tienen la tarea adicional de ofrecernos protección contra el sol. Los publicistas utilizan esta técnica desde hace años, colocando anuncios en objetos en movimiento, como los taxis, los autobuses e incluso los autocares escolares.

DEPENDENCIA DE ATRIBUTOS. En muchos productos y servicios innovadores, dos o tres atributos que antes parecían no guardar relación entre sí ahora se correlacionan. Cuando una cosa cambia, otra cambia también. Hoy los automóviles utilizan mucho este patrón: los limpiaparabrisas que cambian de velocidad según cambia la cantidad de lluvia, el volumen de la radio que se ajusta según la velocidad del coche y los faros que atenúan automáticamente la intensidad de la luz cuando se acerca otro coche de frente, por nombrar sólo unos pocos ejemplos. Los teléfonos inteligentes ofrecen información sobre restaurantes, localizaciones de amigos cercanos y preferencias de compra dependiendo del lugar donde nos encontremos en ese momento. La información *depende* de la geolocalización. Es difícil imaginar la vida sin estas innovaciones, creadas todas con esta técnica común.

POR QUÉ LAS PLANTILLAS IMPORTAN

Pero, espere. ¿Esto no va contra todo lo que hemos aprendido sobre creatividad? ¿Podría la creatividad ser algo tan simple como seguir unas plantillas?

En 1914, el psicólogo Wolfgang Köhler inició una serie de estudios sobre los chimpancés y su capacidad para solucionar problemas. Documentó la investigación en su libro *The Mentality of Apes* (La mentalidad de los monos). En uno de los experimentos, cogió a una chimpancé recién nacida y la puso en una jaula aislada, antes de que viera o tuviera contacto con otros chimpancés. La llamó Nueva.

Tres días después, los investigadores pusieron un palito en la jaula. Curiosa, Nueva cogió el palo, escarbó en el suelo y jugó con él brevemente. Perdió interés y dejó caer el palo.

Diez minutos más tarde, colocaron un cuenco con fruta fuera de la jaula, justo fuera de su alcance. Nueva estiró el brazo entre las barras de la jaula tanto como pudo, sin ningún resultado. Lo intentó una y otra vez, gimiendo y lanzando gritos de desesperación. Finalmente, se rindió y se tumbó de espaldas, frustrada y desanimada.

Al cabo de siete minutos, Nueva dejó de gemir de repente, se incorporó y miró el palo. Lo cogió y, estirando el brazo fuera de la jaula, puso el extremo del palo directamente detrás del cuenco de fruta y lo atrajo justo lo suficiente para alcanzar la fruta con la mano. Köhler describió su conducta como de «determinación férrea».

Köhler repitió el test una hora más tarde. En la segunda prueba, Nueva recorrió el mismo ciclo que antes —exhibió ansiedad por alcanzar la fruta, frustración al no lograrlo y una desesperación que la llevó a rendirse temporalmente—, pero le costó mucho menos tiempo usar el palo. En las pruebas posteriores, no se mostró frustrada ni vaciló. Se limitó a esperar impaciente, con su pequeña innovación en la mano.

Nueva, con tres días de edad, creó una herramienta usando una plantilla de creatividad consagrada por el tiempo, una entre muchas utilizada por los primates —incluido el hombre— durante miles de años. La plantilla consiste en usar objetos cercanos a fin de solucionar problemas. Una vez que vio el valor de este enfoque, Nueva empezó a utilizarlo una y otra vez.

Los patrones tienen un papel vital en nuestra vida cotidiana. Los llamamos costumbres y, como suele decirse, somos animales de costumbres. Esas costumbres nos simplifican la vida poniendo en marcha ideas y actos en respuesta a información y situaciones familiares. Es así como nuestro cerebro procesa el mundo: organizándolo en patrones reconocibles. Estas costumbres o patrones nos ayudan a superar el día: levantarnos, ducharnos, desayunar, ir a trabajar. Debido a ellas, no tenemos que emplear tanto esfuerzo la próxima vez que nos encontramos con la misma información o en una situación similar. Sobre todo, sin siquiera pensar en ello, aplicamos patrones a nuestras convenciones y rutinas cotidianas. Pero ciertos patrones conducen a resultados sorprendentes y poco convencionales. Recordamos especialmente los que nos ayudan a resolver problemas. Los que nos ayudan a hacer algo diferente son valiosos. No queremos olvidarlos, así que los identificamos y los «codificamos» en patrones repetibles llamados plantillas. Se podría decir que una plantilla es un patrón usado conscientemente una y otra vez para lograr resultados que sean tan nuevos y poco convencionales como los que obtuvimos la primera vez que lo empleamos.

Incluso los chimpancés como la pequeña Nueva pueden seguir plantillas una vez que ven su valor. Nueva usó el palo para alcanzar la fruta. Su plantilla se convirtió en «Usa objetos cercanos para nuevas tareas». De hecho, los simios son buenos con esta plantilla en concreto; tal como Nueva hizo de manera intuitiva, constantemente usan objetos de su entorno con fines no convencionales. Por ejemplo, meten un palo dentro de los hormigueros para que las hormigas suban por él y sea más fácil comérselas. Las investigaciones del doctor Köhler mostraron que los simios no sólo descubren nuevas soluciones indirectas, sino que además vencen su habitual tendencia a usar métodos directos. «Remodelan» su modo de pensar. Generalizan el patrón para que sea utilizable en toda una serie de escenarios.

Pero no piense que el objetivo de las plantillas es simplemente convertirlo todo en algo trillado y rutinario. Los humanos más creativos usan las plantillas para producir resultados extraordinarios. Cuando descubren una que tiene éxito, se mantienen fieles a ella. Consideremos uno de los músicos de más éxito de la historia, Paul McCartney, y John Lennon, su compañero en la composición de canciones en los Beatles. En una de sus biografías, Paul confesó cómo escribían música al principio de su carrera: «Lo habitual era que, para estas cosas escritas en colaboración, con frecuencia John tuviera el primer verso, y eso siempre era suficiente: era la dirección, el indicador y la inspiración para toda la canción. Detesto la palabra, pero era la plantilla».

Paul y John hacían lo mismo que Nueva con su palo. Descubrieron patrones de éxito en la música y crearon un conjunto sofisticado de plantillas reutilizables para hacer música que les permitieron generar una canción de éxito tras otra. El Libro Guinness de los Récords dice que McCartney es el «compositor e intérprete con más éxito de todos los tiempos». Ha grabado discos de oro, con ventas de más de cien millones de álbumes y cien millones de sencillos.

McCartney no era el único que usaba plantillas para la música. El compositor Igor Stravinsky también lo hacía. Escritores y poetas las usan, sólo que las llaman «formas» (sonetos, por ejemplo). El poeta Robert Frost, los artistas Salvador Dalí y Miguel Ángel, todos aprendieron que las plantillas aumentaban su producción creativa. Agatha Christie, autora de libros de misterio, también las usaba: se descubre un cadáver; un detective examina la escena del crimen, recoge pistas, interroga a los sospechosos y sólo al final revela quién es el asesino, la persona que menos imaginábamos. Una vez que tenía un argumento, lo llenaba con información y datos del mundo que la rodeaba —lugares, nombres de los personajes, etcétera—, todos encajando dentro de la misma plantilla.

Podríamos creer que sesenta y seis novelas de misterio usando la misma plantilla acabarían siendo aburridas y perderían su atractivo. Por el contrario, la plantilla de Christie la obligaba de tal manera que hacía que fuera más creativa, no menos. Es la novelista que más libros ha vendido de todos los tiempos.

Ninguno de estos logros ha sido una casualidad. Las plantillas nos «limitan» de una manera que potencia nuestra producción creativa. Agatha Christie confinaba sus historias a una secuencia conocida. Paul McCartney trabajaba dentro de su estructura musical autodefinida. ¿Y la pequeña Nueva? No tenía más remedio que ser creativa dentro de los confines de una jaula con barrotes de acero. Estaba literalmente «dentro de la caja» cuando inventó su solución.

¿Por qué la mayoría de personas no saben nada de las plantillas? Quizá porque las personas creativas no se daban cuenta de que estaban usando una. Quizá lo guardaban en secreto, porque les preocupaba que otros pudieran robárselas. Después de todo, podría parecer que usar una plantilla rebajaba nuestro genio creativo. Sea como sea, esas plantillas existen y no hay nada que impida que otros las usen. Imagine que usamos las plantillas creativas mejores y más productivas de todos los tiempos para inventar algo nuevo.

Oficialmente a este método lo llamamos Pensamiento Inventivo Sistemático. Pero es una denominación larguísima, así que también le damos un apodo: enfoque de «dentro de la caja», y es un medio para crear ideas innovadoras de verdad, en cualquier momento, usando los recursos que tenemos a mano. Exacto: no tiene que esperar a que llegue la inspiración ni a que aparezca la musa ni depender de algún tipo de chispa inusual de brillantez para crear algo. Siguiendo nuestro método, podrá crear cosas nuevas y apasionantes —o concebir ideas nuevas y apasionantes— a voluntad.

EL MUNDO CERRADO

El uso correcto de estas técnicas se basa en dos principios clave. El primero recibe el nombre de principio del «Mundo Cerrado». De hecho, ya se lo hemos presentado: es la idea de que la manera mejor y más rápida de innovar es ver los recursos que tenemos más a mano. Piense en ello: ¿cuál es la idea más inteligente con la que se ha tropezado? Lo más probable es que fuera aparentemente sencilla y algo que se le podría haber ocurrido a usted mismo.

21

Roni Horowitz concibió este principio durante su investigación doctoral. Al igual que Jacob, se inspiró en Altshuller para estudiar soluciones inventivas a fin de descubrir los secretos que pudieran contener. El estudio mostró que sucede algo fascinante la primera vez que nos enteramos de una idea nueva e innovadora. Nos sorprendemos. Decimos: «Vaya, ¿por qué no se me ha ocurrido *a mí*?» ¿De dónde viene esa sorpresa? Tendemos a sorprendernos al máximo por las ideas que tenemos justo delante de las narices, las que están relacionadas de alguna manera con nuestra realidad o visión del mundo actuales. Aunque el invento está «muy cerca» de nuestro mundo, no pensamos en esa inteligente idea primero. ¿Por qué no? ¡Estaba tan cerca! Sí, lo estaba. Estaba en un Mundo Cerrado particular.

Todos tenemos nuestro propio Mundo Cerrado: el tiempo y el espacio físicos que nos rodean de modo inmediato. Dentro de ese espacio, hay componentes y elementos a nuestro alcance. En su Mundo Cerrado, por ejemplo, usted tiene este libro. Quizá tenga una taza de café. O su perro, tumbado a sus pies. El punto de partida para utilizar nuestro método es tomar nota cuidadosamente de estos componentes, porque se convierten en la materia prima que usamos al aplicar las plantillas para innovar.

Esto va contra nuestra intuición, porque como hemos dicho antes, la mayoría piensa que es preciso salir *fuera* de nuestra actual esfera para ser innovadores. Las lluvias de ideas y otros métodos usan estímulos al azar para obligarte a salir del Mundo Cerrado, cuando deberían hacer justo lo contrario.

La pequeña Nueva descubrió su innovación allí mismo. Igual hizo el famoso arquitecto estadounidense Frank Lloyd Wright cuando creó la espectacular casa llamada Fallingwater. Usó estructuras, rocas, arroyos y elementos que había alrededor como parte del edificio. Visualizó todos los componentes ambientales como parte de su Mundo Cerrado. En lugar de ver las rocas y arroyos como obstáculos, usó una plantilla consagrada por la tradición para innovar dentro de los confines de ese Mundo Cerrado particular.

LA FUNCIÓN SIGUE A LA FORMA

El segundo principio exige cambiar el modo en que nuestro cerebro piensa sobre la solución de problemas. Muchas personas dan por sentado que el modo de innovar es empezar con un problema bien definido y luego tratar de encontrar soluciones. En nuestro método es justo lo contrario. Empezamos con una solución conceptual, abstracta, y luego vamos al problema que soluciona. Por lo tanto, tenemos que aprender a darle la vuelta al modo habitual en que funciona nuestro cerebro al innovar.

Este principio se llama «la función sigue a la forma» (exactamente lo opuesto a «la forma sigue a la función», que se remonta a 1896 y al arquitecto Louis Sullivan). Los psicólogos Ronald A. Finke, Thomas B. Ward y Steven M. Smith fueron los primeros en informar del fenómeno de «la función sigue a la forma» en 1992. Reconocieron que tomamos una de dos direcciones cuando pensamos creativamente: vamos desde el problema a la solución o desde la solución al problema. Descubrieron que, en realidad, somos mejores buscando beneficios para configuraciones dadas (partiendo de una solución) que buscando la configuración óptima para unos beneficios dados (partiendo del problema). Imagine que le enseñan un biberón y le dicen que cambia de color al cambiar la temperatura de la leche. ¿En qué le sería útil? Como la mayoría, reconocería al instante que le ayudaría a asegurarse de no quemar al bebé con una leche demasiado caliente. Imagine ahora que le hacen la pregunta opuesta: ¿cómo podemos asegurarnos de que no quemamos al bebé con una leche demasiado caliente?, ¿cuánto tardaría en idear un biberón que cambiara de color? Sin una técnica, quizá no llegara nunca a esa idea.

No obstante, aplicar una de las técnicas («Dependencia de atributos») prácticamente nos obliga a deducir y considerar esa configuración. A partir de ahí, usamos nuestros conocimientos y experiencia para vincular la configuración (biberón que cambia de color) a sus beneficios.

Y ésa es la clave para usar el método: aplicamos una de las técnicas para crear una «forma», luego tomamos esa forma y encontramos una «función» que pueda realizar. La función sigue a la forma.

Estará predispuesto a tomar ese rumbo en su manera de pensar cuando parta de la solución. Emplear nuestro método le ayudará a activar el principio de «la función sigue a la forma» y a usarlo sistemáticamente.

ENCUENTRO DE MENTES: LA SABIDURÍA DE LA CALLE COMBINADA CON LA INVESTIGACIÓN ACADÉMICA

Este libro está escrito conjuntamente, pero encierra dos perspectivas totalmente diferentes. Una es la de un investigador académico, Jacob Goldenberg. Jacob es una auténtica «rata de laboratorio»: un científico cuya carrera se ha dedicado a comprender cómo innova la mente. Sus descubrimientos han sido clave para asentar la base del método. Ha publicado sus investigaciones en revistas científicas punteras y el método se ha ido difundiendo por el mundo corporativo. Pero, hasta ahora, no se había comunicado a un público más amplio.

La otra perspectiva es la de Drew Boyd, un especialista corporativo con más de veinticinco años de experiencia práctica dirigiendo iniciativas innovadoras pioneras. En broma, decimos que Drew es la «rata callejera», dado que ha aplicado el enfoque de dentro de la caja a situaciones empresariales de la vida real en salas de juntas y conferencias de todo el mundo. Del mismo modo que Jacob posee el dominio teórico del método, Drew tiene una profunda comprensión de cómo funciona en la práctica cotidiana.

Pero Drew ha tenido que aprender a las malas. *Muy* a las malas.

Meses antes de saber de Jacob, Drew conoció a un «consultor de innovación» que afirmaba tener unas herramientas y métodos únicos que crearían nuevos productos asombrosos. Sonaba demasiado bueno para ser verdad. Así que decidió investigar. ¿Era verdad? ¿Esos métodos eran efectivos? Drew visitó las oficinas del consultor de innovación para averiguarlo de primera mano. Lo que vio lo dejó asombrado. Los despachos eran futuristas y nada tradicionales. Los empleados no eran nada corporativos, todos vestían vaqueros y cómodos zapatos marca Skechers. Se lanzaban *frisbees* unos a otros. Había bicicletas colgadas del techo. Estaba claro que no eran unas oficinas corporativas corrientes y que no se trataba de una compañía corriente. Aquel sitio pregonaba que aquellas personas debían de ser expertas en creatividad. Afirmaban contar con un proceso de innovación detallado con una serie de herramientas y métodos inteligentes y dinámicos que lo respaldaban. Los nombres de los métodos eran tan hábiles que el consultor los había registrado. Drew estaba impresionado. Aquello tenía que ser, por fuerza, algo bueno si la firma había pensado que era necesario proteger su propiedad intelectual.

Drew convenció a los rangos superiores de Johnson & Johnson, la compañía para la que trabajaba, para que lo probaran. J&J aprobó el proyecto, se gastó bastante más de un millón de dólares y contrató a cientos de empleados de todo el mundo que usaban esta metodología «infalible».

Lamentablemente, meses de trabajo sólo produjeron cinco exiguas ideas. Las presentaron al consejo de dirección en quince minutos, y acabaron en la basura de inmediato. El proyecto fue un fracaso absoluto.

Drew se prometió que nunca más se enamoraría así de un llamado método de innovación. Pero unos meses después de su

25

dolorosa experiencia, leyó un artículo en *The Wall Street Journal* sobre un joven profesor de marketing llamado Jacob Goldenberg. La reseña decía: «Se puede pensar en la innovación como una serie de patrones o plantillas». Drew recuerda que, al leer esas palabras, pensó: «¿Podría ser verdad? Si lo es, sería asombroso». Al instante, sus dolorosos recuerdos del reciente experimento de innovación se aceleraron. «No dejes que esto vuelva a sucederte nunca más» eran las palabras que se había estado repitiendo desde su último desastre en la metodología de la innovación. Decidió examinar el posible método de innovación, pero con mucha más cautela que la última vez.

Sin embargo, después de recoger información sobre las plantillas, Drew se convenció de que el método era realmente especial. Estaba decidido a probarlo. Se asoció con uno de sus colegas en J&J para ponerlo a prueba con un nuevo prototipo de aparato de anestesia. Hablaremos de ese experimento en el capítulo 2.

Drew, la rata callejera, y Jacob, la rata de laboratorio, se encontraron finalmente cara a cara varios años después. La reunión fue el comienzo de una larga relación en la cual lo que aprendíamos sobre el terreno inspiraba nuevos experimentos en el laboratorio y viceversa. Durante nueve años, Drew fue un orador invitado en las clases de Jacob, en la Columbia Business School, donde los alumnos contribuían a la aplicación práctica de las ideas de Jacob.

En este libro, queremos levantar el telón y revelar un mundo fascinante oculto justo delante de usted (dentro de la proverbial caja). Debemos advertirle de que el libro adopta hacia la creatividad una actitud diferente de la visión convencional. No vemos el acto creativo como un acontecimiento extraordinario. No creemos que sea un don que se tiene o no se tiene desde que nacemos. Por el contrario, creemos que la creatividad es una destreza que cualquiera puede aprender y dominar. En ese sentido, no es muy diferente de otras habilidades que adquirimos en los negocios o en la vida. Como sucede con ellas, cuanto más la practique, más la dominará.

El Pensamiento Inventivo Sistemático combina la sabiduría de la calle con los conocimientos validados científicamente. En este libro, le ofrecemos la culminación de nuestra experiencia en ambos ámbitos. Al fusionar ambas perspectivas, le ofrecemos una guía práctica para empezar a innovar en su vida de cada día. Ya no tiene necesidad de esperar que se produzca una crisis para tomar en consideración soluciones creativas. Puede ser más innovador de forma *continuada* aprendiendo y aplicando el SIT.

Para incentivarle a tratar de usar el método usted mismo, le proporcionamos abundantes ejemplos donde estas técnicas se han usado en una amplia serie de sectores, productos, servicios y actividades. Más adelante, conocerá a algunos de nuestros colegas —investigadores y profesionales— que han ayudado a moldear y perfeccionar el método. Presentaremos casos de la vida real recogidos de la experiencia del equipo de Systematic Inventive Thinking, una empresa de formación y consultoría. El equipo enseña el método a empresas de todo el mundo para hacer que la creatividad y la innovación sean parte de su cultura. Le presentaremos a algunos coordinadores del SIT, que comparten amablemente sus historias aquí.

Ahora le invitamos a unirse al creciente número de personas que, en todo el mundo, están descubriendo un modo sistemático de volver a aplicar lo que la humanidad hace instintivamente para crear innovaciones extraordinarias. Primero, exploraremos el Mundo Cerrado con más detalle para que se convenza de su poder creativo y sepa reconocerlo para alimentar sus esfuerzos creativos. Luego, conocerá cada una de las cinco técnicas a través de los ojos de inventores, empresas e incluso niños. Aprenderá un modo progresivo de aplicar cada una y evitar peligros corrientes mientras impartimos las lecciones que hemos aprendido en cientos de talleres de formación.

A continuación, dirigiremos su atención a una de las situaciones más molestas a las que nos enfrentamos cuando tratamos de innovar: la temida «contradicción». Las contradicciones se producen cuando debemos reconciliar dos factores diferentes que se oponen directamente entre sí. Si mejoramos uno de ellos, tendemos a empeorar el otro y hacer que sea inaceptable. Con frecuencia, las contradicciones bloquean nuestro rendimiento creativo, pero le enseñaremos una manera de pensar de modo diferente sobre ellas, para que pueda desbloquear el camino y seguir adelante.

Nuestra meta en este libro es hacer que el enfoque de dentro de la caja sea accesible a cualquiera en cualquier campo y en cualquier parte de la vida, personal o profesional. Juntos confiamos mostrarle cómo trabajar dentro de la caja para usar su mente de un modo diferente y producir innovaciones que, de lo contrario, nunca habría imaginado.

Y éste es el aspecto casi mágico del pensamiento dentro de la caja: cuanto más aprenda del método, más empezará a ver cómo se puede aplicar a solucionar problemas difíciles y realizar todo tipo de avances en el mundo que le rodea. Verá que sus ojos se abren a todo un mundo nuevo de innovación.

1

LA CREATIVIDAD SE OCULTA DENTRO DE LA CAJA

No pueden asustarme con sus espacios vacíos entre estrellas
(en estrellas donde no hay ninguna raza humana).
Está dentro de mí, mucho más cerca de casa,
asustarme con mis propios espacios desiertos.

ROBERT FROST, *Lugares desiertos*

El año 1968 está grabado en la memoria mundial como un año fenomenal en logros olímpicos. En la ciudad de México, a gran altitud y pobre en oxígeno, el récord mundial de Bob Beamon en salto de longitud (8,90 metros) fue saludado como la mayor hazaña atlética de todos los tiempos. La medalla olímpica de Beamon superaba el anterior récord del mundo en 55 centímetros y no fue superada hasta veintitrés años después.

El extraordinario desafío de Beamon a la gravedad no fue la única noticia que surgió de los Juegos Olímpicos de México. En una parte diferente del estadio, un atleta desconocido era responsable de uno de los triunfos más espectaculares y sensacionales de la historia del deporte. Dick Fosbury ganó la medalla de oro en salto de altura pasando de espaldas por encima del listón, una forma de saltar de su invención que constituía una innovación radical respecto a las anteriores técnicas de salto. Aunque no estableció un récord mundial, el logro de Fosbury revolucionó la especialidad. En menos de diez años, casi todos los saltadores de altura habían adoptado este sistema y abandonado como obsoleta la anterior técnica de salto de altura. El nuevo modo recibió el nombre de «Fosbury Flop», como quien lo había originado, alguien encantador y modesto, casi tímido.

Estos dos hombres son ejemplos de caminos destacados, aunque radicalmente diferentes, al éxito en sus campos respectivos. Usando una técnica convencional, Beamon amplió los límites de lo que era posible en su deporte. Su récord es un ejemplo de excelencia en la ejecución adoptando un planteamiento de «más de lo mismo». Por el contrario, Fosbury inventó una nueva técnica que le dio ventaja sobre los saltadores de altura más tradicionales. Aunque una actuación soberbia es un aspecto importante del éxito profesional en cualquier campo, en este libro nos centraremos en el segundo resultado, el que prende revoluciones creativas.

Es interesante que, con frecuencia, los conferenciantes usen el ejemplo del Fosbury Flop presentándolo en materiales de formación para apoyar la idea de que las revoluciones se originan en el pensamiento fuera de la caja. Después de todo, la técnica era casi el polo opuesto del entonces dominante «rodillo ventral», en el cual el saltador se acercaba a la barra de cara, saltaba y rodaba por encima de la barra con su costado derecho hacia arriba y el estómago hacia la barra. En cambio, Fosbury se acercaba a la barra de lado, volviéndole la espalda cuando giraba por encima. Que usara literalmente la técnica opuesta se entendió como una prueba clara de que Fosbury pensaba fuera de la caja.

Admitimos que es una gran historia, pero la verdad es incluso más cautivadora, como Jacob y sus colegas descubrieron en una entrevista por correo electrónico con el propio Fosbury.

Cuando empezó a practicar el salto de altura a los diez años de edad, Fosbury aprendió una técnica anticuada, que malgastaba energía, llamada las «tijeras», imitando a los niños del gimnasio local. Un año después, su profesor y preparador de educación física enseñó a todos los niños que hacían pruebas para atletismo a saltar usando el clásico rodillo, también llamado «rodillo occidental». Sin embargo, Fosbury continuó usando las tijeras hasta que llegó al instituto, sobre todo porque no podía dominar el rodillo. (Véase la figura 1.1, que ilustra las tres técnicas del salto de altura.)

Figura 1.1

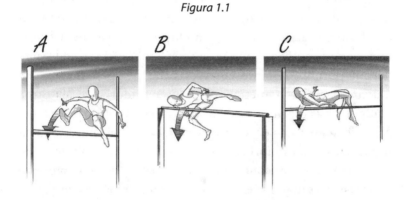

No obstante, en el instituto ya no se aceptaban las tijeras. Al pasar al rodillo, Fosbury tuvo que aprender a saltar de nuevo. Como resultado, quedó muy por detrás de sus competidores. Muy frustrado, Fosbury preguntó al entrenador si podía volver al viejo estilo de las tijeras para mejorar sus resultados y aumentar su seguridad en sí mismo.

Aunque sin demasiado entusiasmo, el entrenador fue comprensivo con las frustraciones del joven atleta y aceptó dejar que lo probara. De modo que, en una decisión crucial, en vez de entrenarse para mejorar sus aptitudes con el rodillo, Fosbury volvió a la técnica con la que se sentía cómodo, aunque fuera menos eficaz.

Fosbury decidió probar su antiguo estilo en la siguiente competición. Incómodo pero resuelto, superó su anterior mejor salto de 1,62 metros, aunque cuando se enfrentó a una nueva altura, comprendió que había que cambiar algo en la técnica. El problema más común con la tijera es que el saltador tira el listón con las nalgas. Para compensar, Fosbury trató de elevar más las caderas, lo cual lo obligaba a bajar los hombros al mismo tiempo cuando saltaba. Continuó elevando las caderas hasta que, finalmente, consiguió otros 15 centímetros, lo cual le permitió alcanzar un cuarto lugar en una competición y establecer un nuevo récord personal. Nadie se dio cuenta de lo que Fosbury hacía, porque iba modificando la antigua técnica, muy poquito a poco. Cada intento era sólo un tanto diferente del anterior. No obstante, cuando Fosbury empezó lentamente a avanzar en la competición, los preparadores de los otros equipos observaron que hacía algo diferente. Consultaron el reglamento, pero no encontraron pruebas de que hubiera nada ilegal en su técnica híbrida. Fosbury se limitaba a aplicar mejoras incrementales a una técnica ya existente. En algún momento, empezó a saltar por encima del listón de espaldas, arqueando las caderas y luego enderezándolas para que pasaran los talones.

En 2003, Jacob y sus colegas se entrevistaron con algunos de los principales expertos en deportes del mundo. Puntuaron el Fosbury Flop como la revolución más significativa en la historia del deporte. Recibió una calificación media de 5, mientras que innovaciones como la pista sintética o las zapatillas para correr se quedaban a dos o más puntos por detrás (figura 1.2).

Los conferenciantes creativos cuentan esta historia para demostrar que Fosbury pensaba «fuera de la caja del rodillo». No obstante, como podemos juzgar por los hechos, esto no es así. En realidad, Fosbury pensaba «dentro de la caja de la tijera».

Figura 1.2

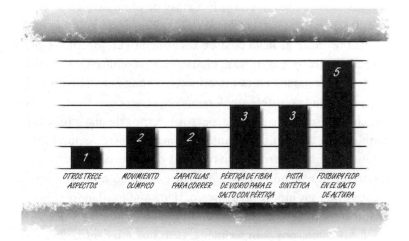

1	2	2	3	3	5
OTROS TRECE ASPECTOS	MOVIMIENTO OLÍMPICO	ZAPATILLAS PARA CORRER	PÉRTIGA DE FIBRA DE VIDRIO PARA EL SALTO CON PÉRTIGA	PISTA SINTÉTICA	FOSBURY FLOP EN EL SALTO DE ALTURA

EL MUNDO CERRADO

Este libro explica el Pensamiento Inventivo Sistemático, nuestro modo de pensar dentro de la caja sobre la creatividad y la innovación. Mostraremos que el principio del Mundo Cerrado sobre el que ha leído en la introducción —la idea de que, con frecuencia, las soluciones muy creativas a los problemas se ocultan a plena vista dentro de un producto, servicio o entorno ya existentes— encaja en el Pensamiento Inventivo Sistemático.

Pero antes de que demos juntos los primeros pasos, asegurémonos de que está de acuerdo con nuestra premisa básica. Después de todo, estamos poniendo en tela de juicio el mayor mito actual sobre la creatividad, el que exige un pensamiento fuera de la caja. Queremos convencerle de que la verdad es lo contrario. La creatividad raramente se alcanza ensanchando nuestros horizontes. Es mucho más probable que le distraigan las distantes estrellas de una galaxia lejana y se le ocurran ideas que son irrelevantes para el aquí y ahora. Lo más importante es que elevar su visión alienta el pensamiento abstracto, es decir, pensar sin ninguna base en lo concreto. Esa clase de ideas tienden a ser estereotipadas más que creativas, ya que la prueba de las ideas realmente creativas llega cuando las ponemos en práctica. Como dice el (estereotipado) refrán, el diablo se esconde en los detalles. Como decíamos en la introducción, abogamos por un enfoque por completo diferente. Creemos que será creativo al máximo cuando se centre en los aspectos internos de una situación o problema, y cuando limite sus opciones en lugar de ampliarlas. Cuando defina y estreche los límites de un problema creativo concreto, y luego mire sólo dentro de esos límites, podrá ser más creativo, de un modo más sistemático, que cavilando sobre la estratosfera o, peor aún, esperando que lo visiten las musas.

Empecemos por comprender el pensamiento dentro de la caja del Mundo Cerrado.

EL PUZLE DE LOS NUEVE PUNTOS

Aunque hoy se considera que estudiar creatividad es una disciplina científica legítima, sigue siendo una disciplina muy joven. A principios de los años setenta, un psicólogo llamado J. P. Guilford fue uno de los primeros investigadores académicos que se atrevieron a llevar a cabo un estudio de la creatividad. Uno de los estudios más famosos de Guilford fue el puzle de los nueve puntos, que presentamos con su solución en la figura 1.3. Desafió a los sujetos de la investigación a unir los nueve puntos usando sólo cuatro líneas rectas, sin levantar el lápiz del papel. Hoy muchas personas conocen este puzle y su solución. En los años setenta, sin embargo, muy pocas eran siquiera conscientes de su existencia, a pesar de que llevaba en circulación desde hacía casi un siglo.

Si nunca lo ha visto antes, dedique un momento a tratar de solucionarlo antes de continuar. Los que hayan intentado resolverlo pueden confirmar que sus primeros intentos consistían en trazar líneas dentro del cuadrado imaginario. No obstante, la solución correcta requiere que se tracen líneas que se extiendan fuera del área definida por los puntos.

En las primeras etapas, todos los participantes en el estudio original de Guilford (incluso los que acabaron encontrando la solución) censuraron sus propios pensamientos limitando las posibles soluciones a las que estaban dentro del cuadrado imaginario. Aunque no se les dieron instrucciones para que evitaran considerar esa solución, fueron incapaces de «ver» el espacio en blanco que había fuera de los límites del cuadrado. Sólo un 20 por ciento consiguió escapar del ilusorio confinamiento y prolongar sus líneas en el espacio en blanco que rodeaba los puntos.

Figura 1.3

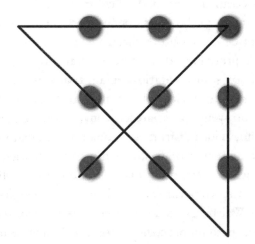

La simetría, la bella simplicidad de la solución y el hecho de que los límites del cuadrado cegaran eficazmente al 80 por ciento de los participantes llevó a Guilford y a los lectores de sus libros a saltar a la radical conclusión de que la creatividad exige salir de la caja. La idea se convirtió en viral (a través de los medios de los setenta y corriendo de boca en boca, claro). De un día para otro, parecía que, en todas partes, los gurús de la creatividad estaban enseñando a los directivos a pensar fuera de la caja. Los consultores de gestión de los setenta y los ochenta usaban este puzle incluso cuando hacían presentaciones de ventas a sus posibles clientes. Como la solución es, a posteriori, sencilla en apariencia, los clientes tendían a admitir que tendría que habérsele ocurrido a ellos. Como no había sido así, era obvio que no eran tan creativos ni listos como habían pensado y que necesitaban llamar a los expertos creativos. O eso les hicieron creer sus consultores.

El puzle de los nueve puntos y la frase «pensar fuera de la caja» se convirtieron en metáforas de la creatividad y se extendieron como un reguero de pólvora en marketing, gestión, psicología, artes creativas, ingeniería y en los círculos de superación personal. Parecía que las ideas que se ofrecían bajo la bandera de pensar fuera de la caja no tendrían fin. Oradores, formadores, creadores de programas de formación, consultores de organización y profesores universitarios tenían, todos, mucho que decir sobre los vastos beneficios del pensamiento fuera de la caja. Era un mensaje atrayente y, al parecer, convincente.

De hecho, la idea disfrutaba de una popularidad y un encanto intuitivo tan fuertes que nadie se molestaba en comprobar los datos. Nadie, es decir, hasta que dos equipos de investigación diferentes —Clarke Burnham con Kenneth Davis y Joseph Alba con Robert Weisberg— realizaron otro experimento usando el mismo puzle, pero un procedimiento de investigación diferente.

Ambos equipos siguieron el mismo protocolo de dividir a los participantes en dos grupos. Al primero le dieron las mismas instrucciones que a quienes participaron en el experimento de Guilford. Al segundo grupo le dijeron que la solución exigía que se trazaran las líneas fuera de la caja imaginaria que bordeaba el despliegue de puntos. En otras palabras, se desvelaba el «truco» por adelantado. ¿Le gustaría saber el porcentaje de participantes del segundo grupo que dieron con la solución correcta del puzle? La mayoría supone que la cifra estaría entre el 60 y el 90 por ciento del grupo, dado que la pista solucionaría el puzle con facilidad. En realidad, sólo lo consiguió un escaso 25 por ciento. Es más, en términos estadísticos, esta mejora del 5 por ciento respecto a los sujetos del estudio original de Guilford es insignificante. En otras palabras, la diferencia bien podría haberse debido a lo que los estadísticos llaman error de muestreo.

Veamos con un poco más de detenimiento estos resultados sorprendentes. Solucionar este problema exige que pensemos literalmente fuera de la caja. Sin embargo, los resultados de los participantes no mejoraron ni siquiera cuando se les dieron instrucciones para que lo hicieran. Es decir, las instrucciones directas y explícitas para pensar fuera de la caja no les ayudaron en nada.

Que este consejo fuera inútil cuando se trataba de solucionar un problema relativo a una auténtica caja debería haber acabado con la metáfora mucho más difundida —y por lo tanto, mucho más peligrosa— según la cual pensar fuera de la caja espolea la creatividad. Después de todo, con un sencillo aunque brillante experimento, los investigadores habían demostrado que el vínculo conceptual entre pensar fuera de la caja y ser creativos era un mito.

Por supuesto, en la vida real no encontraremos cajas. Pero sí numerosas situaciones donde tenemos delante un logro creativo. Son mucho más comunes de lo que probablemente piense ahora mismo. A lo largo de este libro, le ofreceremos muchos ejemplos de innovaciones famosas cuyo origen se encuentra de manera directa en las técnicas, incluso si los creadores de esas innovaciones no eran conscientes de lo que hacían en aquel momento. Para demostrar lo sencillas que son esas técnicas, también presentaremos casos reales donde los individuos que usaron este planteamiento innovaron con éxito en una amplia serie de sectores industriales y áreas de negocio.

CÓMO USAR EL MUNDO CERRADO PARA ABRIR POSIBILIDADES CREATIVAS

El Mundo Cerrado se basa en la idea de que miramos hacia dentro en lugar de hacia fuera, y que esto nos impulsa hacia el territorio virgen de ideas realmente creativas (ideas que son a la vez originales y útiles).

Aunque publicó esta idea en el año 2000, Roni Horowitz había empezado a desarrollar su principio del Mundo Cerrado varios años antes, mientras recogía datos sobre lo que consideraba soluciones muy inventivas a problemas de ingeniería. Horowitz observó que todas estas ideas satisfacían dos condiciones. Primero, contradecían alguna convicción esencial dentro de la sabiduría predominante sobre la manera correcta de hacer las cosas. (Sabrá más sobre esto, que llamamos contradicción, en el capítulo 7.)

Segundo, todas las soluciones estaban en un espacio relativamente pequeño alrededor del problema. Esto es lo que Roni llamó el Mundo Cerrado del problema. Creía que se podía aplicar como directriz general al enseñar creatividad.

Después de varios años trabajando con Roni, y basándonos en nuestras propias investigaciones y la experiencia de nuestros colegas del SIT, teníamos pruebas suficientes para demostrar que el principio del Mundo Cerrado es de verdad relevante para la creatividad en todos los campos. A continuación, hay varios ejemplos que le ayudarán a hacerse una idea mejor de lo que entraña el Mundo Cerrado y cómo puede usarlo para ser más creativo.

LA RUEDA PINCHADA

Un día, alrededor de medianoche, dos jóvenes ingenieros aeronáuticos decidieron acabar una larga jornada en el trabajo y marcharse a casa. Cuando llegaron al aparcamiento, descubrieron que tenían una rueda pinchada en uno de los coches. Daba la casualidad de que los dos eran muy amigos. Habían estudiado juntos para el título de licenciatura en ciencias, trabajaban en la misma empresa y les gustaba solucionar problemas juntos. Ninguno de los dos sabía que este incidente sin importancia iba a cambiar el rumbo de sus vidas.

No deberían haber tenido ningún problema para cambiar la rueda del coche, que era alquilado y que había que devolver por la mañana. Pero cuando uno de ellos trató de aflojar las tuercas con la llave, descubrió que estaban oxidadas y no se movían. Los dos ingenieros lo intentaron todo para presionar con más fuerza sobre la llave, incluso subirse encima y saltar, pero las tuercas no se movían. En 1990, ninguno de los dos tenía un móvil para llamar a la asistencia. Sin embargo, no les parecía bien dejar el coche en un aparcamiento vacío.

Al comprender que no podrían desatornillar las tuercas con fuerza bruta, buscaron una solución diferente. Alargar la llave les proporcionaría una palanca mayor para aflojar las tuercas. Quizá podrían usar un trozo de tubería para prolongar el mango de la llave y conseguir la palanca que necesitaban. Por desgracia, no encontraron ningún tubo o trozo de cañería. Vieron que la solución, si es que había alguna, tendría que venir de cualesquiera materiales que hubiera a mano.

Antes de que continuemos esta historia, por favor anote la primera y más sencilla solución al problema. Pero no puede ser ninguna de las siguientes, que los estudiantes de nuestros talleres proponen todo el tiempo:

- Pedir ayuda usando un teléfono móvil. (Estamos en 1990; los móviles no existen.)
- Hinchar el neumático temporalmente usando uno de esos rociadores de espuma. (Los dos amigos no tenían una lata a mano.)
- Buscar un trozo de tubo metálico para alargar la llave. (No hay ninguno en ninguna parte.)
- Parar algún coche para que los lleve a la estación de servicio más cercana. (¿Por qué no seguir este camino? Uno, es demasiado peligroso y, dos, *porque lo decimos nosotros*: el objetivo aquí es encontrar una solución del Mundo Cerrado.)

Estas soluciones no creativas tienen una cosa en común: están muy alejadas del elemento fundamental del problema, que es la rueda pinchada. Visualmente, podemos considerarlas como existentes *fuera* del coche; son del todo externas a la carrocería del coche. Así pues, usemos el principio del Mundo Cerrado. Metafóricamente hablando, busquemos una solución posible dentro de la caja, lo cual significa, en este caso, dentro del coche (y sólo dentro del coche).

Una posible solución sería colocar el mango de la llave debajo de la rueda del coche y utilizar el motor del coche para mover la rueda y empujar hacia abajo la llave para aflojar la tuerca. Pero esto exigiría mucha pericia. Probablemente menos difícil de ejecutar sería recoger unas gotas de aceite de debajo de la capota para lubricar y aflojar las tuercas. (Por cierto, si alguna vez necesita aceite en un caso como éste, recuerde usar el aceite de los frenos, que no se calienta y ataca mejor el óxido.) Otra manera de usar los componentes del coche sería tratar de alargar el mango de la llave con el tubo de escape. Pero ésta es una solución que no recomendamos en absoluto. Sería necesaria una sierra para metales para cortar una parte del tubo. Además, los tubos de escape típicos tienen un diámetro mucho mayor que el mango de una llave. No hay manera de que encajen. Es una idea terrible, pero más original que la de encontrar un tubo fuera del coche. ¿Es posible que estemos yendo en una dirección interesante?

Estas ideas tienen algo en común: todas están *dentro* del coche, es decir, son parte del coche. Lo que estas sencillas soluciones muestran es la relación inversa que hay entre el grado de creatividad y la distancia que hay entre la idea o material (o «recurso») y el Mundo Cerrado del problema (cambiar una rueda pinchada). Cuanto más lejos se halle el recurso, menos creativa es la solución que genera. Es más, nuestro principio del Mundo Cerrado dice que cuanto más nos alejemos del problema, menos creativos seremos.

Roni Horowitz era uno de los dos ingenieros de la historia, y el incidente lo llevó a formular su Principio del Mundo Cerrado. Jacob Goldenberg era el otro ingeniero. En cuanto Roni expuso el problema en voz alta —dijo: «Tenemos que encontrar algo dentro del coche o cerca de él que nos ayude con estas ***** tuercas»—, Jacob dio con la solución en menos de un minuto. Estaba en el suelo, a plena vista. Había estado allí todo el tiempo, esperándolos. La solución era el *gato*. Jacob recuerda que tuvo la impresión de que el gato le sonreía cuando alargó el brazo para cogerlo.

Fue una tarea sencilla usar el gato para aplicar fuerza y hacer girar la llave. El gato magnifica el esfuerzo aplicado ya sea usando un principio de tornillo, ya la hidráulica. Es muy fuerte —después de todo, está diseñado para levantar un coche—, por lo que generó fácilmente la fuerza suficiente para aflojar las tuercas oxidadas y, entonces, pudieron usarlo para su función original. Eche una ojeada a la figura 1.4 para ver cómo funciona, por si acaso lo necesita algún día.

Fue un momento decisivo para Jacob y Roni. Tuvieron dos cosas claras. La primera fue que los problemas tienen soluciones ocultas que normalmente no vemos y éstas son las ideas que la gente llama «creativas». La segunda fue que dejarían la ingeniería aeronáutica para dedicar su vida a estudiar la creatividad, dentro de la caja.

Figura 1.4

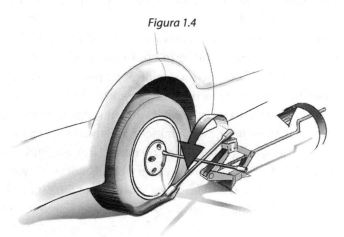

MÁS SOBRE EL MUNDO CERRADO

En su investigación sobre las soluciones inventivas, Roni se ha centrado en problemas de ingeniería, y creado una técnica para identificar y distinguir entre soluciones de dentro y de fuera del Mundo Cerrado.

Hemos observado que el Mundo Cerrado no es exactamente un espacio uniforme. Un medio para percibir el Mundo Cerrado es acercarse al mundo del problema. Mirar dentro y no fuera. Parece más acertado describir el espacio del problema para que refleje la percepción inicial de Roni: cuando buscamos una solución, cuanto más nos acercamos al núcleo del problema, más creativa será esa solución. Ése fue el momento «¡Ajá!» de Roni.

No se engañe, no decimos que cada elemento del Mundo Cerrado del problema pueda usarse para idear una solución. En cambio, defendemos que, si existe una solución, *la solución que use elementos del Mundo Cerrado será más creativa.*

Lo cual nos lleva a otro punto importante: el propósito del Mundo Cerrado es, ante todo, enseñar creatividad. No es que siempre se nos ocurra la solución óptima al problema en cuestión. A veces, la mejor solución a un problema se puede encontrar fuera de la caja. Pero si nuestra meta es sistematizar la creatividad, tenemos que actuar dentro de los confines del Mundo Cerrado. Es esencial.

Esta idea de que la creatividad se ve favorecida por las limitaciones, no por la libertad, está confirmada por los descubrimientos recientes de las investigaciones en psicología cognitiva, una subdisciplina de la psicología que explora los procesos mentales internos. Las investigaciones también socavan el argumento a favor de fuera de la caja. Esta teoría, llamada «principio del ámbito limitado» por los antes mencionados Ronald Finke, Thomas Ward y Steven Smith, en su libro *Creative Cognition: Theory, Research and Applications*, afirma que limitando el número de variables que se consideran desde un número infinito a otro finito, ampliamos nuestro potencial para dar con una solución creativa. ¿Por qué? Esos límites potencian el proceso creativo al permitir que el individuo se concentre más.

En el problema anterior de la rueda pinchada, cuando se pidió a los participantes que clasificaran todas las soluciones propuestas por orden, desde la más creativa a la menos creativa, el uso del gato fue considerada la solución más creativa de todas. Y es obvio que el gato está muy cerca del Mundo Cerrado del problema. De hecho, no es meramente una pieza más de las herramientas que estaban en el coche. Es una parte integral del sistema de cambio de rueda del coche. De hecho, cuando se pide a alguien que haga una lista de todos los elementos necesarios para cambiar una rueda, el gato es el elemento que nadie olvida (aunque, es curioso, algunas personas olvidan anotar la rueda de recambio). Cuando se pregunta a los participantes sobre este proceso, las soluciones que incorporan artículos fuera del coche siempre son consideradas menos creativas.

Tal vez, cuando eliminamos recursos y reducimos el mundo del problema a sus elementos básicos, explotamos nuestros recursos naturales. En realidad, la creatividad tiene que ver con una búsqueda inteligente entre una lista limitada de posibilidades, en lugar de dar pasos agigantados hacia fuera, de larga distancia y al azar. Así pues, ésta es nuestra primera regla: ¡mire hacia dentro!

Para comprender mejor el principio del Mundo Cerrado, ampliemos nuestro ejemplo de la rueda pinchada. Supongamos que se le ha hundido el coche en la arena de una playa desierta de México. No hay nadie alrededor para echarle una mano. No puede encontrar ningún palo o papel o cualquier otro material para ponerlo debajo de las ruedas y conseguir tracción. Por otro lado, tiene el principio del Mundo Cerrado para ayudarle. Lo primero que tiene que recordar es no dejarse dominar por el pánico: el pensamiento creativo y el estrés no son buenos amigos. A continuación, trate de recordar si, alguna vez, ha oído hablar de una solución al problema o si se le ocurre alguna solución usando la pura lógica y el sentido común. Si todavía sigue atascado en la arena, mire dentro. Dentro del coche, dentro de la caja o dentro de usted mismo. No mire afuera. No malgaste sus esfuerzos lanzando propuestas al azar, usando el pensamiento asociativo o trazando «mapas mentales» que lo alejarán cada vez más de su problema. Cuando mire hacia dentro, verá que necesita algún tipo de superficie que pueda meter entre la rueda y la arena. El principio del Mundo Cerrado dice que tiene que estar dentro del coche. Mire alrededor. Sí, ahí están, en el suelo del coche: ¡las alfombrillas! Tienen una superficie áspera, así que le proporcionarán la suficiente fricción para los neumáticos. También son flexibles, de forma que podrá colocarlas con facilidad en su sitio. Quizá tenga que comprar otras nuevas después de su exitosa operación de rescate independiente, pero puede atribuirlo a daños colaterales.

EL ROTULADOR DE LA PIZARRA (RELATO DE JACOB)

En cuanto entré en el aula, vi que pasaba algo. Los alumnos estaban excitados; percibía en el ambiente que esperaban algo, y algo en la expresión de sus caras me hizo pensar que estaban planeando alguna travesura.

Comprendí su diversión en el momento en que traté de borrar lo escrito en la pizarra, que estaba cubierta con los diagramas y ecuaciones de mi clase anterior. Por mucho que lo intentaba, no podía eliminar los restos de la conferencia anterior. Al parecer, alguien había cambiado mis rotuladores la última vez y, sin saberlo, yo había utilizado un rotulador indeleble.

Ahora los alumnos, recostados en las sillas, sonreían abiertamente. Tan claro como si lo dijeran en voz alta, esperaban que demostrara que mi método de la creatividad sistemática funcionaba de verdad. Si hubiera tenido que describir el sentir de la clase, creo que habría dicho que era: «El profesor se ha caído con todo el equipo».

Decidí aceptar el reto. «De acuerdo —afirmé resuelto—. Lo peor que puede pasar es que no haya una solución creativa a esta situación. Pero si la hay, deberíamos ser capaces de encontrarla con lo que hemos aprendido en las clases anteriores.»

Para empezar, les pedí que definieran una buena solución tradicional, pero no creativa, al problema.

—¿Pedirle al conserje algún disolvente para borrar el marcador indeleble? —propuso un estudiante.

—Bien —respondí empezando a sentirme más seguro. Quizá mis alumnos estuvieran conmigo—. Recordad el concepto del Mundo Cerrado: tenemos que limitar nuestra búsqueda de una solución creativa a recursos que haya dentro del aula. Si encontramos algo, debería ser más original, aunque no fuera necesariamente más útil o eficaz, que acudir al conserje.

—¿Por qué buscar una solución que fuera menos útil que otra que podríamos encontrar con facilidad fuera de esta sala? —quiso saber un alumno.

—En esta clase, sólo buscamos soluciones creativas —repliqué—. Dejemos las no creativas fuera del Mundo Cerrado; en este caso, literalmente fuera de esta habitación.

Los alumnos empezaron a rebuscar en sus bolsas y a sacar quitaesmaltes de uñas, botellas de perfume y otros líquidos con una base de alcohol (incluida una lata de cerveza). Ninguno funcionaría, pero los alumnos estaban asombrados de lo que sus compañeros habían traído a clase.

—¿Lo veis? —concluí sonriendo—. Hay más recursos de los que imagináis si buscáis dentro en vez de llevar vuestra búsqueda al exterior. Por alguna razón, una búsqueda dentro produce ideas que todos tendemos a pasar por alto. (Pero en qué pensaba el que había traído cerveza a mi clase.)

Con una confianza cada vez mayor, continué:

—Veamos qué más podemos encontrar si miramos con más atención al Mundo Cerrado del problema. Limitemos más todavía el espacio en el que buscamos e incluyamos sólo las cosas que están en el centro mismo del problema: el mundo de la escritura en la pizarra.

Silencio, un bendito silencio. Los alumnos estaban pensando.

—Podríamos usar un rotulador borrable para borrar el indeleble —susurró un alumno—. El rotulador borrable debe de tener el suficiente disolvente como para disolver lo escrito en la pizarra.

Puse a prueba la idea usando un rotulador normal para escribir encima de una de las líneas de la pizarra. Cuando, a continuación, usé un borrador para borrar esa línea, funcionó: casi no quedó ninguna señal de la escritura indeleble que había debajo.

Después de la sorpresa inicial, la clase se volvió loca de entusiasmo. Traté de no hacer caso del bullicio y empecé a borrar la pizarra.

Pero escribir encima de cada trazo de cada letra y cada número de la clase anterior era un proceso lento y largo. Empezaba a preguntarme si debía tratar de completar la tarea o dar por sentado que ya había defendido mi tesis y empezar la clase. Justo entonces, otro alumno exclamó:

—¡Eh! ¿Y si podemos borrar la pizarra usando el mismo rotulador indeleble?

Cuando lo probé, descubrí que el rotulador indeleble —el origen mismo del problema— contenía el suficiente disolvente para disolver lo escrito en la pizarra. Después de algunos intentos, los alumnos vieron que el rotulador indeleble era tan eficaz como un rotulador normal. Si escribían encima de lo escrito en la pizarra y lo borraban de inmediato, antes de que el líquido disolvente se evaporara, lo escrito antes se borraba con el disolvente que contenía lo que se había escrito encima en ese momento. El *origen* del problema se convertía en la solución.

Observe que no se trata de una solución mejor que la anterior —es igual de lenta—, pero es más original, más sorprendente y está más dentro del Mundo Cerrado. Me volví hacia los alumnos, satisfecho pero sorprendido de que el ejercicio hubiera ido tan bien. Recuerde que este incidente sucedió hace años, antes de que hubiéramos acumulado evidencia empírica (evidencia mediante la observación y la experimentación) sobre la riqueza del Mundo Cerrado.

—¡Bien, chicos, teoría demostrada! El Mundo Cerrado no es infinito, pero los recursos que contiene exceden nuestra percepción inicial, y tendríamos que convertir en costumbre mirar dentro, en especial si nuestras únicas opciones están contenidas ahí.

Con aire triunfal, hice mi discurso de la victoria:

—A veces, las soluciones tradicionales no encajan; a veces, no existen. ¿Y si la conserjería hubiera estado cerrada? Puede que mirar dentro, buscando recursos que, por lo general, pasamos por alto, sea un reto cognitivo, pero eficaz cuando se requiere una solución creativa. —Y, con un suspiro de alivio, añadí—: Bien, ¿podría ir alguien a la conserjería y traerme algo para limpiar la pizarra, por favor?

CÓMO EL *BRAINSTORMING* PRODUCE MENOS IDEAS Y DE MENOR CALIDAD

Examinemos ahora este tema desde la perspectiva opuesta mirando la práctica del *brainstorming*, quizá la técnica más conocida que haya salido del movimiento de la creatividad fuera de la caja.

El ingenioso término *brainstorming* conjura imágenes de un torbellino desatado de fuerzas de energía. La simplicidad de la técnica y su fácil asimilación a situaciones organizacionales, unida al disfrute que los participantes extraen del proceso, explican su ubicuidad. Los equipos de las agencias de publicidad se reúnen para que el *brainstorming* cree «conceptos creativos» o nuevas estrategias publicitarias; los ingenieros se reúnen para eliminar obstáculos al proceso de I+D (investigación y desarrollo); incluso los directivos de alto nivel invitan a empleados de diferentes categorías a revisar e identificar ideas nuevas para dinamizar su organización y sus funciones por medio de sesiones de *brainstorming*.

¿De dónde ha salido esa idea del *brainstorming*? No es extraño que fuera de una agencia creativa que necesitaba generar un torrente continuo de nuevos conceptos e ideas. En 1953, Alex Osborn, fundador y director de la agencia de publicidad BBDO, acuñó el término para describir cómo estimulaba la creatividad de los empleados alentando la interacción y el trabajo en equipo. Según Osborn, el *brainstorming* desata la creatividad natural de la gente al alentarla a exponer sus ideas en un ambiente no enjuiciador. Creía que un grupo de personas trabajando juntas es más eficaz que el mismo número de individuos trabajando cada uno por su lado, y que, cuantas más ideas se propongan —por estrafalarias que puedan ser—, mayores posibilidades hay de que las buenas ideas permanezcan después de filtrar y eliminar las menos viables.

El *brainstorming* creó, sin duda, una tormenta, y conquistó rápidamente el corazón de la gente en organizaciones, fábricas y negocios. A medida que el método se convertía en una convención extendida (aunque con frecuencia se adoptaba infringiendo sus directrices básicas), los estudiosos de finales de los años ochenta y noventa empezaron a estudiar la validez de las premisas de Osborn y los factores que influían en la eficacia del proceso. Estudiaron cuestiones como éstas: ¿cuál es el número óptimo de miembros de un equipo?, ¿cuál es la duración óptima de una sesión de *brainstorming*? Pero la pregunta principal que querían responder era: ¿cuál es la aportación real del *brainstorming* comparada con el mismo número de individuos trabajando en el mismo problema por su cuenta, sin ningún contacto entre ellos?

Los descubrimientos más importantes que no tardaron en surgir fueron:

- No había ninguna ventaja en un grupo de *brainstorming* respecto a otro grupo con el mismo número de individuos trabajando solos.
- El grupo de *brainstorming* producía menos ideas que los individuos que trabajaban solos.
- La calidad o creatividad de las ideas generadas por un grupo de *brainstorming* era, en realidad, menor.
- El número óptimo de participantes en un grupo de *brainstorming* era de unos cuatro, en contraste directo con la opinión convencional de que «cuantos más, mejor».

Estos resultados se reprodujeron una vez tras otra, hasta que no quedó duda en la mente de los investigadores: ¡el *brainstorming* no genera ideas más creativas por el simple hecho de que los participantes estén en la misma habitación!

Los investigadores también sugirieron varias razones para sus hallazgos. Primero, el «ruido» rompe el hilo de las ideas de cada individuo. Segundo, algunas personas son «parásitos» que no aportan nada. Tercero, la gente no sabe si está haciendo progresos en la dirección adecuada.

Quizá la razón más importante es el miedo a las críticas. Pese a que debería ser un ambiente donde no se juzgara a nadie, con frecuencia los participantes tienen miedo a parecer estúpidos. No sienten ningún temor cuando se trata de aportar ideas absolutamente descabelladas que saben que nadie se tomará en serio, pero no están tan ansiosos de compartir ideas que podrían ser factibles, ni siquiera en un ambiente de *brainstorming*. Como resultado, las ideas generadas por el *brainstorming* se acumulan en los extremos: en las sesiones se generan más ideas corrientes y más ideas estrambóticas que ideas creativas que sean a la vez originales y factibles.

En resumen, cincuenta años de pruebas fehacientes demuestran que, pese a su atractivo popular, el *brainstorming* no ofrece ninguna ventaja si la meta es mejorar la solución creativa de problemas. Éste es el caso en muchos métodos fuera de la caja defendidos por los consultores de gestión y los expertos en creatividad.

POR QUÉ EL MUNDO CERRADO ES MUCHO MAYOR QUE EL MUNDO EXTERIOR

Antes de concluir este capítulo, a algunos de ustedes puede preocuparles que el Mundo Cerrado —y la norma que ordena nuestro pensamiento dentro de él— restrinja necesariamente nuestras opciones y reduzca el número de soluciones. Después de todo, el espacio dentro de un problema es mucho más pequeño que el universo sin límites que hay fuera de él. Entonces, quizá se pregunte qué hace que estemos tan seguros de que seremos más creativos aplicando el principio del Mundo Cerrado.

La mayoría de los investigadores que trabajan en creatividad están convencidos de que la proliferación de ideas y analogías es un obstáculo para el proceso de ideación y que la aleatoriedad y el pensamiento desorganizado obstruyen la creatividad. Aunque una libertad sin restricciones puede ser productiva para la solución de problemas, más que promover, ahoga las soluciones creativas. Consideremos el consejo de la doctora Margaret Boden, investigadora en los campos de la inteligencia artificial, la psicología, la filosofía, la ciencia cognitiva y la informática. Nos gusta su clara declaración sobre este efecto: «Las limitaciones, lejos de oponerse a la creatividad, hacen que la creatividad sea posible. Echar por la borda todas las limitaciones sería destruir la capacidad para tener un pensamiento creativo. Los procesos aleatorios, por sí mismos, si es que llegan a producir cualquier cosa interesante, sólo pueden tener como resultado curiosidades novedosas, no sorpresas radicales».

Puede parecer que va contra la lógica, pero una libertad de pensamiento excesiva lleva a la «anarquía de las ideas» y a un bajo nivel de inventiva. Muchos hemos tenido la experiencia de primera o de segunda mano de una solución brillante concebida improvisando con los materiales escasos que se tenían a mano. En muchos casos, la falta de una sustancia o herramienta esencial hace necesario el ingenio. Si ha anotado sucintamente una gran idea en una servilleta o conseguido hacerse con entradas de un concierto para el que estaban agotadas (sin pagar a un revendedor), puede considerarse una persona ingeniosa; es decir, alguien que usa los recursos existentes de una manera eficaz en extremo. Usando la misma lógica, cuando restringimos los recursos lo bastante, podemos impedir la ideación anárquica y concentrar el pensamiento productivo en ese espacio limitado donde, con frecuencia, se ocultan las soluciones creativas.

Es verdad que encontraremos menos ideas cuando buscamos dentro, hacia el centro del problema. Pero estas ideas serán mucho más creativas que las que podríamos descubrir mirando hacia fuera. Y recuerde que al aplicar el principio del Mundo Cerrado no descartamos buscar soluciones en el mundo exterior más amplio. Esto lo podemos hacer siempre, antes o después de la búsqueda dentro del Mundo Cerrado. Lo que decimos es que cuando buscamos dentro del Mundo Cerrado tenemos una posibilidad alta de descubrir ideas *creativas*. Iremos tan lejos como para decir que, cuando buscamos fuera de la caja proverbial, es probable que esto no suceda. De nuevo, insistimos en que indagar dentro del Mundo Cerrado tal vez no nos ofrezca siempre la mejor solución para un problema dado, pero que, casi con total certeza, nos proporcionará la más creativa.

Por encima de todo, el Mundo Cerrado es un espacio rico, lleno de sorpresas e ideas creativas. Sencillamente, tenemos que acostumbrarnos a mirar en su interior. De esto trata este libro, y le explicaremos todo tipo de técnicas y herramientas para que siga centrado y productivo y, de ese modo, pueda aprender a ser más creativo.

EL MUNDO CERRADO Y EL *RALLY* MUNDIAL
(RELATO DE JACOB)

John, un alumno de una de mis clases de creatividad en Columbia, trabajaba para una empresa que fabrica coches, con los que participa en carreras. Cuando me oyó describir el Mundo Cerrado en clase, apenas consiguió seguir sentado. Explicó a la clase que el mundo del Grand Prix de carreras de coches funciona exactamente de acuerdo con el principio del Mundo Cerrado. Dado que las normas de esas competiciones obligan a los pilotos a solucionar sus problemas usando sólo lo que tienen a mano durante la carrera, se puede considerar que los equipos son especialistas en el pensamiento del Mundo Cerrado, dentro de la caja.

No menos de 220 personas participan en el diseño, construcción y preparación de cada vehículo de competición para cada Gran Premio. Pero durante la carrera, que dura tres días, el piloto y el copiloto tienen que sortear veinte obstáculos por sí solos. El piloto tiene un conocimiento limitado de la carretera y es el copiloto quien debe avisarlo de las dificultades, decirle lo rápido que tiene que ir y especificar qué marcha usar en cada curva. Una vez que la competición empieza, el piloto y el copiloto sólo pueden usar lo que está dentro o encima del coche para llegar a la meta.

Un típico Hyundai turbo para el Mundial de Rallyes, con tracción a las cuatro ruedas y valorado en 700.000 dólares, contiene una caja de herramientas básica, dos litros de aceite, un litro de agua, una rueda de recambio, dos latas de Coca-Cola y cien dólares en metálico. Los dos miembros del equipo visten ropa interior ignífuga, un mono de carreras, casco, guantes y zapatos. Lo único que pueden llevar con ellos es comida y bebida. Se les permite hacer paradas intermitentes para repostar y, si el coche vuelca, se permite que los espectadores ayuden a los dos hombres a volver a poner el coche sobre sus ruedas. La carrera es extenuante y, por muy bien preparado que esté el coche o su equipo de dos hombres, las cosas pueden ir mal de todos modos. A continuación recogemos algunos de los problemas reales con los que se enfrentaron equipos reales de carreras del Grand Prix y las soluciones que idearon. ¿Le gustaría intentar ser un pensador del Mundo Cerrado? Anote lo que haría en cada situación antes de leer la solución que se adoptó.

Problema 1: La roca en el río

El coche cruza un río poco profundo a 160 kilómetros por hora, pero una enorme roca en el lecho del río hace trizas el cárter. El motor pierde todo el aceite, pero el copiloto consigue apagar el motor antes de que se estropee.

SOLUCIÓN: El equipo usó los dos litros de aceite para llenar el motor, pero antes había que sellar el enorme agujero del cárter; de lo contrario, el aceite habría vuelto a salir a borbotones. Los creativos pilotos retiraron la protección del cárter usando las herramientas de la caja, se quitaron la ropa interior ignífuga y la metieron entre la protección del cárter y el propio cárter para crear un pañal gigante.

Problema 2: El ventilador roto

El equipo oye y siente una tremenda vibración que viene de la plataforma del motor. Se paran a un lado de la carretera y descubren que una de las hojas del ventilador que mantiene frío el motor se ha desgajado. Será inevitable que el ventilador, ahora desequilibrado, falle por completo si continúa en marcha. Esto hará que el motor se sobrecaliente y deje de funcionar.

SOLUCIÓN: Antes de que el piloto dijera una palabra, el copiloto, con gran rapidez de reflejos, arrancó la paleta directamente opuesta a la rota, lo que devolvió el equilibrio al ventilador. El coche volvió a la carrera.

Problema 3: El agujero en el radiador

El piloto decide acortar el camino en un intento por recuperar el tiempo perdido y toma un atajo que pasa por un campo muy bacheado. No obstante, algo hace un pequeño agujero en el radiador. El piloto apaga el motor antes de que se estropee, pero se vacía toda el agua.

SOLUCIÓN: Primero, el piloto usó el agua para llenar el radiador, pero como sabía que acabaría saliéndose por el agujero, necesitaba algo para taponar el agujero, o un medio para ir rellenando el radiador. No había nada que el equipo pudiera usar para reparar el agujero, pero por suerte el final del *rally* estaba a la vista. Piloto y copiloto se turnaron para ir llenando el radiador con líquidos... orinando dentro de él.

Problema 4: El freno que falla

A mitad del último día de la carrera, el freno empieza a resbalar. Aunque el final de la carrera está bastante próximo, el equipo está exhausto después de completar casi tres días agotadores. Sin embargo, tienen que mantener el coche en marcha.

SOLUCIÓN: El piloto recordó lo pegajosa que es la Coca-Cola cuando se vierte. Detuvo el coche a un lado de la carretera y vació el líquido del depósito del limpiaparabrisas. Luego retiró el tubo que conecta la botella con el parabrisas y lo reorientó para que apuntara al freno. Mientras, el copiloto vertía el refresco en el depósito del limpiaparabrisas. Cada vez que el freno empezaba a resbalar, el piloto accionaba el limpiaparabrisas, lo que rociaba el freno con Coca-Cola. El calor del freno hacía que el líquido se evaporara y quedara una película azucarada y pegajosa que era suficiente para permitir que el freno funcionara durante cinco minutos. El copiloto fue repitiendo este proceso hasta que el coche cruzó la línea de meta.

¿Podría detectar cuál es el tema común en estos casos? Exacto: cada uno de los problemas se solucionó usando un componente que no era obvio encontrado dentro del Mundo Cerrado de un coche de carreras (que incluía a los miembros del equipo).

NO TODAS LAS SOLUCIONES DEL MUNDO CERRADO SON CREATIVAS (RELATO DE JACOB)

En la película *Apolo 13*, de 1995, hay una escena de Mundo Cerrado que pone a los espectadores en vilo. «Ha desaparecido todo un lado de la nave», dice Jim Lovell, cuando los astronautas ven el daño que ha causado la explosión. El tanque de oxígeno número dos del módulo de servicio explotó, dañando el tanque de oxígeno número uno y arrancando una puerta. En unas tres horas, se perdieron todos los depósitos de oxígeno, además de sufrir pérdidas de agua, de potencia eléctrica y del uso del sistema de propulsión. Los astronautas necesitaban una solución creativa.

A continuación de la famosa escena de «Houston, tenemos un problema», un equipo de ingenieros se reúne para buscar un medio de insertar un filtro rectangular en una apertura cilíndrica. Si fracasan, los niveles de dióxido de carbono en el módulo de mando alcanzarán niveles mortales. El jefe del equipo coge tres cajas que contienen objetos disponibles para los astronautas en la nave espacial. «Es preciso que encontremos una manera de hacer que esto —anuncia levantando el filtro cuadrado— encaje en un agujero hecho para esto —y muestra el redondo—, usando sólo esto», concluye, mientras vuelca el contenido de las cajas encima de la mesa.

Todavía recuerdo lo excitado que estaba cuando vi la película por primera vez. Susurré a mi novia, Anna (ahora mi esposa): «En una situación así, todas las situaciones tienen que ser creativas. Espera y verás». Pensaba que era un ejemplo perfecto del principio del Mundo Cerrado. Después de todo, los ingenieros y los astronautas no tenían otra alternativa que buscar dentro de la nave espacial. Se encontraban, literalmente, en un Mundo Cerrado. Estaba seguro de que iba a ganarme la admiración eterna de Anna demostrando mi perspicacia y mi sabiduría.

Pero a los ingenieros se les ocurrió una solución bastante aburrida. Dieron instrucciones a los astronautas para que conectaran los dos filtros con una funda de nailon fijada con cinta adhesiva. ¡Vaya decepción! ¡Esta idea no tenía nada de creativa! Lo cual demuestra que las ideas no tan creativas, a veces, se introducen a hurtadillas en el Mundo Cerrado. A veces, son buenas candidatas a ser la solución óptima debido a su funcionalidad o rentabilidad. Pero lo que hay que recordar es que confinarse al Mundo Cerrado es un principio probado de forma empírica y sólido según las estadísticas que demuestra que la densidad de ideas creativas es mayor dentro que fuera. Y éste es exactamente el espacio en el que queremos desarrollar nuestro pensamiento creativo. En el siguiente capítulo le ofreceremos algunas herramientas que le ayudarán a moverse dentro de la caja, porque, tal como nosotros lo vemos, aunque cerrado, este mundo no es pequeño en absoluto.

2

CUANDO MENOS SE CONVIERTE EN MÁS: LA TÉCNICA DE LA SUSTRACCIÓN

Un atajo para llegar a la riqueza es reducir nuestros deseos.

Francesco Petrarca
(estudioso, poeta y humanista italiano del siglo xiv)

UN EXPERIMENTO EN INNOVACIÓN (RELATO DE DREW)

«No creo que lo hayamos conseguido todavía.» Mike Gustafson, director general del reciente programa de desarrollo de anestesia de Johnson & Johnson, lamentaba los retrasos en la confección del prototipo de un nuevo sistema de sedación. El equipo de Mike llevaba dos años diseñando la unidad. Sin embargo, pese a sus características avanzadas, Mike creía que le faltaba algo. Trataba de averiguar cómo aumentar el valor de la unidad y determinar cómo cobrar por él. ¿Impondría sencillamente a los usuarios un precio de compra inicial por el nuevo aparato o idearía un modo de recaudar un flujo de ingresos continuado?

Todos estaban de acuerdo en que el nuevo sistema de sedación era único: como los pacientes podían administrarse el medicamento ellos mismos, se eliminaba la necesidad de un anestesiólogo que supervisara los procedimientos médicos que requerían anestesia. Se daba al paciente una pequeña pelota para que la sostuviera y se le pedía que se pusiera un par de auriculares. Una grabación le repetía que apretara la pelota. Cuando el paciente estaba lo bastante consciente para oír y comprender el mensaje grabado, apretaba la pelota, la cual controlaba la cantidad de anestesia que recibía. La máquina permitía la cantidad justa de anestesia, según un cálculo que incluía el peso del paciente y otros factores. Cuando el paciente se dormía —es decir, cuando había recibido suficiente medicamento para estar sedado de forma adecuada—, la consecuencia obvia era que dejaba de apretar la pelota. Esto impedía sobredosis accidentales. La máquina detectaba automáticamente los signos de una sedación excesiva y reaccionaba deteniendo o reduciendo el aporte de droga y, también de manera automática, daba instrucciones al paciente para que respirara hondo. Cuando la anestesia empezaba a desaparecer y, de nuevo, el paciente era consciente del mensaje grabado, apretaba hasta que volvía a perder el conocimiento. El nuevo sistema, llamado SEDASYS, sería el aparato de anestesia más avanzado del sector. El equipo lo creía, y sus asesores clínicos externos estaban de acuerdo. Era diferente de cualquier máquina presente en el mercado.

Mike me llamó en junio de 2002 para que le aconsejara sobre el proyecto. Yo acababa de enterarme de un nuevo método de innovación basado en patrones que Jacob estaba enseñando. Aunque no lo conocía, me interesaban las ideas sobre las que escribía. Propuse a Mike que hiciéramos un taller preliminar, usando el prototipo de la anestesia para experimentar con el enfoque de Jacob. Pensé que tenía que andar con cuidado. El anterior «método» de innovación que había presentado a J&J había sido un fracaso absoluto. Estaba decidido a no permitir que mi colega invirtiera mucho tiempo o dinero en esta nueva teoría sin realizar una prueba de campo básica. Mike estuvo de acuerdo.

Invité a Amnon Levav, socio de Jacob, a Cincinnati para coordinar un taller de un día con el equipo de desarrollo del prototipo. Amnon era el CEO de Systematic Inventive Thinking.

Reunimos un equipo de ingenieros y vendedores en la sala de conferencias de un hotel. El ambiente no daba mucho de sí. Decir que los participantes no se mostraban muy entusiastas sería quedarse corto. La mayoría eran claramente escépticos. Algunos, incluso hostiles. Habían trabajado más de dos años para crear lo que, en sus mentes, era un prototipo avanzado. ¿Para que malgastar un día «haciendo llover» nuevas ideas para un aparato que estaba casi a punto de fabricarse? ¿Para qué perder tiempo innovando algo que ya estaba destinado a ser un gran avance médico? Los miembros del equipo, como la mayoría de ingenieros, estaban enamorados de la tecnología que habían inventado y seguros de su éxito comercial. Mike, el director general que nos había hecho intervenir a Amnon y a mí, era responsable de garantizar que el producto cumpliera las expectativas económicas de la compañía. Estaba menos convencido de que el producto estuviera listo para salir al mercado.

Amnon percibía la resistencia que había en aquella sala, relativamente pequeña. El lenguaje corporal era rígido y desafiante: brazos cruzados, barbillas abajo, ojos entrecerrados. Empezó por pedir al equipo que hiciera una lista de los principales componentes del prototipo; es el primer paso de cada una de las técnicas del Pensamiento Inventivo Sistemático. El aparato se parecía a un gran ordenador de escritorio, y sus componentes eran parecidos: pantalla, teclado, caja, unidad central de procesamiento y suministro eléctrico. Debido a las normas del gobierno, el aparato tenía que incluir una batería de reserva, por si había una pérdida total de energía en el hospital. El equipo identificó todos estos elementos.

Amnon pasó a la siguiente etapa. Organizó al grupo en equipos de dos y asignó a cada par un componente del aparato. Luego dejó caer la bomba: «Su tarea —les informó— es volver a imaginar el aparato *sin* ese componente.» Por la cara de los presentes se podía ver que pensaban que iba a ser una absoluta pérdida de tiempo. Hasta yo me sentía escéptico, aunque comprendía que estábamos a punto de aplicar una técnica del SIT específica llamada sustracción.

La sustracción es un medio para explorar nuevas configuraciones o aplicar enfoques más innovadores a la solución de problemas. Es una técnica sencilla: mentalmente eliminamos un componente del producto o proceso en el que trabajamos e imaginamos que los componentes restantes siguen existiendo juntos «tal cual». El truco es eliminar algo que antes pensábamos que era necesario, algo que creíamos que era tan imprescindible que el producto no podía funcionar sin eso. Puede que suene poco realista, incluso una locura, pero el equipo de Mike estaba a punto de quedar sorprendido por lo efectiva que puede ser esta técnica. Y yo también.

Amnon señaló a la primera pareja y dijo: «A vosotros dos os toca la pantalla». Asignó el teclado a la siguiente pareja, y la batería de reserva a la tercera. «Y el siguiente grupo...», pero lo interrumpieron. La pareja de ingenieros a la que habían dado la batería de reserva ya había tenido bastante. Tenían cosas más importantes que hacer en la sección de investigación, y no iban a aguantar estas tonterías:

—¿Batería de reserva? ¿Quiere que quitemos la batería de reserva de nuestra máquina de anestesia? Vender este aparato sin una batería de reserva es una violación de las leyes federales. ¡Iremos a la cárcel!

Era verdad. Los demás participantes se echaron a reír.

Yo me rebullí en la silla. Estábamos en el proverbial momento decisivo. Si no podíamos demostrar, de inmediato, que este método de innovación valía la pena, perderíamos al equipo y yo habría fracasado una vez más. Esto no sólo pondría en riesgo mi carrera, sino que también significaría que había fallado a mi amigo Mike.

Amnon insistió:

—Sé que parece extraño, pero quiero que, por el momento, colaboren conmigo y con el método. Dejemos que nuestras herramientas hagan el trabajo.

Amnon tenía un fuerte acento israelí y una actitud tranquila y segura que aliviaba parte de la tensión que había en la sala. No parecía preocupado en lo más mínimo.

Los ingenieros intercambiaron miradas de solidaridad. Estaban convencidos de que habían diseñado el aparato de anestesia más avanzado del planeta. Tanto en diseño como en funcionalidad era una belleza: el Lamborghini de los aparatos de anestesia. Y aquella supuesta técnica estaba a punto de arruinar su creación.

—Quiero que imaginen la unidad sin batería de reserva —prosiguió Amnon—. ¿Por qué sería beneficiosa? ¿Quién la querría?

—No tenía ninguna intención de dejar que se fueran de rositas.

Casi se podía ver cómo funcionaban sus cerebros. Finalmente, uno de los ingenieros habló:

—De acuerdo —accedió—. Probémoslo. Pero si el ejercicio fracasa, pongamos fin al taller y veamos si conseguimos hacer un poco de auténtico trabajo hoy.

Amnon aceptó, y las ideas empezaron a surgir. La primera respuesta a la pregunta de Amnon sobre el valor de una unidad sin una batería de reserva era que sería más ligera, más barata y menos complicada.

—Bien pensado, la batería ocupa la mayor parte del espacio en la unidad —dijo un ingeniero—. Si realmente se pudiera quitar la batería, es increíble lo sencillo que se vuelve este proyecto.

Otros se mostraron de acuerdo. Nunca lo habían pensado antes. Se necesitaba una batería y ya está. Pero eliminar la batería del diseño haría que la máquina fuera menos compleja, más fácil de fabricar y más transportable.

Amnon pasó con rapidez a la siguiente fase:

—De acuerdo, así que hay unos beneficios importantes en eliminar la batería. Bien. —A continuación explicó que si estábamos seguros de que, en principio, sería beneficioso sustraer la batería, la técnica de la sustracción nos permitiría sustituir el componente que acabábamos de retirar por otro de dentro del Mundo Cerrado—. ¿Qué podríamos usar de dentro del Mundo Cerrado que pudiera realizar la función de energía de reserva una vez que hubiéramos retirado la batería? —preguntó.

Como decíamos en el capítulo 1, el Mundo Cerrado es un lugar imaginario en tiempo y espacio donde todos los elementos (personas y objetos) están dentro de nuestro alcance o influencia. Al usar una técnica como la sustracción, esos elementos «a nuestro alcance» son nuestras materias primas para la innovación. En este caso en particular, definimos el Mundo Cerrado como un quirófano de hospital donde se usa la unidad. Por ejemplo, todo el equipo y las personas que vemos en la figura 2.1 podrían ser «reclutados» para nuestra solución.

Figura 2.1

Uno de los ingenieros levantó la mano, vacilante. Casi demasiado avergonzado para hablar, finalmente expuso su idea: —Quizá se podría enchufar la batería a otra máquina que ya esté en el quirófano. ¿El desfibrilador, tal vez? —Todos se volvieron y lo miraron. Su voz tomó un tono entusiasta—. Podríamos instalar un cable lo bastante largo desde nuestro aparato y con los conectores adecuados para extraer energía de la unidad del desfibrilador. Hay suficiente potencia para que funcionen las dos máquinas al mismo tiempo, si es necesario.

Cogió un bolígrafo y se puso a dibujar en su cuaderno. Los demás echaron una mirada y empezaron a asentir con la cabeza. No fue necesario nada más. De repente la estancia que había estado llena de tercos ingenieros se transformó de un grupo rebelde de escépticos dubitativos —e irritados— en un equipo unido de innovadores curiosos e interesados. Por mucha experiencia que tuvieran, se quedaron sorprendidos por la sencilla pero elegante idea de conectar su máquina a otra. Dado que todos los quirófanos tienen desfibriladores (esos aparatos con dos palas que causan un choque eléctrico en un paciente que sufre una parada cardiaca), era una solución del todo plausible. Entonces se dieron cuenta: esta «metodología» podía funcionar.

Amnon anotó todas las ideas, pero no pareció que le sorprendieran especialmente.

—¿Hay alguna razón para que esto no funcione? —preguntó.

Después de algunos comentarios e idas y venidas, el equipo parecía bastante seguro de que, en principio, podía hacerse. Entonces, Amnon pasó al siguiente equipo:

—¿Qué hay de la pantalla? ¿Por qué sería beneficioso eliminar la pantalla de un aparato de anestesia?

Los dos ingenieros parecían reacios a participar en el ejercicio. No obstante, teniendo en cuenta lo que acababa de suceder con la batería, no querían resistirse demasiado enérgicamente. Uno dijo con una voz respetuosa:

DENTRO DE LA CAJA

—Amnon, debe comprender que hemos gastado decenas de miles de dólares en estudios de mercado para recabar la «opinión del usuario» sobre las pantallas. —No sólo eso, continuó, sino que el equipo estaba convencido de que la pantalla del aparato superaba en mucho cualquier otra cosa ofrecida por aparatos de la competencia. Lo remató con el factor decisivo—: Los médicos esperan que sus aparatos de anestesia tengan pantallas. Nunca confiarían en una máquina que no tuviera una. Sin ninguna duda, las nuestras necesitan tener una pantalla.

Amnon reconoció de inmediato esta afirmación por lo que era: una señal de «fijación», una condición importante de la que hablaremos más adelante. El equipo estaba tan acostumbrado a ver aparatos de anestesia con pantallas que le resultaba casi imposible imaginar uno sin ella.

Amnon admitió que los ingenieros tenían razón, pero les instó a probar el ejercicio:

—Igual que hicimos con la batería de reserva, dejemos que la metodología haga el trabajo. Reconozcamos que la pantalla está ahí por alguna razón, y una razón muy válida. Pero, por favor, preguntémonos por un momento: ¿cuáles serían o podrían ser los beneficios de producir exactamente el mismo aparato sin pantalla?

Aceptaron considerar la posibilidad:

—Sería más ligero, más barato, menos complicado. Sería más fácil de trasladar y gastaría menos energía.

Uno de los vendedores declaró:

—Distraería menos a los médicos y otros sanitarios en la sala. Después de todo, ninguno de ellos necesita mirarla. —Lo pensó un poco más. Luego propuso una idea provocadora—: Si quitáramos la pantalla, transmitiríamos un poderoso mensaje al mercado. —Cuando le preguntaron qué quería decir, explicó—: Supondría que nuestro aparato es tan inteligente e intuitivo que la pantalla no es necesaria. Los médicos pueden confiar totalmente en la máquina, sin tener que mirar la pantalla para comprender qué le está pasando al paciente. Sin pantalla, podría ser «el aparato de anestesia inteligente». ¡Trastocaría el sector!

Muchas cabezas empezaron a asentir. Mike sonreía. Más tarde, me dijo que esta parte de la discusión le inspiró ideas para adoptar un enfoque del proyecto del todo nuevo. Sólo con hablar de la pantalla y la batería de reserva se habían abierto un montón de nuevas oportunidades.

—Sigamos buscando —prosiguió Amnon—. ¿Qué otra cosa en el Mundo Cerrado del quirófano podría sustituir la función de la pantalla?

—¡Eso es fácil! —exclamó uno de los participantes—. Podríamos transmitir los datos del paciente de nuestra máquina al monitor principal del quirófano. De todos modos, el médico lo estaría mirando.

Se refería al hecho de que todos los quirófanos tienen un monitor que puede mostrar mediciones clave sobre el procedimiento, así como imágenes generadas por equipos especializados. Por ejemplo, los médicos suelen emplear cámaras médicas para mirar dentro del cuerpo de los pacientes, y las imágenes resultantes se muestran en el monitor principal.

Que un médico pudiera mirar una única pantalla para ver tanto las imágenes internas como la información relacionada con la anestesia del paciente (ritmo cardiaco, presión sanguínea, etcétera) era una idea realmente innovadora. Yo había pasado muchas horas observando a los médicos cuando practicaban una operación y había visto de primera mano lo molesto que es pasar de una a otra pantalla. Cualquier cosa capaz de simplificarles la vida proporcionaba unos beneficios importantes, entre ellos una mejor calidad en la atención al paciente y unos costes reducidos.

Observe que hemos avanzado desde proponer unas mejoras incrementales para un nuevo aparato médico a considerar cambios que podrían tener repercusiones importantes en el modo de practicar la medicina. Y recuerde que todas estas ideas eran la consecuencia de dar un paso sencillo: retirar conceptualmente unos cuantos componentes clave de un aparato que, de acuerdo con los estándares tradicionales, se consideraba casi acabado y listo para la producción.

Mike estaba agradecido. Aunque me había pedido ayuda para afinar el proyecto y había aceptado experimentar con el Pensamiento Inventivo Sistemático, ahora su visión del proyecto había cambiado por completo. Después de sólo una ronda y unas cuantas horas de trabajo aplicando únicamente la técnica de la sustracción, Mike y su equipo llegaron a una conclusión asombrosa: ya no les parecía que su prototipo fuera perfecto. Necesitaban retroceder y volver a empezar. Así que lo devolvieron a la fase de planificación.

Dos meses después de este experimento de un único día, el equipo de sedación realizó durante cinco días un taller completo de desarrollo de producto nuevo, empleando el Pensamiento Inventivo Sistemático. Ahora, los médicos utilizan el sistema de anestesia SEDASYS en Europa y su uso se está extendiendo a países de todo el mundo.

Además, desde una perspectiva puramente personal, yo había presenciado la eficacia de la metodología de Jacob. Como suele decirse, fue el principio de lo que sería una gran amistad.

CEGADOS POR LA FIJACIÓN

La sustracción funciona eliminando un componente esencial de un sistema (un producto o proceso). El componente que ha de eliminarse debe ser interno, lo cual significa que está bajo nuestro control. Y cuando imaginamos que suprimimos el componente, dejamos todos los demás intactos. Esto puede parecer extraño al principio. Por ejemplo, imaginemos un televisor sin pantalla. O visualicemos una bombilla sin filamentos. Para dar este salto conceptual, tenemos que aceptar el hecho de que todos sufrimos de fijación: la tendencia a ver objetos sólo de un modo tradicional o a usarlos como se han usado siempre.

El psicólogo Karl Duncker descubrió una versión de la fijación llamada «fijación funcional» cuando planteó su famoso problema de la vela (figura 2.2). En este experimento clásico, Duncker hizo que los participantes se sentaran a una mesa de cara a la pared. Dio a cada uno una vela, una caja de chinchetas y un estuche de cerillas y les dijo que sujetaran la vela al muro. Algunos participantes trataron de fijarla directamente a la pared usando las chinchetas. Otros trataron de pegarla usando cera fundida. Sólo a un puñado se le ocurrió utilizar la caja de chinchetas. Estos pocos pensadores innovadores sujetaron la caja a la pared con las chinchetas, transformándola así en una palmatoria. Duncker se dio cuenta de que los participantes tenían una fijación tal en la función tradicional de la caja de chinchetas que no podían concebirla como una posible solución al problema. Curiosamente, en experimentos posteriores, había el doble de probabilidades de que los participantes a los que se daba una caja de chinchetas vacía solucionaran el problema de Duncker que aquellos a los que se les entregaba llena. De alguna manera, ver la caja fuera de contexto —es decir, no cumpliendo con su función habitual de contener chinchetas— les ayudaba a visualizarla como una solución posible.

Durante la realización de muchos talleres de innovación, hemos observado y definido otro tipo de fijación: la estructural. La fijación estructural es la inclinación que tenemos los humanos a ver las cosas como unidades completas. Tenemos dificultades cuando falta una parte en un objeto, o hay una parte unida a un lugar diferente, que percibimos como «equivocado».

Figura 2.2

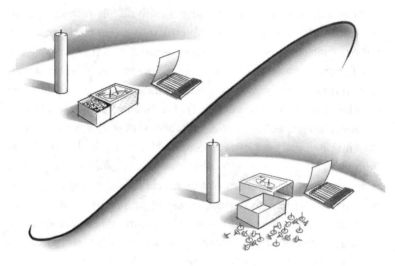

¿*QUÉ* DICE QUE QUIERE ELIMINAR?

Observe que en el relato de la máquina de anestesia, una vez que se eliminaba un componente, el equipo lo sustituía con otra cosa que había dentro del quirófano (el Mundo Cerrado de aquella situación particular). Pero ¿y si elimináramos no sólo un elemento esencial, sino la función fundamental del producto? En otras palabras, si sustrajéramos sin sustituir. Por ejemplo, imagine quitar la función de grabación de una grabadora de casete. O quizá, la función de llamada de un teléfono. ¿Demencial? No lo pensará después de leer la información sobre dos productos rompedores que se crearon haciendo exactamente eso.

Tal vez recuerde que antes de los reproductores de CD o de MP3, escuchábamos música usando una tecnología diferente: la grabadora de casetes. Partiendo de ella, Sony popularizó su Walkman en 1979. En tanto que innovación accidental, el Walkman se puede explicar por medio de la técnica de la sustracción. Masaru

Ibuka, cofundador de Sony, quería un medio portátil para escuchar música cuando hacía vuelos largos. La grabadora de casetes de Sony era demasiado voluminosa para usarla en los aviones, así que pidió a su equipo de I+D que diseñara una versión estéreo sólo de reproducción, que pudiera utilizarse con auriculares. Para que fuera más pequeña, los ingenieros despojaron de los altavoces y de la función de grabación a la grabadora de casetes tradicional de Sony. Reemplazaron los altavoces por auriculares, pero no sustituyeron la función de grabación. La sustrajeron de verdad.

Ibuka llevó el prototipo al presidente Akio Morita, al que le encantó. Así que el Departamento de Marketing de Sony llevó a cabo un estudio de mercado exhaustivo para averiguar si a otros les pasaría lo mismo. La reacción del mercado fue decepcionante. A nadie se le ocurría que pudiera necesitar un artilugio así. A pesar de todo, Morita siguió adelante, y el resto es historia. El Walkman fue un éxito masivo cuando se introdujo en Japón. Aunque Sony esperaba vender sólo cinco mil unidades al mes, se demostró, una vez más, que las ideas empresariales tradicionales estaban equivocadas. La compañía vendió cincuenta mil aparatos Walkman sólo en los dos primeros meses. Y luego vendió más de doscientos millones de unidades en todo el mundo durante la vida del producto. Mucho antes del iPod de Apple, el Walkman de Sony cambió, de modo fundamental, nuestra manera de escuchar música.

Otro producto de éxito creado eliminando una función clave de una marca existente es Mango, el teléfono móvil de Motorola. La historia de Mango es un ejemplo de un producto tecnológicamente simple que sorprendió a todo el mundo con un éxito brillante.

El vicepresidente de marketing de la empresa en Israel creó Mango para competir con otra empresa que tenía teléfonos móviles con un precio más bajo. Para reducir el coste de sus teléfonos, sustrajo el dispositivo de llamada. Sí, ha oído bien, un teléfono que no podía hacer llamadas. Sólo podía recibirlas. Al hacerlo creó un aparato de comunicaciones del todo nuevo para un nicho de mercado que tenía unas necesidades muy especiales. ¿Quién querría un artilugio así? Pensemos en los padres de adolescentes. El Mango era el sueño de un padre hecho realidad. Sin un dispositivo de llamada, los jóvenes no podían acumular unas cuentas de teléfono altas. Podían recibir llamadas, así que los padres seguían teniendo un medio para controlarlos. El Mango era barato; por lo tanto, no pasaba nada si se perdía o lo robaban. Y no requería un plan de llamadas ni una cuenta mensual, porque sólo recibía llamadas. (En Israel, a los usuarios de móviles se les cobra sólo por hacer llamadas, no por recibirlas.) Los Mango eran tan sencillos que se vendían en supermercados.

Crear este teléfono especial para adolescentes tenía un beneficio añadido. La compañía establecía una relación con ellos a una edad temprana. Era más probable que los chicos que tenían un Mango como primer móvil se convirtieran en usuarios fieles de Motorola cuando se hicieran mayores.

Padres e hijos no fueron los únicos a los que les gustó el Mango. A las empresas con personal de campo también les gustaba. Ahora tenían un medio para llamar a sus vendedores y personal de entregas a domicilio por un teléfono que funcionaba sólo en una dirección: desde la compañía al empleado. Ahorraba dinero y ayudaba a las empresas a seguir la pista de sus trabajadores. A los clientes también les gustaba, ya que era más probable que consiguieran comunicar con un móvil que no podía hacer llamadas.

El resultado fue un éxito tremendo: en menos de un año, más del 5 por ciento del mercado había comprado aparatos Mango. Aquel año, Israel ocupó el segundo lugar del mundo entre los países con mayor penetración de móviles. En 1995, la edición internacional de la revista *Advertising Age* eligió el Mango como una de las doce estrategias de marketing más brillantes del mundo.

¡AÑADA UN HUEVO!

En los años cincuenta, General Mills lanzó una mezcla para pasteles bajo la famosa marca Betty Crocker. En el paquete estaban todos los ingredientes secos, más leche y huevos en polvo. Lo único necesario era añadir agua, mezclarlo todo y meter el molde en el horno. Las amas de casa muy ocupadas ahorraban tiempo y esfuerzo, y la receta estaba prácticamente libre de errores. General Mills tenía un ganador seguro en las manos.

O eso creía. Pese a los muchos beneficios del nuevo producto, no se vendía bien. Ni siquiera la marca Betty Crocker, icónica y de confianza, convencía a las amas de casa para que adoptaran el nuevo producto.

General Mills contrató a un equipo de psicólogos. Algo inusual estaba pasando. La empresa tenía que dar el paso siguiente con mucho cuidado para conseguir que el producto despegara. ¿Por qué se resistían los consumidores?

La respuesta: culpabilidad. Los psicólogos llegaron a la conclusión de que las amas de casa estadounidenses se sentían mal al usar el producto, pese a lo cómodo que era. Ahorraba tanto tiempo y esfuerzo si se comparaba con la forma tradicional de elaborar pasteles que sentían que estaban engañando a sus maridos e invitados. De hecho, el pastel sabía tan bien que los demás pensaban que su anfitriona se había pasado horas horneando. Las mujeres se sentían culpables al recibir más crédito del que merecían. Por eso, dejaban de usar el producto.

General Mills tenía que actuar, y deprisa. Como la mayoría de empresas orientadas al marketing, podría haber considerado una campaña de publicidad que, por ejemplo, abordara el problema de la culpa sin ambages. Imaginemos una serie de anuncios explicando que ahorrar tiempo en la cocina con las mezclas instantáneas para pasteles permitiría a las amas de casa hacer otras cosas valiosas para su familia. Los anuncios mostrarían lo inteligente que era usar un producto tan innovador.

En contradicción con toda la sabiduría convencional de marketing, lo que hizo General Mills fue revisar el producto, haciendo que fuera *menos* cómodo. El ama de casa tenía ahora que agregar agua y un huevo de verdad a los ingredientes, lo que transmitía la idea de que el huevo en polvo había sido sustraído. General Mills volvió a lanzar el nuevo producto con el eslogan «Añada un huevo». Las ventas de la mezcla instantánea para pasteles de Betty Crocker se dispararon.

¿Por qué una cosa tan sencilla tendría un efecto tan enorme? Primero, trabajar un poco más hizo que las mujeres se sintieran menos culpables aunque siguieran ahorrando tiempo. Además, el trabajo extra significaba que habían dedicado tiempo y esfuerzo al proceso, lo cual generaba la sensación de que el pastel era algo propio. El simple hecho de sustituir el huevo en polvo por un huevo de verdad hacía que la confección del pastel fuera más gratificante y más significativa. Se podría incluso llegar a decir que un huevo tiene connotaciones de vida y nacimiento, y que el ama de casa «da la vida» a su apetitosa creación. Sí, de acuerdo, esto puede sonar un poco cogido por los pelos. Pero no se puede decir que el nuevo enfoque no lo cambiara todo.

El huevo de Betty Crocker nos enseña una gran lección sobre la psicología del consumidor. Muchas otras empresas venden bienes y servicios que ya vienen empaquetados previamente. También ellas podrían innovar con la técnica de la sustracción eliminando un componente clave y añadiendo un poco de actividad para el consumidor.

BUSQUE SUSTITUTOS «JUSTO DELANTE DE LAS NARICES»

La técnica de la sustracción le permite reemplazar el componente descartado, pero cuando busque un sustituto recuerde dos reglas. Primero, no se puede sustituir el elemento por algo idéntico. ¡Una vez lo elimine, eliminado queda! Observe que la mezcla para pasteles Betty Crocker sustituyó el huevo en polvo por un huevo de verdad, que era un componente diferente. Aunque pueda parecer obvio, no nos interesa permitir unas modificaciones sutiles que dejen que el componente sustraído vuelva a hurtadillas.

Segundo, tenemos que buscar sustitutos que estén a nuestro alcance: dentro de la caja del Mundo Cerrado. Son estos reemplazos los que llevan a unas innovaciones auténticamente únicas, sorprendentes, aunque sencillas. En el caso del pastel Betty Crocker, el huevo de sustitución estaba al alcance de la mano del ama de casa: en su frigorífico. Como se cree que dijo Leonardo da Vinci: «La simplicidad es la sofisticación suprema».

Consideremos el caso de Royal Philips Electronics cuando usó la sustracción en el reproductor de DVD. Amnon Levav (que había trabajado en el aparato de anestesia) y el coordinador del SIT Amit Mayer fueron invitados para que asesoraran al gigante de la electrónica al principio de la locura por los DVD, alrededor de 1998. El equipo de Philips quería hacer que su nuevo reproductor de DVD fuera diferente de los producidos por otras firmas electrónicas. Los miembros del equipo observaron algo interesante en los aparatos DVD de sus competidores: pese a que el DVD tenía unas ventajas enormes respecto al reproductor de cintas de vídeo (VCR), las empresas lanzaban unos aparatos que parecían casi idénticos a los VCR (mismo tamaño, misma forma, aspecto y tacto). Philips Electronics vio una oportunidad para diferenciarse desde el mismo principio. Decidió innovar cuando la tecnología era totalmente nueva, en lugar de esperar hasta que el mercado estuviera saturado y maduro. Si tenían éxito, sería una jugada atrevida y brillante.

Retrocedamos y veamos a qué se enfrentaba Philips. Cuando aparecieron los DVD, en 1997, los VCR llevaban más de veinte años disfrutando del éxito popular en el mercado de consumo masivo. Millones de hogares los usaban para ver películas y grabar programas de televisión. Pero el disco de DVD tenía ventajas importantes sobre las casetes de VHS. Para empezar, era un nuevo medio fantástico para almacenar contenidos. Los DVD eran mucho más delgados —sólo 1,2 milímetros— comparados con la voluminosa casete de la cinta magnética, que medía unos 2,5 centímetros. Los DVD se cargaban más rápido y eran más fáciles de manejar. Podían saltar a diferentes «capítulos» de una película, sin tener que pasarla toda, como había que hacer con una casete VHS en un aparato VCR. También eran más fáciles de guardar, de reproducir, de fabricar y de vender.

Sin embargo, pese a todos estos cambios espectaculares en el medio, al aparato en sí apenas se había modificado. Los VCR tenían el aspecto de los típicos equipos estéreo: cajas rectangulares negras (o plateadas) con muchos botones en la parte frontal y la conocida ventana que mostraba la hora además de la función en curso. Como la competencia era rabiosa, las empresas añadían una característica tras otra a su VCR para que destacara. Pero se pasaron de la raya. Los VCR tenían tantas características que los usuarios no sabían cómo usarlos. Incluso fijar la hora era complicado. El hecho de que la mayoría de las ventanas de los VCR mantuvieran un parpadeante «12.00» era una señal clara de que la mayoría de propietarios ni siquiera averiguaban cómo dominar esa función básica, lo cual, a su vez, hacía que todas las funciones que entrañaba una grabación programada fueran inútiles.

Cuando se introdujo el DVD, los fabricantes tenían una oportunidad de oro para sacar provecho de este «disco milagroso» e introducir un reproductor del todo nuevo para él. Sorprendentemente, no aprovecharon la oportunidad. Cuando se presentaron, en 1997, los reproductores de DVD tenían un aspecto muy familiar.

¿Por qué diseñaban aparatos de DVD que se parecían tanto a la tecnología, vieja de veinte años, que estaban destinados a sustituir? Quizá las empresas pensaban que confortaría a los usuarios. Después de todo, iban a comprar un aparato que reemplazaría a su amado VCR. ¿No era algo bueno que el DVD encajara en el mismo espacio, y se enchufara casi de una manera idéntica al estéreo y al televisor? Hacer la transición desde el viejo VCR al nuevo DVD era fácil. Por supuesto, los usuarios tenían que deshacerse de su colección de casetes VHS (o almacenarlas en el trastero, junto con sus viejos elepés de vinilo).

El problema, claro está, era que todo el sector abordaba los reproductores de DVD como si fueran, en esencia, una caja de VCR con discos compactos en lugar de cintas VHS. Sin embargo, Philips adoptó una posición diferente.

Amnon condujo al equipo de Philips por una serie de ejercicios usando la técnica de la sustracción. Hicieron una lista de los componentes del reproductor de DVD. Sistemáticamente, imaginaron que eliminaban componentes clave, de uno en uno, mientras mantenían el resto intacto. Cada paso producía una nueva configuración del aparato y, con ella, el potencial de nuevos beneficios y valor.

Primero quitaron los botones de la parte frontal. Al principio, todos se echaron a reír. Amnon escribió en la pizarra «DVD sin botones», y el equipo hizo bromas sobre ello. Pero eso desató una discusión muy acalorada. No todos comprendían que la mayor parte de la voluminosa caja estaba vacía. Algunos creían que era evidente que los usuarios querían ver todos los botones delante. Nadie había visto nunca un DVD sin botones, así que les costaba ver el beneficio. Luego, de repente, uno de los diseñadores dijo: «Podríamos hacer que fuera delgado de verdad».

Después de todo, el usuario no los necesitaba, ya que tenía los mismos botones en el mando a distancia. (Por cuestiones prácticas, los trasladaron a la parte lateral y trasera por si acaso el propietario perdía el mando a distancia.) Estéticamente, esto daba al aparato de DVD un aspecto esbelto y elegante en el estante. La nueva máquina no sólo cabía en los compartimentos reservados a aparatos de entretenimiento más pequeños, sino que resultaba mucho menos intimidante. Para los que quizá se resistieran a cambiar de su VCR al moderno DVD, esto era muy útil. El hecho de que el DVD pareciera más fácil de usar que el VCR hizo que más personas lo adoptaran.

A continuación, los ingenieros de Philips sustrajeron la gran pantalla de LCD del panel frontal. Era la misma clase de pantalla de que disponían los VCR para mostrar información sobre cómo hacer funcionar la unidad. Por regla general, era tan grande que cubría la mayor parte del panel frontal. Pero ¿cómo manejaría el usuario la unidad sin esta información? ¿Había otro componente en el Mundo Cerrado (en este caso, la sala) que pudiera reemplazar la pantalla LCD del panel frontal?

El equipo tenía la respuesta: la pantalla del televisor. El televisor podía con facilidad mostrar información sobre el control operativo, como *play* o *fast-forward*. ¿No es interesante que el equipo de Philips usara exactamente la misma lógica que los ingenieros de J&J habían empleado para innovar su aparato de anestesia?

Figura 2.3

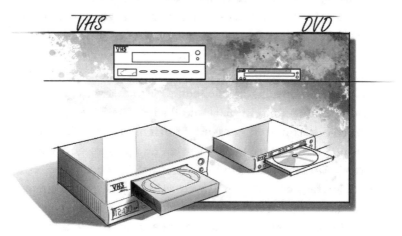

Aunque, visto en retrospectiva, pueda parecer obvio, no lo era tanto entonces. La fijación funcional nos hace ver las pantallas de televisión como el espacio donde se visualizan las películas y los programas de televisión. No pensamos en ellas como pantallas de control para otros artilugios. Este avance permitió que los ingenieros de Philips vieran otras cosas que podían ser eliminadas del panel frontal del aparato de DVD y controladas por el mando a distancia o mostradas en el televisor. Como resultado directo de sustraer y reemplazar de esta manera, Philips pudo crear el reproductor de DVD más delgado del sector. La empresa lo llamó Slimline y recibió un prestigioso premio de diseño. Y no pasó mucho tiempo hasta que todo el sector de los DVD adoptara el Slimline como diseño dominante. Treinta años de pensamiento en forma de caja grande sucumbieron ante el poder de la sustracción.

El impacto del Slimline fue mayor de lo que nadie —incluidos los ingenieros que lo construyeron— podía haber imaginado. La idea del Slimline se convirtió en un arquetipo de diseño para muchos otros artículos, incluidos muchos productos no electrónicos. Si busca «diseño *slimline*» en Amazon, encontrará más de treinta productos de diferentes categorías, como altavoces, ordenadores, teléfonos, relojes, incluso la Biblia.

RETROCEDER PARA AVANZAR

Usar la sustracción parece algo extraño al principio, porque es como si retrocediéramos. Eliminar cosas va contra la idea del avance tecnológico. En cierto sentido, es verdad. Pero, desde el punto de vista de la tecnología, retroceder debería ser más fácil. Quitar cosas debería exigir menos esfuerzo, tiempo y dinero que atestar un producto o servicio con más características. Con todo, solemos ignorar este aspecto, porque parece ir en contra del curso de la evolución.

La auténtica cuestión es si la sustracción produce nuevo valor. Si no mejoramos un producto o servicio, no tiene mucho sentido eliminar elementos. Quitar cosas debería perfeccionar un producto o servicio incluso si no hace avanzar la tecnología per se. Esto sucedió, sin duda, con Philips y su serie Slimline de DVD. ¿Fue sólo una casualidad afortunada? Creemos que no. Si miramos alrededor, veremos muchos productos o servicios que han eliminado un elemento esencial —retrocediendo— para crear un valor adicional sorprendente para el usuario. Veamos uno de los productos más famosos nunca creados: el iPod.

Cuesta imaginar que el iPod no fue el primer MP3 del mercado, dado el enorme éxito que tiene hoy. Pero es verdad. Más aún, ni siquiera fue el segundo o el tercero. Llegó al mercado en una rezagada octava posición. Otras siete compañías consiguieron lanzar sus versiones de un reproductor multimedia portátil antes de que Apple lo hiciera. Pero ¿cuántos de esos nombres recordamos: IXI, Listen Up, Mpman, Rio, Creative Technologies, Archos? De hecho, el prototipo del primero de estos reproductores de MP3, el IXI, fue presentado en 1979; sin embargo no fue hasta 2001 cuando Apple lanzó el iPod. Entonces, ¿qué hizo que tuviera tanto éxito? ¿Qué tenía para expulsar del mercado a la mayoría de los demás reproductores de música? ¿Tenía una calidad de sonido superior? ¿Unas baterías más duraderas? ¿Más capacidad de almacenamiento de canciones? Nada de lo anterior. Funcionalmente hablando, el iPod era inferior en todos los aspectos, salvo dos: simplicidad y diseño.

Primero, unos cuantos antecedentes: la competencia era feroz en el mercado de los MP3, así que las empresas trataban de superarse unas a otras con productos con un rendimiento mejor y más funcionalidad. Por ejemplo, cuando aparecieron los primeros aparatos de música en el mercado, incluían visualizadores LCD que ayudaban al oyente a organizar las canciones en listas. Estos elementos daban al usuario el control total sobre sus canciones y el orden en que sonaban. Conforme el mercado se caldeaba, las empresas lanzaron modelos con visualizadores de

LCD cada vez mejores, que podían hacer más cosas. Estos visualizadores eran considerados un componente tan esencial de los MP3 que las empresas se centraban en mejorar su tecnología y funcionalidad. Pensaban que estaban avanzando.

El iPod de la primera generación tuvo un enorme éxito. Luego, Apple, siguiendo un modelo innovador clásico, eliminó por completo el visualizador, dejando sólo la función de «mezcla» aleatoria —de hecho, retrocediendo— respecto al iPod original. La gente de Apple propuso algo nuevo: un iPod que sólo mezclara. En lugar de permitir que el usuario eligiera las canciones que quería oír, el iPod reproducía la música en un orden aleatorio de forma automática. Se pensaría que esto era también un paso atrás: ¿es que no queremos tener más, en lugar de menos, control de nuestro entretenimiento? Asombrosamente, la mezcla fue abrazada sin reservas por la «generación del auricular». Les encantaba. No tenían que pasarse horas creando y organizando listas de reproducción con un orden específico. Por el contrario, el aparato reproducía tu música como si fuera una emisora de radio; nunca sabías qué pieza iba a sonar a continuación. La sorpresa hacía que escuchar fuera incluso más divertido.

¿Y el hecho de que, en apariencia, el iPod diera un paso atrás en el tiempo? A nadie le importaba. Excepto, posiblemente, los fanáticos devotos de los *gadgets*, los usuarios no estaban más preocupados por la tecnología del MP3 que por las funciones sobrantes de sus VCR.

Así que Apple hizo lo que Philips había hecho. Sustrajo un componente que el resto del sector pensaba que era esencial. Dejó el resto del producto «tal cual» sin sustituir el componente. Al hacerlo, enviaba al usuario un mensaje poderoso: la función de mezcla era más fácil y más divertida de usar que los aparatos MP3 abarrotados de características.

Apple lanzó el iPod Shuffle de segunda generación en 2006. También demostró ser un éxito enorme. La empresa apuntó a dueños corrientes de iPod que querían un segundo aparato, más barato, que «dejaba boquiabierto por lo pequeño que era», según Amazon. También creían que el precio y la simplicidad del Shuffle atraerían más usuarios a la marca Apple. Con el tiempo, estos usuarios quizá dieran un salto más especializado a los productos de Apple y compraran un iPod más complicado o incluso un ordenador Macintosh. De hecho, muchos de los que adoptaron el iPhone procedían de la base de consumidores del iPod. Un estudio de los usuarios de iPod Shuffle confirmó la percepción del iPod como algo único e innovador. La simple sustracción de un componente que se creía esencial hizo retroceder la tecnología y avanzar el disfrute de la música, y cambió el mundo de los aparatos de reproducción musical para siempre. Eso es innovación.

¿QUÉ ES UN COMPONENTE «ESENCIAL»?

El patrón de sustracción es tan sencillo que sus poderes disruptivos suelen sorprendernos. Como hemos visto en el ejemplo de la anestesia, el equipo de desarrollo de producto se sintió insultado por la idea de eliminar componentes clave. Pero una vez que los ingenieros superaron su incomodidad, la herramienta los condujo a innovaciones que cambiaron radicalmente la manera como los médicos iban a trabajar en los quirófanos de todo el mundo.

El punto importante para nosotros es que una clave para usar la sustracción es elegir un componente *esencial* que eliminar. Pero ¿qué queremos decir con esto? Observemos que, en los ejemplos anteriores, el componente sustraído no era el más esencial ni tampoco el menos esencial. Estaba en un lugar intermedio. Es ahí donde es probable que consigamos el máximo impacto usando la técnica de la sustracción. En el caso del aparato de anestesia, eliminar el propio fármaco anestesiante habría sido ir, como es obvio, demasiado lejos. En cambio, la batería de reserva y la pantalla eran esenciales, pero no los elementos más esenciales.

Si eliminamos un componente demasiado simple, por lo general eso no es suficiente para romper la fijación. Entonces, ¿cómo saberlo? A veces, sencillamente tenemos que experimentar para ver si hemos ido demasiado lejos.

«AY, ESTO VA A SER ADICTIVO»

Cuando usamos la sustracción, no siempre tenemos que eliminar el componente. Existe también lo que llamamos «sustracción parcial». Es una técnica válida, siempre que el producto o servicio que queda rinda un nuevo beneficio. En la sustracción parcial, elegimos un componente y luego eliminamos una característica específica de ese componente. Consideremos el caso de Twitter, una aplicación de microblogueo usada por cientos de millones de personas en todo el mundo. Con sólo restringir cada tuit a 140 caracteres, Twitter se ha convertido en una vasta conversación digital sobre lo que personas de todo el mundo piensan y hacen. La sustracción parcial aplicada al blog tradicional hasta dejarlo en 140 caracteres aumentó de forma espectacular el volumen y la participación de este fenómeno de Internet. ¿Cómo sucedió?

Los fundadores de Twitter, Noah Glass, Jack Dorsey y otros sabían que el concepto era acertado y que tenían un posible éxito entre manos. Su intención era crear un servicio que permitiera enviar mensajes de texto a muchos amigos al mismo tiempo. En origen, se suponía que Twitter era un medio para poner a nuestros amigos al día de nuestra situación actual de una forma fácil.

Pero al intentar construir un servicio con mensajería de textos como fundamento, el equipo de Twitter se tropezó con problemas. Primero, los textos eran caros. Además, las compañías de teléfonos imponían un límite al tamaño de los mensajes de texto. Cualquier mensaje con más de 160 caracteres es dividido automáticamente en dos mensajes. Así que lo primero que los fundadores de Twitter hicieron fue poner un límite a los caracteres de un texto (ahora llamado «tuit») del servicio de mensajes cortos (SMS). Hicieron una sustracción parcial en los mensajes de texto reduciendo el tamaño a 140 caracteres. Así se dejaba espacio para el nombre de usuario del remitente y los dos puntos delante del mensaje. En febrero de 2007, Dorsey escribió: «Se podría cambiar el mundo con ciento cuarenta caracteres».

Tenía razón. Hoy, más de cien millones de usuarios están suscritos a Twitter. Su web recibe más de 400 millones de visitantes cada mes. Se ha convertido en el «puesto de escucha» mundial, cuando se producen acontecimientos a tiempo real como el *tsunami* japonés de marzo de 2011 y la revolución egipcia de dos meses antes. Glass dijo en una entrevista: «¿Sabe qué es increíble en todo esto? Que te hace sentir bien con esa persona. Es todo un impacto emocional. Sientes que estás conectado».

La sustracción parcial puede crear tanto valor como la sustracción completa. ¿Se acuerda del teléfono móvil de Mango? Las sustracciones parciales tienen otra ventaja. A veces es posible convencer a los escépticos para que hagan una sustracción parcial en lugar de eliminar por completo un componente, a fin de que aprueben el experimento.

SUSTRAIGA LO POCO QUE TIENE

Al principio, la técnica de la sustracción puede asustarnos. A algunos les preocupa estar restando valor a un producto o servicio. Esto es cierto de manera especial cuando sólo disponemos de un número limitado de componentes para empezar, como los definidos por el Mundo Cerrado. Eliminar uno en nombre de la innovación parece irracional. No obstante, como verá, la sustracción funciona sorprendentemente bien incluso cuando empezamos con muy poco.

Tomemos un producto sencillo como el detergente para la ropa, que sólo tiene tres ingredientes principales: el ingrediente activo (detergente), el perfume y un agente aglutinante que lo ligue todo. Bien, probemos esto: piense con rapidez en cada componente e imagine que lo sustrae de los otros dos. ¿Qué imágenes le vienen a la mente? La mayoría conjura imágenes horribles de prendas de ropa destruidas por un producto imperfecto. Parecería que al eliminar del producto cualquiera de los tres elementos lo estamos arruinando. ¿Quién querría lavar ropa con un detergente en el que faltara alguno de estos componentes?

Veamos ahora una empresa llamada Vitco Detergents, que utilizó la técnica de la sustracción para crear un producto nuevo e innovador. En 1996, Vitco usó este sistema para ampliar su línea de productos más allá de una pequeña selección. Uno de sus productos era el detergente para la ropa.

Sigamos los mismos pasos que Vitco cuando aplicó la sustracción a su línea de detergentes para la ropa:

Paso 1: Hacer una lista de los componentes físicos del producto.

- Ingredientes activos (detergentes)
- Perfumes
- Aglutinantes

Paso 2: Eliminar un componente, preferiblemente uno esencial. En el caso del detergente para la ropa, un componente esencial es el detergente, claro.

Paso 3: Visualizar el concepto resultante. Lo que teníamos ahora era un «detergente» que sólo contenía un perfume y un aglutinante. No podía limpiar la ropa. Esta función se perdía cuando sustraíamos los ingredientes activos.

Paso 4: Identificar necesidades, beneficios y mercados. Al principio, esto parece por completo ridículo. ¿Quién querría un detergente que no limpia la ropa?

Fue entonces cuando intervino uno de los participantes en el taller. Recordó al equipo que los ingredientes activos son muy agresivos con las fibras de la ropa y, en realidad, la desgastan. Eliminar los ingredientes activos permitiría que la ropa durara más.

DENTRO DE LA CAJA

Por lo tanto, un mercado en potencia podría ser el de las personas que lavan la ropa porque la han llevado puesta, no porque esté sucia. Su ropa no necesita que la limpien. Sólo que la renueven. Los expertos técnicos sabían que podían crear un producto estable con pocos ingredientes activos o ninguno. Además, el producto necesitaría menos aglutinante. ¡Podría funcionar! El principal problema al que se enfrentaban era legal. Debido a la reglamentación del sector, Vitco no podía comercializarlo como detergente porque la ley exigía una cantidad mínima de ingrediente activo para etiquetar el producto como tal. El CEO de la empresa, que participaba en el taller de innovación, dio con una respuesta inmediata: ¿por qué no lanzar un producto que definiera una nueva categoría? ¿Qué tal «aromatizador de ropa»? Dirigido a esas personas exigentes que lavan la ropa después de ponérsela un tiempo mínimo porque no les parece que huela lo bastante bien, el producto les daría esa sensación de frescor sin el desgaste que causaría un lavado frecuente con un detergente real. Nació toda una nueva categoría de productos: el aromatizador de la colada.

Aquel mismo año, Unilever, el gigante de productos de consumo, adquirió el 60 por ciento de las acciones de Vitco. Después de la compra, Unilever modificó las prioridades de Vitco y puso fin a los planes de desarrollo de nuevos productos. La adquisición daba a Unilever acceso a lo que para ellos eran tantos nuevos productos que no sentían ninguna necesidad de desarrollar ninguno más. La idea del aromatizador de ropa se dejó de lado.

Fue una mala idea. Cuatro años después, su principal competidor, Procter & Gamble, lanzó el mismo concepto de producto como parte de su marca Frebreze. P&G acuñó el término «refrescadores de ropa». Un amplio estudio de mercado reveló que, a veces, los consumidores necesitan simplemente refrescar su ropa, sin someterla a un lavado completo. Usando ese conocimiento, P&G desarrolló de forma independiente el mismo concepto al que la sustracción había llevado al equipo de Vitco: un simple «detergente» sin casi ningún elemento limpiador. El negocio de los productos refrescadores de ropa obtiene ahora mil millones de dólares anuales en ventas en todo el mundo. Observemos que Vitco descubrió la idea, de forma sencilla y barata, usando la técnica de la sustracción. P&G, en cambio, llevó a cabo un exhaustivo estudio de mercado para identificar esa necesidad. Esto pone de relieve una de nuestras convicciones más firmes: en esencia, los modelos de innovación de este libro predicen el éxito en el mercado. Aunque interpretar las señales del mercado por medio de estudios llevará, sin duda, a ideas innovadoras, las mismas innovaciones se pueden conseguir de una manera mucho más eficiente aplicando las técnicas de innovación que describimos aquí.

LA SUSTRACCIÓN CUANDO SE NOS IMPONE

A veces nos vemos obligados a aceptar la sustracción en vez de elegirla deliberadamente. Incluso en esas situaciones, podemos entrenar nuestra mente para usar la técnica a fin de abrir posibilidades creativas.

En agosto de 2010, todo el mundo estaba nervioso por la noticia de que había treinta y tres mineros chilenos atrapados a 720 metros de profundidad en el fondo de un pozo que se había derrumbado. El hundimiento accidental «sustraía» las vías usuales de escape. Todos los métodos tradicionales de rescate fracasaron. Mientras las esperanzas de que alguien sobreviviera disminuían con cada hora que pasaba, un equipo de rescate internacional puso en marcha de inmediato el plan B: un ingenioso tubo de escape que puso a los mineros fuera de peligro uno por uno y los salvó a todos de lo que podría haber sido una muerte lenta y dolorosa. Después de sesenta y seis días, el último minero emergió del oscuro agujero entre vítores y celebraciones que se oyeron en todo el mundo.

Lo que la mayoría no sabe es que la solución tenía más de medio siglo de existencia. Concebida a mediados de los años cincuenta, la solución inspirada en la sustracción ha cambiado radicalmente las estrategias de rescate en toda una amplia serie de sectores y escenarios.

En mayo de 1955, se derrumbó un pozo de una mina en la zona de Dahlbusch, en la ciudad alemana de Gelsenkirchen. Tres mineros quedaron atrapados bajo tierra. Aunque los rescatadores consiguieron hacerles llegar comida y agua por un pequeño agujero de perforación, no podían sacar a los hombres por esa vía. El hundimiento había sellado todos los pozos existentes en la mina. Esos pozos se habían «sustraído».

Eberhard Au, un ingeniero de treinta y cuatro años que trabajaba allí, adoptó un enfoque diferente para solucionar el problema. Mientras otros se centraban en intentar reabrir un pozo de la mina, Au pensó de otra manera. Sustrajo de la situación los pozos principales. Buscó una sustitución con un componente que no era obvio: el agujero de perforación. Au diseñó calladamente una pequeña cápsula con forma de puro usando una chapa metálica corriente. Con sólo 40 centímetros de ancho, el cilindro era lo bastante pequeño para encajar en el agujero que los rescatadores estaban usando para enviarles comida y agua a los mineros. Pero, pese a su pequeño tamaño, el cilindro era lo bastante grande como para que un minero se introdujera dentro. De esta manera, los rescatadores trajeron al exterior con éxito a los tres mineros alemanes.

—Lo que hicieron en Dahlbusch fue un golpe maestro de genio —afirma Jeff Sabo, que posee una experiencia de cuarenta años en operaciones de rescate en minas y que da clases en el Ohio Mine Safety Training Center, en Cadiz, Ohio—. El rescate en minas existe desde hace cientos de años. Pero la idea de usar una pequeña perforación para rescatar a los mineros de uno en uno fue muy innovadora.

Como nos oirán decir una y otra vez, en retrospectiva esta solución era obvia. Pero los rescatadores estaban cegados por la fijación funcional y estructural. Los humanos llevan muchos miles de años explotando minas. Con el tiempo, el proceso ha evolucionado considerablemente conforme generaciones sucesivas han ideado métodos más seguros de ingeniería y construcción. La desventaja de esta larga historia de innovación es que los profesionales de la minería están convencidos de que entienden, de verdad, cuáles son las «prácticas óptimas» para la eficiencia y la seguridad operativas. El mismo peso de la experiencia —que suele considerarse una ventaja en cualquier profesión— ha limitado su capacidad para pensar creativamente.

Una mina es una red intrincada e interconectada de pozos verticales, inclinados y horizontales. Los mineros están orgullosos de las aptitudes de planificación cuidadosa, ingeniería rigurosa y construcción sólida exigidas para construir un pozo. Cada minero cuenta con un mapa mental indeleble de la red completa de la mina. De no ser así, no podría hacer su trabajo. Sin embargo, este mapa mental crea una fijación estructural considerable. Siempre que se produce un desastre, el primer paso del protocolo del rescate minero dicta que se use la infraestructura de los pozos para liberar a todos los mineros a la vez. Por ello, el plan A dicta que hay que tratar de desbloquear el pozo que lleva al lugar donde están las víctimas. Esto tiene sentido: los ingenieros y directores de la mina y los profesionales de su seguridad conocen el lugar exacto y la integridad estructural de cada pozo de la mina, y la manera en que cada uno se conecta con todos los demás. Han pasado años construyéndolos y muchos más años trabajando en ellos. Usar los pozos existentes como conductos de rescate es el modo más rápido y seguro para devolver a sus compañeros de vuelta a la superficie. Pero, algunas veces, el plan A falla.

En Alemania, en 1955, se demostró que el plan A era insostenible. Por lo tanto, el equipo de rescate tuvo que «poner todas las alternativas sobre la mesa», según Rob McGee, de la United States Mine Rescue Association. Esto empujó a Au a pensar en lo impensable. Rompiendo la tentación de ver el mundo a través de la lente de la fijación estructural, se paró a considerar posibles sustituciones existentes dentro del Mundo Cerrado. Sustrayendo el pozo principal de la mina y luego reemplazándolo por un agujero de ventilación, salvó no sólo aquellas tres vidas alemanas, sino muchas otras vidas futuras, ya que la industria minera adoptó esta técnica como procedimiento de referencia para el plan B. Es más, el cilindro de Au rescató, individualmente, a mineros atrapados en desastres consecutivos en 1956 y 1957. En 1963, el cilindro salvó a once mineros atrapados, durante dos semanas, a una profundidad de 60 metros en una mina de mineral de hierro. En la actualidad, la United States Mine Safety and Health Association guarda una cápsula como la de Au preparada y lista para ir a cualquier parte del mundo.

La cápsula Fénix empleada para rescatar a los treinta y tres mineros de Chile era una versión mejorada del diseño original de Au. Los ingenieros de la Armada chilena construyeron tres que eran algo más grandes que la original de Au —2,45 metros de largo y 54 centímetros de diámetro— y que también iban equipadas con micrófonos, altavoces y suministro de oxígeno. Por lo demás, la idea básica de Au ha demostrado ser asombrosamente firme.

Eberhard Au murió en 1996, a los setenta y cinco años de edad. Nunca solicitó una patente para su cápsula. «Lo principal es que los chicos salgan de allí», aseguran que dijo.

LA SUSTRACCIÓN REFORMULA EL PROBLEMA

No es necesario esperar que ocurra un desastre para usar la sustracción. Si la aplicamos de manera sistemática para reformular los problemas se nos ocurrirán soluciones innovadoras. Drew lo averiguó de primera mano mientras hablaba en una conferencia de formación para directivos. Después de acabar la charla, se le acercó un grupo de siete hombres. Se presentaron como la junta directiva del Standard Bank de Sudáfrica. Querían su ayuda. Ésta es la historia.

«DESPIDÁMOSLOS A TODOS» (RELATO DE DREW)

Acababa de terminar mi conferencia sobre el Pensamiento Inventivo Sistemático, donde había insistido en la utilidad de la técnica de la sustracción, cuando se presentaron los miembros del consejo del banco. Les gustaba la idea de que la innovación es algo que se puede aprender y aplicar. Estaban especialmente interesados en la sustracción.

—¿Cree que nos ayudaría en nuestro problema? —preguntó uno de los delegados.

Le contesté de la misma manera que hago siempre cuando me hacen esta pregunta:

—No lo sé. Pero sólo hay una manera de averiguarlo.

Buscamos una sala de reuniones vacía en el salón de conferencias y nos pusimos cómodos. Los ejecutivos me explicaron el problema.

—Queremos crecer adquiriendo otros bancos —comenzó uno de los directores, al que parecían haber designado portavoz—. Coincidimos en eso. Lo que pasa es que no podemos ponernos de acuerdo en el mejor enfoque. Algunos queremos comprar otro banco en Sudáfrica, mientras que a otros les gusta la idea de adquirir un banco en Norteamérica o Europa. ¿Cómo podemos usar este método de innovación para resolver el problema?

Lo pensé durante un minuto. Nunca me había enfrentado a este tipo de problema estratégico. La verdad es que no sabía si la sustracción funcionaría igual de bien con la innovación del modelo de negocio que con la innovación de productos o servicios tradicionales. Pero estaba dispuesto a probarlo. (Sólo más tarde descubrí que los colegas de Jacob llevaban ya un tiempo utilizándola de esta manera.)

Así que me lancé:

—De acuerdo, seamos fieles al procedimiento y empecemos desde arriba. El primer paso de la sustracción es hacer una lista de los componentes clave. ¿Cuáles son los componentes de un banco?

Los directores se miraron unos a otros. Era una pregunta tan sencilla que pareció pillarlos con la guardia baja.

—El personal. Tenemos empleados de muchos tipos.

—Bien. Anotemos «personal». —Cogí un rotulador y empecé a hacer la lista de los componentes de un banco—. ¿Qué más?

—Activos —dijo uno.

—¡Pasivos! —intervino otro—. Tenemos edificios, cajeros automáticos, oficinas. Lo llamamos PPE: propiedades, plantas y equipos.

—Continúen.

—Tenemos sistemas y, claro, tenemos clientes. También tenemos una reputación: nuestra marca.

Lo escribí todo en la pizarra:

- Personal
- Activos
- Pasivos
- Propiedades
- Sistemas
- Productos y servicios
- Clientes
- Marca

—Bien, ahora usemos la sustracción y eliminemos uno de los componentes, preferiblemente uno esencial.

Observé que algunos de los hombres esbozaban medias sonrisas. Ya estaba acostumbrado a esta reacción. Y muchas veces, usando estas técnicas se creará una configuración de producto o servicio que parece tonta. En el humor y los chistes, la mente humana hace una conexión entre dos temas no relacionados para conseguir el golpe de efecto. Esto hace que nos riamos. Pero incluso en situaciones serias como ésta aplicar una técnica tiene como resultado un par de risitas. Dos ideas no relacionadas respecto a un banco estaban a punto de colisionar, y los hombres no podían resistir la tentación de reírse.

—¡Sustraigamos al personal! —exclamó uno de los miembros sénior. Lo dijo medio en broma, pero estaba genuinamente interesado en saber adónde nos llevaría este modo de pensar.

—De acuerdo. Imaginemos que su banco no tiene empleados. Tiene todos los demás componentes, pero nada de personal. Ahora pregúntense: ¿qué banco podrían comprar que tuviera la fuerza laboral ideal para la clase de banco que son ustedes? Dada su base de clientes, la reputación de su marca, los productos y servicios, ¿qué banco hay que tenga el grupo perfecto de empleados que encaje con el resto de sus componentes?

Uno de los ejecutivos dijo:

—Podríamos buscar una base de empleados que sea más diversa, por ejemplo. Quizá queremos empleados con una perspectiva global. Podríamos adquirir un banco con empleados que pudieran fundirse con nuestros empleados, pero dándonos una perspectiva más amplia.

Sólo imaginar a su compañía sin uno de sus componentes esenciales ayudaba a estos ejecutivos a conseguir una perspectiva totalmente nueva para solucionar su problema. Ya no importaba dónde estuviera el banco. La geografía no tenía nada que ver. Aplicar la técnica de la sustracción (con la característica de la sustitución) a un único componente creaba un diálogo más útil sobre los objetivos de la adquisición. Ver el problema bajo esta luz nueva hacía que la fusión con otro banco resultara incluso más interesante.

Dejé que la discusión continuara durante un rato.

—Ahora probémoslo de nuevo. Elijan otro componente de la lista, cualquiera de ellos.

—La marca. Sustraigamos la marca de la compañía. —Esta vez no se rio nadie.

—Muy bien. Tienen todos los demás componentes de su banco, pero ninguna marca. Veamos, ¿qué banco podrían adquirir que tuviera una reputación de marca que fuera ideal para el resto de sus componentes: el personal, la base de clientes, etcétera?

Todos lo pensaron un rato, cada uno ponderando los diversos bancos que podrían encajar en el perfil. Estaban callados, pensando activamente en los otros componentes anotados en la pizarra.

Al cabo de unos minutos, el líder del grupo me estrechó la mano y me dio las gracias. Educadamente, me pidió que saliera de la sala.

—Tenemos trabajo que hacer —me indicó.

Después de aquella reunión de 2004, el Standard Bank de Sudáfrica adquirió bancos en Argentina, Turquía, Rusia y Nigeria. Observen que, con estas adquisiciones, no se deshizo de su personal ni de su marca ni de ninguno de los otros componentes. El propósito de usar la sustracción era imaginar mentalmente al banco sin esos componentes, como medio para reformular el problema y ver oportunidades de maneras nuevas y creativas. ¡Dio resultado!

CÓMO USAR LA SUSTRACCIÓN

Para sacar el máximo partido de la técnica de la sustracción, hay que seguir los siguientes cinco pasos básicos:

1. Haga una lista de los componentes internos del producto o servicio.

2. Seleccione un componente esencial e imagine que lo elimina. Hay dos maneras de hacerlo:
   a. Sustracción completa. Se elimina todo el componente.
   b. Sustracción parcial. Elimine una de las características o funciones del componente o disminúyala de alguna manera.

3. Visualice el concepto resultante (por extraño que sea su aspecto).

4. Pregúntese: ¿cuáles son los posibles beneficios, mercados y valores?, ¿quién querría este nuevo producto o servicio y por qué lo encontraría valioso? Si está tratando de solucionar un problema específico, ¿cómo puede ser de ayuda abordar ese reto en particular? Después de haber considerado el concepto «tal cual» (sin ese componente esencial), trate de reemplazar la función con algo del Mundo Cerrado (pero no con el componente original). Puede sustituir el componente con otro interno o externo. ¿Cuáles son los posibles beneficios, mercados y valores del concepto revisado?

5. Si decide que el nuevo producto o servicio es valioso, pregúntese: ¿es viable?, ¿puede crear realmente estos nuevos productos o realizar estos nuevos servicios?, ¿por qué o por qué no?, ¿hay algún medio para refinar o adaptar la idea y hacer que sea más viable?

Muchos de los productos y servicios que usamos cada día fueron creados usando la sustracción, tanto si sus creadores se dieron cuenta como si no. Por ejemplo, si está leyendo este libro con lentillas, ha estado usando un producto «sustraído» todo el tiempo. Las lentes de contacto son el resultado de sustraer las monturas tradicionales de las gafas.

Muchos productos de autoservicio son el resultado directo de la sustracción. Las gasolineras de autoservicio, las cajas de autoservicio de los supermercados y los quioscos de facturación de los aeropuertos son ejemplos de situaciones donde la parte humana de un servicio ha sido sustraída y reemplazada por el usuario. Damos por sentadas todas estas cosas, pero no siempre fueron así. Si le hubiéramos dicho a alguien que un día unas máquinas escupirían dinero en las esquinas de las calles, habría dicho que estábamos locos. Sólo mirando atrás podemos apreciar que la ilógica noción de «sustraer el banco» creó un servicio bancario enormemente cómodo llamado cajero automático, utilizado ahora en todo el mundo.

Vea cómo ciertos alimentos son ahora más innovadores mediante la sustracción de un componente esencial. Eliminar el agua de la sopa ha dado como resultado la sopa instantánea en polvo, más cómoda. Incluso la sopa condensada enlatada es un bonito ejemplo de una sustracción parcial. Los nuevos beneficios creados son un tamaño de lata más pequeño y un periodo de conservación más largo. La compra al detalle se ha visto transformada por completo gracias a empresas como Amazon, detallista *online*, y Netflix, la compañía de entretenimiento. Sustrajeron las tiendas tradicionales de ladrillo y cemento y las sustituyeron por Internet. IKEA, la gigantesca compañía de productos para el hogar, sigue teniendo tiendas, pero vende muebles sin montar. IKEA sustrajo el paso del montaje en la fabricación de muebles. Sustituyó su proceso de montaje por el usuario.

RIESGOS COMUNES EN EL USO DE LA SUSTRACCIÓN

Como sucede con todas las técnicas que describimos en este libro, se debe usar la sustracción correctamente para conseguir resultados. Veamos cómo evitar algunos peligros comunes:

- **No se limite a eliminar componentes problemáticos.** Eliminar componentes malos para mejorar el rendimiento no es usar la técnica de la sustracción. Es, más bien, afinar las características del producto para cambiar la manera en que funciona. Por ejemplo, eliminar el azúcar de un refresco para crear una bebida sin azúcar crea una nueva versión de la bebida original, pero no es una sustracción. Es sencillamente cambiar la receta. Lo mismo puede decirse cuando convertimos el café con cafeína en otro descafeinado.

- **Pruebe a eliminar componentes esenciales.** ¿Se acuerda del aromatizador de la colada? Febreze es el resultado de eliminar el ingrediente más esencial del detergente para la ropa: ¡el detergente! La gente tiende a evitar eliminar algo esencial porque nos parece muy absurdo. Desea eludir el malestar de «arruinar» el producto o, sin más, no cree en el poder de la técnica de la sustracción. La clave es visualizar y concentrarse mentalmente en lo que queda en el sistema, en lugar de centrarse en lo que falta. Al ver los componentes restantes como parte de una configuración nueva y útil, usted se enfrentará mejor a la disonancia de haber eliminado la parte más esencial.

- **Evite sustituir de inmediato el componente sustraído.** Eliminar un componente esencial puede agredir nuestros sentidos y sensibilidad. Es el momento en que nuestro viejo enemigo, la fijación estructural, atacará con más fuerza. La incomodidad de eliminar un elemento esencial es tan poderosa que nuestra mente se lanzará de inmediato a «rescatar» el producto o servicio. (Recuerde lo que queremos decir con «esencial»: ni el elemento más importante ni tampoco el menos importante, sino algo entre uno y otro.) Es posible que, de inmediato, se encuentre queriendo llenar el vacío con un componente alternativo. Tenga cuidado. A veces, eliminar una función fundamental, crítica, destruye el producto hasta tal punto que no lo podrá recuperar. Sin duda, eliminar una función fundamental puede conducir a ideas innovadoras, como hemos visto con el Walkman de Sony, pero estas situaciones son raras. Casi siempre debe planear un recambio (del Mundo Cerrado) cuando elimine una función fundamental.

- **No sucumba a la disonancia cognitiva.** Tendrá la tentación de mirar la nueva y extraña configuración y tratar de explicarla o darle algún contexto. Eliminar la pantalla de un televisor hace que la mayoría lo visualice de inmediato como un aparato de radio, por ejemplo. Pero entonces no sería un televisor. Los programas que queremos ver no son programas de radio, sino programas de televisión. El contenido procede sólo de las emisoras de televisión. Además, como le dirá cualquier ingeniero, los componentes electrónicos, la longitud de onda y todos los demás parámetros relevantes identifican ese extraño objeto como un televisor sin pantalla, no una radio. Al saltar de una «televisión sin pantalla» a una radio, corre el riesgo de pasar por alto la oportunidad de crear una nueva forma de televisor, por ejemplo, uno para las personas que recorren largas distancias en coche —como los camioneros— que quieren oír los programas que de lo contrario se perderían mientras están en la carretera.

- **Evite el *unbundling*.** Recuerde que sustraer no es lo mismo que una técnica corriente de marketing llamada *unbundling* («desagregar») o *defeaturing* («cambiar las características»). Se trata de eliminar características o bajar la calidad de los componentes de un producto o servicio. Es quitarle valor al producto o servicio a fin de poder fijar un precio más bajo. Las empresas lo hacen para llegar a un segmento de mercado más amplio, especialmente a los clientes a los que les importa el precio. Por ejemplo, los fabricantes de televisores cogen sus modelos de gama alta y alto precio y reducen la calidad de los altavoces, la resolución de la pantalla y otros factores. Asignan un nuevo número de modelo y rebajan el precio. Otro ejemplo es cuando los operadores turísticos ofrecen un paquete con un nivel más bajo (usando hoteles y vuelos chárter más baratos) a un precio inferior. El destino es el mismo, pero se han rebajado los servicios. Observe que no se ha creado ningún beneficio con esta técnica. Los beneficios se eliminan para que el precio pueda ser más bajo. En la sustracción, en cambio, siempre se consigue un nuevo beneficio después de eliminar (y tal vez sustituir) un componente.

3

DIVIDA Y VENCERÁ:
LA TÉCNICA DE LA DIVISIÓN

> La vida avanza no mediante la asociación y la adición
> de elementos, sino mediante la disociación y la división.
>
> HENRY BERGSON, filósofo

¿Ha observado lo diferente que suena su grupo musical favorito en un concierto comparado con una grabación digital? Sí, ver a Eric Clapton en el escenario es una experiencia sublime. Pero su interpretación en directo de «Layla» no despierta del todo el mismo sentimiento que la versión original grabada de 1970 que escuchamos en nuestro iPod. Cuando la canta en directo, la canción resulta... imperfecta. Si tuviéramos la suerte de escuchar a Clapton interpretando «Layla» seis veces distintas a lo largo de los últimos cuarenta años, oiríamos seis versiones diferentes de la canción. Algunas quizás hayan sido electrizantes, otras tal vez decepcionantes. Es algo que damos por sentado. Compramos la entrada para un concierto y aceptamos el riesgo de lo que sucederá en el escenario esa noche en particular. Pero, por muy inspirado que esté Clapton, nunca podrá duplicar exactamente la grabación original de estudio, en la cual cada nota instrumental y vocal se cantó afinada, a tiempo y en sincronía.

Como sabe la mayoría, las grandes grabaciones en estudio no se crean (en general) en una primera toma. Ni en una segunda. Ni siquiera, a veces, en una trigésima. Los productores siguen grabando hasta que les gusta lo que oyen.

Las grabaciones también difieren de las actuaciones en directo en que los miembros de un conjunto musical no siempre tocan juntos para crear el sonido final que oímos. Cada parte separada de una canción se puede grabar de forma independiente. El primer guitarrista, el percusionista, el bajo, o cualquiera de los vocalistas pueden disponer de su propio tiempo, cada uno solo en el estudio, para grabar sus propias «pistas», o tramo individual de sonido en cinta magnética o fichero digital. Luego, para producir la canción completa, los ingenieros de grabación editan, alinean y combinan todas las pistas. Una canción puede tener cuatro, dieciséis o, incluso, veinticuatro pistas diferentes. Cada una se ensaya repetidas veces y luego se graba de forma independiente. Sólo cuando cada una ha sido afinada hasta la perfección se «mezclan» todas en la grabación final.

En retrospectiva, la idea de crear y luego combinar pistas separadas de música para alcanzar la máxima calidad posible tiene sentido. Sin esta innovación, los músicos tenían que tocar juntos una y otra vez (y otra vez más) hasta que alcanzaban la perfección. Juntos. Si uno de los músicos cometía un error, todos tenían que empezar de nuevo y «retomarlo desde el principio». Es obvio que esto consumía una gran cantidad de tiempo y era caro, si consideramos todos los medios malgastados.

Lester William Polsfuss cambió todo eso. Nacido en 1915, en Waukesha, Wisconsin, Polsfuss era un inventor nato. Amante de la música desde la infancia, construyó una radio de cristal partiendo de cero para poder escucharla constantemente. Más tarde, como quería tocar la armónica y la guitarra al mismo tiempo, inventó un soporte para armónica sujeto al cuello, que muchos destacados músicos —entre ellos Bob Dylan— siguen usando hoy. A los trece años, cuando tocaba en un grupo de música *country*, conectó una aguja de fonógrafo a un altavoz de radio para amplificar el sonido de su guitarra acústica y que se oyera por encima de sus compañeros, más ruidosos, del grupo. Probablemente, reconocerá el nombre artístico de Polsfuss: Les Paul. Renombrado guitarrista y compositor de *jazz* y música *country*, también es reconocido por sus importantes aportaciones a la creación de la guitarra eléctrica de cuerpo sólido, una de las bases de la música popular que ha durado más de setenta años y no muestra señales de abatimiento. De no ser por Les Paul, el *rock and roll* tendría hoy un sonido diferente.

Conocido como «el Mago de Waukeska», Paul también es famoso por inventar e innovar constantemente las técnicas musicales y de grabación. En 1948, su amigo y colaborador Bing Crosby le dio la segunda grabadora de bobina fabricada comercialmente, salida de la línea de fabricación de Ampex, pionera de grabación con sede en San Carlos, California. Desde los años treinta, Paul experimentaba con lo que llamaba grabación «multipista», donde podía grabarse tocando duetos de guitarra consigo mismo. Pero los medios de grabación de aquel tiempo —discos de acetato— no se prestaban al uso de esta técnica. Para lograr una grabación que le satisficiera, tenía que descartar quinientos discos o más.

Paul vio, de inmediato, posibilidades en el modelo 200 de Ampex. Instalando otra cabeza grabadora en el aparato, podía grabarse tocando la guitarra solista, añadirle armonía y luego incorporar la parte vocal. Mezclando las pistas, podía aprovechar al máximo toda la anchura de una cinta de 0,635 centímetros. Después de unos días practicando en el garaje, Paul presentó «Lover (When You're Near Me)», en el que interpretaba ocho partes de guitarra eléctrica diferentes. La industria de la grabación se volvió loca. Aunque no era el primero en usar esta técnica (llamada sobregrabación), Paul demostró que era una técnica ventajosa, tanto musical como económicamente, para producir piezas musicales populares y bandas sonoras de películas. Paul prendió un fuego que revolucionó tanto el sector cinematográfico como el musical.

DIVISIÓN EN EL MUNDO CERRADO

La capacidad inventiva de Paul nos ofrece un ejemplo perfecto para la siguiente herramienta creativa: la división. Al igual que las otras técnicas de nuestro libro, la división nos ayuda a encontrar soluciones creativas al reducir, o limitar, nuestras posibles opciones. En este caso, lo hacemos dividiendo un rasgo o elemento ya existente en múltiples partes. Luego, reconfiguramos los elementos de un modo nuevo y pasamos a considerar las posibilidades y beneficios que nos ofrece la nueva configuración.

Se puede ver cómo funciona la división en las grabaciones con múltiples pistas. Paul dividió la grabación musical en unidades individuales, más pequeñas y de más fácil manejo. Al hacerlo, amplió enormemente los horizontes de los músicos de todo tipo y de todos los géneros, ofreciéndoles herramientas que les proporcionaban flexibilidad y libertad para crear, innovar, mejorar y vender el fruto de su talento de una manera que las generaciones anteriores nunca habrían podido imaginar.

Hoy los músicos graban partes vocales e instrumentales sobre pistas individuales para poder acceder a ellas, procesarlas y manipularlas de cualquier modo que deseen. Mientras que el objetivo original de grabar una actuación musical era capturar la experiencia y tratar de recrearla para los que no habían tenido la fortuna de estar presentes en el acontecimiento, los músicos actuales usan las técnicas multipista por una serie de razones comerciales y creativas. Muchos quieren, simplemente, eliminar los errores que pueden ocurrir en las actuaciones en directo. Otros buscan efectos especiales, como la reverberación y el *phasing* (un tipo de barrido tonal). Otros tal vez quieran usar la grabación en bandas múltiples para remezclar, más adelante, una versión nueva por completo de una pieza, quizá con pistas recién creadas.

La Sala de la Fama del Rock and Roll dio entrada a Les Paul en 1988. En 2005, fue admitido en la Sala de la Fama de los Inventores Nacionales por su contribución al desarrollo de la guitarra de cuerpo sólido. En 2007, dos años antes de morir, a los noventa y cuatro años, ganó la Medalla Nacional de las Artes, el máximo honor que el gobierno de Estados Unidos concede a los artistas.

Los músicos de todas las edades y colores reverencian a Les Paul. En una ocasión el guitarrista Eddie Van Halen le dijo: «Sin lo que tú has hecho, yo no podría hacer ni la mitad de lo que hago». Jimmy Page, de Led Zeppelin, dijo de Paul: «Es el hombre que lo empezó todo». Y puede decirse que Paul tenía tanta visión de futuro como uno de los innovadores de nuestra época, Steve Jobs. Hablando para la Audio Engineering Society, a mediados de los cincuenta, Paul predijo: «Algún día tendremos un aparato que llevaremos en el bolsillo, sin piezas móviles, y que contendrá toda la música que alguna vez hemos querido oír».

El público se echó a reír a carcajadas.

CÓMO FUNCIONA LA TÉCNICA DE LA DIVISIÓN

Al dividir un objeto o servicio ya existente en múltiples partes y reordenarlas para formar algo nuevo, la división nos ayuda a conseguir una de dos cosas. O bien logramos un beneficio del todo nuevo o un beneficio ya existente bajo una forma nueva.

¿Recuerda cuando antes hablábamos de la fijación estructural? La división nos ayuda a vencer las limitaciones que ella nos impone. Como recordará, la fijación estructural se refiere a nuestra tendencia a creer que los objetos o los sistemas sólo se pueden hacer (estructurar) como se ha hecho tradicionalmente. Estamos acostumbrados a percibirlos como unidades «completas», y esperamos que conserven esa estructura conocida. Cuando vemos que algo se desvía de la estructura familiar, nos sentimos inquietos. De manera instintiva, llegamos a la conclusión de que algo va mal.

La fijación estructural nos perjudica. En lugar de ver los beneficios de una configuración nueva (y rara) de un objeto conocido, tratamos de reconciliar la extraña configuración con lo que conocemos y «arreglarla» mentalmente devolviéndola a su forma original. Malgastamos tiempo y energía poniendo las cosas en lo que creemos que es el orden debido, en lugar de forzar nuestra imaginación hacia nuevas posibilidades.

Imagine que coge una linterna y se encuentra con que el cabezal se ha desprendido. Es probable que su primera reacción sea pensar que la linterna está destrozada y que hay que tirarla a la basura. Pero espere. Deténgase y, durante un minuto, rumie qué posibilidades hay, y quizá pueda imaginar algún modo en que la nueva «configuración» de la linterna podría ser útil. Tal vez el cabezal podría convertirse en un foco que se pueda sujetar a la pared y poner en marcha a distancia por la pieza que tenemos en la mano. O podría convertirse en una luz sujeta a un casco de construcción. La clave es dejar que la técnica de la división rompa las cadenas de la fijación estructural para que podamos ver nuevos beneficios potenciales.

Se puede aplicar la división de tres modos diferentes:

- **División funcional.** Extraemos funciones específicas de un producto y las colocamos en algún otro sitio.

- **División física.** Cortamos un producto en pedazos siguiendo cualquier línea física aleatoria.

- **División conservadora.** Dividimos el producto en versiones más pequeñas de él mismo.

Después de dividir un objeto usando uno de estos enfoques, a continuación podemos reordenar las partes divididas. Podemos hacerlo de dos maneras: en el *espacio* (*dónde* se sitúa el objeto en relación con los demás) o en el *tiempo* (*cuándo* está presente en relación con los demás). Cambiar las relaciones entre las partes modifica nuestra perspectiva y abre posibilidades totalmente nuevas en nuestro modo de ver o usar un producto.

DIVISIÓN FUNCIONAL

Un modo de utilizar la división es centrándonos en una funcionalidad del producto. Lo hacemos identificando primero los componentes responsables de un aspecto específico de la utilidad del producto. Luego, tomamos una función del producto y la trasladamos a algún otro sitio. (Observe que no eliminamos esa función por completo. De hacerlo, estaríamos usando la técnica de la sustracción.) Tomemos un acondicionador de aire como ejemplo. Las unidades originales de aire acondicionado contenían toda la funcionalidad necesaria en una única caja: el termostato, el ventilador, la unidad de refrigeración. Mientras nos mantuviéramos fijos en esta configuración de caja única, no era mucho lo que se podía innovar, salvo mejorar el motor y otras partes mecánicas. Pero una vez que se aplicaba la división funcional, empezaban a aparecer algunos avances interesantes. Si separamos el motor del resto de los mecanismos del acondicionador y lo colocamos en otro sitio —digamos, fuera de la casa— de repente reducimos el ruido y el calor emitido por la unidad. También eliminamos la necesidad de bloquear una ventana o tener una enorme abertura en la pared exterior de la vivienda. El motor sigue zumbando en el exterior y el aire frío es empujado por un tubo estrecho que pasa por un pequeño agujero en la pared y entra en el sistema de ventilación de la vivienda. Luego disociamos también la función del termostato de la unidad del acondicionador de aire. Una vez separado, se puede volver a meter en la casa para que podamos ajustar, rápida y fácilmente, la temperatura según sea necesario desde un lugar más cómodo.

Nos beneficiamos, también, de la división funcional cada vez que cogemos el mando a distancia del televisor. Los controles para cambiar de canal, ajustar el volumen y pasar de la emisión por cable al DVD y viceversa han sido separados del televisor y colocados en un objeto que podemos sostener en la palma de la mano. Han sido divididos funcionalmente y reordenados en el espacio (un nuevo lugar). La idea del mando a distancia se puede aplicar también al ejemplo del acondicionador de aire. En lugar de tener el termostato en la pared, imagine que lo trasladamos a un mando a distancia donde están los controles y *también* el sensor de temperatura. Ahora la unidad responde a los cambios de temperatura donde más importa: el lugar en que estamos sentados.

Muchas compañías aéreas han dividido las funciones del proceso de facturación para que sea más cómodo para los viajeros y para ahorrarse dinero. Los pasajeros pueden imprimir sus tarjetas de embarque en casa. Pueden facturar el equipaje el día antes del vuelo y en otro lugar diferente del aeropuerto. Aquí vemos la división funcional tanto en el espacio como en el tiempo.

Muchas compañías han usado la división funcional para hacer que la limpieza o el mantenimiento de sus productos sean más sencillos. De hecho, ingenieros y diseñadores de todo el mundo encuentran que la división funcional es especialmente útil cuando quieren hacer productos que sean más fáciles de utilizar para el usuario.

Por ejemplo, los aspiradores con bolsas de recogida de polvo extraíbles permiten que los usuarios se deshagan con más comodidad de los restos absorbidos por la máquina. El ordenador portátil es más pequeño y ligero debido a la división funcional, porque los fabricantes han pasado funciones como el disco duro, la unidad de DVD y la tarjeta de vídeo a unidades separadas. Esto nos permite conectarlas sólo cuando las necesitamos.

Los fabricantes de pegamento epóxico usan la división funcional para aumentar la utilidad del producto. Normalmente, la cola es una mezcla de resina —el componente adhesivo— y un endurecedor que hace que la resina se fije y mantenga pegadas las cosas. Ambos ingredientes se suelen mezclar con anterioridad en un único envase, de forma que si quisiéramos pegar dos trozos de madera, sencillamente echaríamos un poco en uno de los trozos y apretaríamos las dos partes, sujetándolas hasta que se adhirieran. Imaginemos ahora que dividimos cada función —la resina adherente y el endurecedor— para crear un producto nuevo. Tendríamos epoxi. La resina epoxi es un adhesivo extraordinariamente fuerte que guarda la resina y el endurecedor separados hasta que el usuario está listo para pegar algo. Una razón de la popularidad de la epoxi es que los usuarios pueden controlar cuánto tiempo tarda la cola en «curarse» poniendo más o menos endurecedor cuando hacen la mezcla. Al envasar la resina y el endurecedor por separado, los fabricantes han proporcionado a los usuarios un producto más útil.

Los primeros champús tenían los agentes limpiadores y acondicionadores mezclados en una única botella. Al dividir funcionalmente los dos ingredientes en botellas separadas, los fabricantes dan al usuario más posibilidades de elegir cómo usar el producto y qué tipo de acondicionador aplicar.

Algunos fabricantes de bebidas han dividido el color y el sabor de los aromatizantes que se pueden añadir a la leche para darle el sabor y el color del chocolate o la fresa, y han puesto los aromas en un nuevo espacio: dentro de la pajita. Cada pajita tiene unas perlas diminutas con diversos sabores y colores. Cuando la introducimos en la leche y sorbemos, las perlas se disuelven y liberan los sabores y colores. Los padres usan estas pajitas «mágicas» para convencer a sus hijos de que beban más leche.

DIVISIÓN FÍSICA

En la división física, separamos físicamente uno o más elementos de un producto por cualquier línea física aleatoria. Solemos empezar imaginando que usamos una sierra para cortar el producto de alguna forma ilógica. Mediante la disección del producto original a lo largo de unas líneas físicas y el reordenamiento de las piezas, abrimos los ojos a posibles nuevos beneficios. Por ejemplo, al cortar una imagen o una fotografía al azar en trozos irregulares, conseguimos un juego estupendo que puede tener entretenidos y felices tanto a niños como a adultos durante horas (un puzle hecho con una imagen).

Los primeros submarinos sólo tenían un compartimento. Ahora son más grandes y seguros debido a la división física. El cuerpo del submarino se compartimenta en celdas para impedir filtraciones. Las diferentes celdas (maquinaria, munición, tripulación) están protegidas por gruesas puertas de acero que se cierran cuando es necesario para impedir que se extienda un fuego, gases tóxicos, agua o el humo de una celda a otra.

Las autoridades de tráfico de Kiev, Ucrania, tienen un modo novedoso de recaudar las multas de aparcamiento. Si el coche está aparcado ilegalmente, desatornillan la placa de la matrícula y se la quedan hasta que el propietario del vehículo paga la multa.

El fabricante de bebidas deportivas Viz Enterprises dividió físicamente las botellas en dos compartimentos para mantener los suplementos vitamínicos separados del resto del líquido. Se añaden a la bebida justo antes de consumirla dándole la vuelta al tapón. Éste se llama Vizcap, y conserva la potencia óptima de las vitaminas hasta el momento en que vamos a consumir la bebida.

DIVISIÓN CONSERVADORA

Con frecuencia, hacemos unas innovaciones pioneras sencillamente dividiendo en «trozos» un producto para crear muchas versiones más pequeñas del mismo. Estas versiones más pequeñas siguen funcionando como el producto original, pero su tamaño reducido rinde beneficios que los usuarios no tendrían con el producto «matriz» más grande. Se trata de la división conservadora.

Les Paul usó esta división para producir sus grabaciones multipista tomando un único medio —una cinta— y dividiéndola en múltiples pistas más pequeñas que realizan la misma función que la cinta original grande.

Vemos este procedimiento una y otra vez en el sector tecnológico. Durante años, los fabricantes de ordenadores seguían aumentando la capacidad del disco duro (la pieza dentro del PC donde se almacenan los datos). Luego un ingeniero tuvo una idea brillante: usar la división conservadora para crear minidispositivos de almacenaje personales. Hoy muchas personas no dejan sus escritorios sin meterse su «lápiz» en el maletín o en el bolsillo. Estas miniunidades de almacenaje están diseñadas especialmente para quienes tienen que llevar consigo versiones electrónicas de documentos, pero no quieren cargar con ordenadores portátiles o cualquier otro elemento informático. Se limitan a transferir los documentos de su PC a su lápiz de memoria y se alejan del ordenador.

Muchos fabricantes de alimentos usan la técnica de la división conservadora para crear versiones más cómodas de productos populares. Cogiendo una ración o porción regular de un producto y dividiéndola en múltiples porciones más pequeñas, permiten que los consumidores compren productos alimenticios de una manera más cómoda y rentable. Los usuarios compran sólo lo que necesitan, en lugar de una cantidad mayor. Recientemente, los fabricantes han usado incluso la división conservadora para ayudarnos a controlar las calorías que tomamos, proporcionando bocados populares en unos paquetes más pequeños que favorecen la dieta. La marca de queso crema Philadelphia, de Kraft Foods, lo hace comercializando porciones de una sola ración, envueltas individualmente, de su producto estrella, para que las metamos en las bolsas del almuerzo o las llevemos a la oficina con el bollo del desayuno.

Los acuerdos de tiempo compartido que muchos hoteles y condominios proporcionan nos dan más ejemplos de la división conservadora. Con el sistema del tiempo compartido, un año de «propiedad» se divide en cincuenta y dos unidades más pequeñas de una semana cada una. Cada unidad se vende a una persona diferente, la cual tiene el derecho a vivir en la propiedad durante esa semana. Cada unidad menor conserva las características del todo. Se ha dividido la propiedad según el tiempo.

Igualmente, cuando hacemos los pagos de un préstamo, estamos enviando pequeñas sumas de dinero creadas dividiendo la suma principal, mayor, del préstamo. Como con los condominios de propiedad compartida, la división se basa en el tiempo.

Cuando los médicos tratan un cáncer con radiación, tienen que asegurarse de que matan el tejido canceroso sin dañar demasiado el tejido sano que lo rodea. ¿Cómo? Dividen la dosis total de radiación en dosis más pequeñas, menos letales, y las dirigen al tumor desde muchos ángulos diferentes. Los rayos X más pequeños, con un alto nivel de energía, divididos en el espacio, convergen para atacar las células del cáncer. Pero la dosis más ligera de un único rayo no causa mucho daño en los otros tejidos a los que toca en su camino.

CÓMO USAR LA DIVISIÓN CON SERVICIOS Y OTROS «INTANGIBLES»

Todas estas técnicas de división también se pueden usar para innovar intangibles —servicios y procedimientos— así como productos. De hecho, según nuestra experiencia, éste es su uso más común.

Pensemos en el tradicional servicio telefónico (sea fijo o móvil). La manera habitual de contratar, usar y pagar ese servicio requería seis pasos básicos, que tenían que realizarse en un orden secuencial:

1. Elegíamos un proveedor de telecomunicaciones.
2. Rellenábamos la solicitud y escogíamos el plan adecuado para nuestras necesidades y presupuesto.
3. Usábamos el teléfono para hacer llamadas.
4. A final de mes, recibíamos una factura que englobaba toda nuestra actividad durante ese periodo de tiempo.
5. Pagábamos la factura.
6. Empezábamos de nuevo el proceso desde el paso 3.

¿Se le ocurre un nuevo servicio lucrativo que se podría crear simplemente dividiendo estos pasos y cambiando el orden? Si hubiera usado la división para ponerlo en práctica antes de que la Houston Cellular Telephone Company (HCTC) lo hiciera a principios de los años noventa, se habría apuntado un gran éxito. Fue entonces cuando HCTC presentó la primera tarjeta comercial de teléfono móvil prepagada. Para crear su producto HCTC se limitó a coger el paso 5, «Pagábamos la factura», y lo convirtió en el paso 1. *Voilà!* Teníamos un nuevo e innovador servicio para quienes necesitan comunicarse por móvil a corto plazo. Es un ejemplo de la división funcional, con las funciones reorganizadas en el tiempo.

Vamos a darle un consejo útil para sacar el máximo beneficio de la técnica de la división para servicios y procedimientos. Anote los pasos del servicio o procedimiento en notas adhesivas, un paso para cada nota. Pegue las notas en la pared. Primero, organícelas siguiendo el orden convencional. De esta manera reconocerá su apego a la fijación estructural y a la fijación funcional del proceso original antes de tratar de romperlo. Luego despegue, al azar, una de las notas. Con los ojos cerrados, vuelva a pegarla en la pared. (En el improbable caso de que, sin darse cuenta, la devuelva a su lugar original, pruebe de nuevo). Abra los ojos y visualice la nueva configuración. Cree una imagen mental de ella. Ahora, ante el nuevo orden de los pasos del servicio o proceso, pregúntese qué posible beneficio podría derivarse del cambio.

LA DIVISIÓN EN EL MUNDO REAL

La división es una herramienta versátil que podemos utilizar en numerosas situaciones. Encontrará esta técnica útil en especial para los servicios complejos que encierran un montón de pasos o componentes. También es práctico crear innovaciones en procesos tales como las cadenas de producción o la contratación de empleados. Como sucede con otras herramientas, nos ayuda a romper nuestra fijación estructural, sobre todo con sistemas que están presentes desde hace mucho tiempo. Éstos son algunos ejemplos de cómo se usó la división para solucionar problemas del mundo real.

LA EXPERIENCIA ES LA MEJOR MAESTRA (RELATO DE DREW)

A muchas personas les cuesta aceptar la idea de que podemos innovar de manera sistemática. Se aferran a pensar que sólo las personas muy dotadas pueden dar saltos de verdad inspirados y hacer avances asombrosos. Insisten en que esos logros son el dominio de genios creativos y están, sencillamente, fuera del alcance de los mortales comunes. La mayoría se niega a creer lo que les digo sobre el método, hasta que lo experimentan ellos mismos. Entonces se convierten en auténticos creyentes.

Una de mis historias de «conversión» favoritas se remonta a 2004. General Electric (GE) me invitó a hablar en sus famosas instalaciones de formación corporativa —el John F. Welch Leadership Center— en Crotonville, Nueva York.

Crotonville es el centro de la sólida cultura de aprendizaje de GE. Por ser uno de los principales de su índole en el mundo, el campus atrae a algunas de las mentes más brillantes e influyentes del globo, en el campo académico y en el empresarial. Para miles de empleados de GE, asistir a un programa en Crotonville es un momento decisivo de su carrera.

Me habían invitado a impartir un programa de medio día sobre innovación para cuarenta profesionales del marketing de alto rango de GE. Estos hombres y mujeres habían sido elegidos para asistir a un programa de desarrollo avanzado, de dos semanas de duración, y representaban a los profesionales de marketing con más talento de su fuerza laboral global.

Hacia la mitad del programa, un participante levantó la mano. Había permanecido, allí sentado, en silencio, escuchando con los brazos cruzados y la cabeza un tanto ladeada. Tenía «esa mirada» de alguien que no aceptaba que se pudiera innovar con un método. Llevaba un par de horas transmitiendo su escepticismo con sus expresiones faciales y su lenguaje corporal. Ahora estaba a punto de hablar:

—De acuerdo, entiendo que ha utilizado este método con éxito en J&J. Veo que podría funcionar en aparatos médicos y, quizás, en productos de consumo, como los que fabrica P&G —reconoció. No estaba siendo descortés—. Pero tengo una pregunta. Una gran pregunta. —Hizo una pausa. Se podía oír el vuelo de una mosca—. ¿Está diciendo, de verdad, que funcionaría con los productos de GE?

Cuando acabó de hablar, se produjo un silencio absoluto. Luego, uno por uno, otros participantes intervinieron: «Buena pregunta». «Sí, ¿qué hay de *nuestros* productos?» Muchos asentían con la cabeza. Los que habían permanecido sentados relajadamente en sus sillas se enderezaron. Otros empezaron a interrumpir, hablando más alto para que se oyera su voz. «Parece improbable.» «Nuestros productos son demasiado complejos.» «Nuestros mercados están saturados.» ¡Se armó una buena!

Me quedé desconcertado. Llevaba el tiempo suficiente haciendo esos talleres para saber que llega un momento en que el público trata de «poner la zancadilla al orador». Incluso esperaba ese momento con ganas. Por lo general, marca un punto de inflexión en el taller, cuando los participantes se sienten lo bastante cómodos como para decir lo que piensan. Empiezan a hacer preguntas buenas de verdad, y me dan la oportunidad de

111

presentar mis pruebas más sólidas y aportar mis argumentos más contundentes. Pero esta vez había algo diferente. No parecía ser el habitual toma y daca amigable de un seminario corporativo. Parecía un desafío abierto. Aquella gente iba en serio. Si no podía demostrarles allí, en aquel momento, que nuestro método podía funcionar en GE, se acabó la historia.

Sigo una regla sencilla en situaciones de enfrentamiento: no te eches atrás, pero no farolees ni te pongas a la defensiva. Así que me limité a decir: «Sinceramente, no sé si funcionará aquí. Averigüémoslo».

Hablé con calma, pero por dentro me sentía desafiado. Había tensión en el ambiente. La lujosa sala de conferencias, llena de corteses profesionales del marketing corporativo, vestidos con atuendo de negocios informal, bien podría haber sido el Coliseo romano repleto de una muchedumbre togada y sedienta de sangre.

La primera vez que conté esta historia a Jacob, el coautor de este libro, él expresó su alivio por no haberse visto nunca en ese aprieto. «Nosotros, las "ratas de laboratorio", no somos buenos en las peleas callejeras —confesó—. Mis teorías no habrían satisfecho a tu público.» Tenía razón.

Con la adrenalina desatada y la presión sanguínea más alta de lo que era saludable, pensé con rapidez antes de elegir la división como mi mejor arma. Me permitiría probar veloz y eficazmente que se podía sacar partido de la creatividad de una forma tan sistemática como una hoja de cálculo de Excel. O eso esperaba.

Me enfrenté al hombre que había hablado.

—Elija cualquier producto de GE —le pedí.

Lo pensó un momento. Tragué saliva y me pregunté cuál de los miles de productos de GE elegiría. ¿Un motor de avión? ¿Un generador eléctrico? ¿Una bombilla? No escogió ninguno de ellos.

—El frigorífico —propuso lentamente, y sonrió.

La muchedumbre se volvió loca: «¡Sí! ¡El frigorífico!», «¡Bien! ¡Haga un frigorífico mejor!» Se me cayó el alma a los pies. El mercado del frigorífico estaba maduro del todo. La «caja de enfriar» existía desde más o menos el año 1000 a. C., cuando fue inventada por los egipcios. Cierto, los fabricantes habían ideado algunas mejoras a lo largo de los años, pero el diseño básico no había cambiado desde la introducción de la electricidad. Las ventas eran relativamente planas, y hacía tiempo que la innovación había desaparecido de aquel segmento de mercado. Y no había ningún indicio de que el mercado de los electrodomésticos de cocina fuera a cambiar en un tiempo breve. No cabía duda, estaba frito. Podía ver en las sonrisas de la sala que todos estaban de acuerdo con mi valoración privada de la situación.

Pedí al público que nombrara los componentes de un frigorífico. Según lo hacían, yo anotaba cada uno en mi rotafolio: «¡Puerta!», «¡Estantes!», «¡Ventilador!», «¡Máquina de hielo!», «¡Compresor!». Había anotado más de una docena de componentes cuando las respuestas empezaron a disminuir. Entonces, solicité al mismo individuo —el instigador original— que eligiera cualquiera de los componentes para que yo demostrara la técnica de la división. Supuse que elegiría la bombilla, dada la larga historia de GE en la fabricación de bombillas. Me equivoqué de nuevo.

—¡El compresor!

La clase se echó a reír. Estaban disfrutando muchísimo. ¿Cómo se puede dividir y reorganizar la parte más esencial de un frigorífico y seguir teniendo un producto viable? ¿Qué utilidad podría tener?

Permanecí en calma y mantuve activa la discusión.

—De acuerdo, el compresor —asentí—. Saquemos el compresor y su función de la unidad principal y coloquémoslo en algún otro sitio que esté dentro del Mundo Cerrado, pero ya no en el frigorífico. ¿Dónde podríamos ponerlo?

La sala se quedó en silencio mientras los participantes pensaban. Tenía que reconocerles el mérito. Lo estaban intentando. Sí, esperaban —deseaban— que yo fracasara. Pero querían derrotarme con limpieza. Al final, una mujer del fondo de la sala dijo:

—Podríamos ponerlo fuera, en la parte trasera de la casa.

Me aferré a esta cuerda de salvamento.

—De acuerdo. Visualicemos mentalmente esta nueva configuración. Basándonos en la teoría de que la función sigue a la forma, imaginemos por qué esto podría ser beneficioso. ¿Quién encontraría esta clase de frigorífico atractivo? ¿Cuáles serían los beneficios? Ahora no tenemos que resolver cuestiones técnicas.

Vi que las caras que antes eran burlonas ahora tenían un aire intrigado. Algunos de los presentes escribían en sus cuadernos. Nadie hacía ya gestos de burla ni intercambiaba miradas maliciosas con sus vecinos. Por el contrario, tenía delante a un grupo de profesionales interesados e intelectualmente curiosos. Un joven, quizás el más joven de la sala, propuso una idea:

—Con el compresor fuera, habría mucho menos ruido en la cocina.

Una mujer mayor intervino:

—Generaría menos calor en la cocina.

Otra dijo:

—Hacer la revisión de la unidad sería más fácil si el compresor estuviera fuera. El usuario no tendría que estar en casa.

Luego otra habló:

—Habría más espacio para guardar cosas en el propio frigorífico.

Por fin, alguien dio con un filón:

—¡Eh! ¡Ya lo sé! —exclamó alguien a quien yo no había oído antes. Un hombre de aspecto reservado y con gafas levantó la mano—. Se podría usar el compresor para enfriar algo más que la comida del frigorífico principal.

Me lancé sobre la idea.

—¿Cómo qué? —pregunté.

El hombre se encogió un poco, pero respondió valientemente:

—Se podría dividir todo el frigorífico en múltiples cajas refrigeradoras más pequeñas distribuidas por toda la cocina. Tal vez se podría refrigerar una parte de la despensa.

—Quizá se podrían crear pequeños cajones refrigeradores para guardar cosas como los huevos —terció la mujer mayor.

—Acaso sería posible construir un armario para las verduras o una unidad para las bebidas que hiciera que resultara más fácil coger una bebida fría —continuó el hombre de gafas—. Se podría adaptar toda la cocina en torno a la refrigeración. No habría sólo una unidad de almacenaje frigorífico, sino muchas más pequeñas que se integraran en otros aparatos.

Yo estaba impresionado. Lo que había empezado como una división funcional del compresor había dado un salto rápido hacia la división física de la caja principal del frigorífico.

El grupo estaba lanzado. Dejé de intentar dirigir la conversación. «Tenemos un nuevo modelo de negocio para la división de electrodomésticos.» «Podríamos venderlo a los promotores que construyen vivienda nueva.» «Podría trastocar por completo todo el sector. Pondríamos en marcha un nuevo ciclo de crecimiento para nuestra empresa.» «Siempre que los ingenieros puedan conseguirlo», advirtió alguien. Pero nadie escuchaba. Todos tenían más ideas que aportar. Incluso el escéptico del principio sonreía y ofrecía comentarios.

Me senté y me sequé el sudor de la frente, aliviado. Con el tiempo para mi sesión casi acabado, podría hacerme con una taza de café durante un descanso y relajarme. Entonces observé a una mujer al fondo de la sala. No había dicho nada, pero tenía el cuaderno abierto delante de ella y vi que había tomado una gran cantidad de notas. Mientras la miraba, pasó la página y empezó a garabatear más cosas. Me acerqué a ella.

—¿Qué está escribiendo? —le pregunté.

Ella levantó la vista y sonrió:

—Trabajo en la división de frigoríficos de GE —dijo— He oído un montón de cosas interesantes hoy aquí.

Varios años después, empezaron a aparecer en el mercado cajones de refrigeración independientes, entre ellos la línea Hotpoint de electrodomésticos de cajón GE. No puedo reclamar el mérito, pero ¿quién sabe? Hemos visto que esta idea se extendía para abarcar cajones para calentar independientes, situados fuera del horno principal, y resulta que son una herramienta extraordinariamente cómoda para los chefs muy ocupados.

La visita a Crotonville fue la primera de muchas para enseñar innovación a los futuros líderes de GE. Pero este contacto inicial me enseñó una buena lección: la gente necesita ver esta nueva metodología de innovación en acción, de preferencia aplicada a sus propios productos o procesos, para creer de verdad en ella.

Figura 3.1

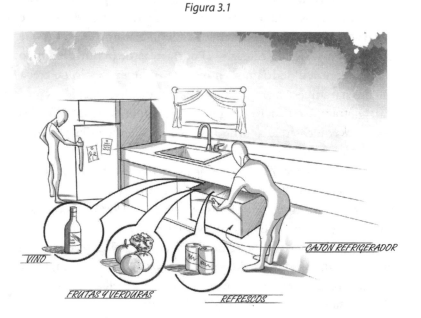

116

LAS AMISTADES, FELIZMENTE DIVIDIDAS

Para los que se lo pregunten, he establecido que la mayoría de los contenidos de mi página personal de Facebook se puedan abrir para que la gente pueda verlos. He establecido que parte de mis contenidos fueran más privados, pero no he visto ninguna necesidad de limitar la visibilidad de las fotos con mis amigos, familia o con mi osito de peluche :)

Este mensaje de diciembre de 2009, en Facebook, no es la confesión de una adolescente. Lo ha escrito Mark Zuckerberg, cofundador y principal artífice de esta gigantesca red social. Como toda la gente del mundo, Zuckerberg trata a diferentes amigos de modo diferente. Incluso su osito de peluche tiene un estatus distinto, como debería ser. Bien mirado, el modo en que forjamos amistades afecta a cada parte de nuestra vida. La vida sería difícil sin amigos. Nuestras amistades moldean nuestra identidad personal.

Pero aunque Facebook tiene que ver con amigos, su visión de lo que eso significa es única. En la Developer Conference de Facebook en 2008 (un foro anual para programadores independientes de Facebook), Zuckerberg dijo: «En el mundo que estamos construyendo, donde ese mundo es más transparente, es bueno para todos ser buenos unos con otros. Es algo realmente importante cuando tratamos de solucionar los problemas del mundo».

Zuckerberg cree en una transparencia radical. «Facebook está dirigido filosóficamente por personas que son extremistas en cuanto a compartir información.» Según Zuckerberg, el objetivo de Facebook es hacer un mundo más abierto, más conectado y más transparente. Cree que mejorar la comunicación haciendo que sea más eficaz hará que el mundo sea un lugar mejor. Creó Facebook para que todos pudieran llevar a sus amigos de todas las partes de su vida a un único espacio digital.

Pero no es así como funciona la vida. Cada amistad es única. De hecho, las amistades difieren tanto una de otra que, en realidad, es antinatural forzarlas a estar juntas en un gran espacio digital único, abierto y transparente. Invitaríamos a algunos amigos a nuestra casa a cenar. A otros, les pediríamos que trajeran a sus cónyuges y parejas e hijos a un *picnic* en el parque. Pondríamos buen cuidado en mantener separados a algunos de otros. Es totalmente natural. La gente siempre ha organizado a sus amigos en grupos. Tenemos amigos en el trabajo. Amigos de la infancia. Amigos de la escuela.

Las amistades también cambian con la edad. En nuestros años laborales, vivimos en pareja, tenemos hijos y amigos que también trabajan y tienen hijos. Cuando vamos envejeciendo, las amistades se vuelven todavía más importantes. Cuando nuestro cónyuge y nuestros parientes mueren, los amigos desempeñan un papel fundamental en nuestra vida.

Sin embargo, pese a estas enormes diferencias en nuestras amistades, Facebook promueve la transparencia entre todas ellas. A menos que cambiemos los ajustes, todos nuestros amigos de Facebook ven lo que todos los demás tienen que decir. Además, la red social nos alienta de manera constante a hacer nuevos amigos. Cuantos más amigos añadimos, más valiosa se vuelve nuestra red.

También esto difiere del llamado mundo real. Sí, podemos tener demasiados amigos. Los humanos poseen una cantidad limitada del «combustible» cognitivo y emocional necesario para mantener amistades. Si tenemos demasiados amigos, la calidad de esas amistades padece.

Robin Dunbar, antropólogo británico, ideó un modo de calcular el número óptimo de amigos. La teoría de Dunbar era que «este límite es una función directa del tamaño relativo del neocórtex, y eso, a su vez, limita el tamaño del grupo». Su «número Dunbar» es reconocido como el número máximo de individuos con los que se puede mantener una relación interpersonal estable, y está entre 100 y 230 (aunque se suele decir que 150 es lo ideal). Aproximadamente la mitad de los 750 millones de usuarios de Facebook tienen más amigos de lo que aconseja el número Dunbar. Y la verdad es que las investigaciones nos dicen que tener demasiados amigos en Facebook causa problemas.

Un buen ejemplo: como los amigos de Facebook no siempre son amigables, con frecuencia los usuarios experimentan sentimientos negativos después de participar en discusiones en Facebook. Un 85 por ciento de mujeres afirma que los mensajes de amigos en Facebook a veces las molestan. Entre las quejas habituales está la de que los amigos usan la red social para fanfarronear y «compartir en exceso». En general, los participantes en Facebook están de acuerdo en que demasiadas personas se quejan, expresan opiniones políticas no solicitadas o alardean de una vida al parecer perfecta. Y parece ser que los amigos de Facebook se convierten con demasiada facilidad y frecuencia en «amigos-enemigos».

Figura 3.2

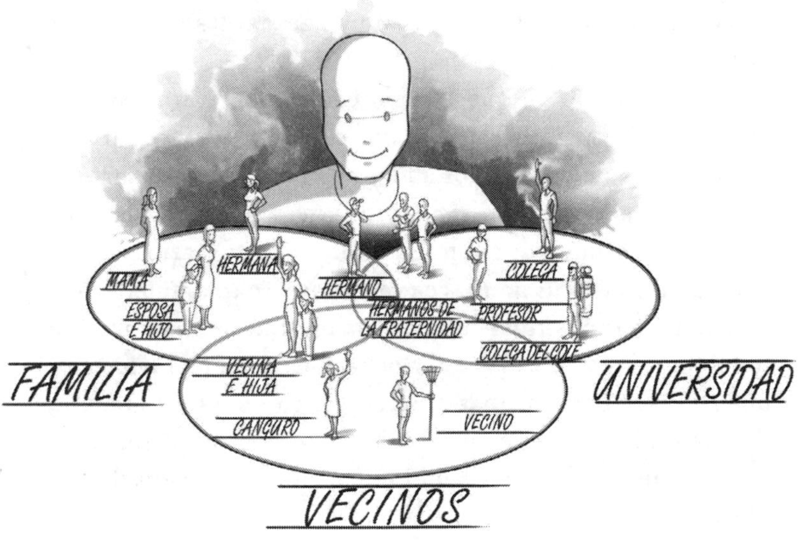

Google, el gigante de las búsquedas, siempre alerta para aprovechar todas las oportunidades, se ha dado cuenta. Aunque llegaba tarde en el juego de las redes sociales, el servicio Google Plus, de Google, lanzado en 2011, ofrecía una clara ventaja sobre Facebook al permitir que los usuarios dividieran a sus amigos en diferentes círculos sociales, tal como hacen en la vida real.

Un día, después del lanzamiento, Google tuvo que suspender temporalmente las inscripciones por la demanda excesiva, y al cabo de tres semanas había admitido a más de diez millones de usuarios. En un año, alcanzó los 400 millones.

Google atrae a todos estos miembros usando lo que deberíamos reconocer como la división funcional. Al asumir que cada uno de nuestros amigos tiene una función específica (es una clase específica de amigo), Google Plus separa esa función del conjunto (nuestra población total de amigos). Por medio de una característica llamada Google Circles, los usuarios pueden dividir a sus amigos en grupos pertinentes y gestionar sus relaciones *online* de una manera mucho más efectiva. Google Circles se las arregla, incluso, para hacer que todo esto sea divertido, y los resultados son muy agradables en su aspecto visual.

Poco después de que Google Circles debutara, Facebook anunció un avance estratégico que señalaba un modo radicalmente nuevo de tratar a los amigos de Facebook. ¿Adivina qué era? Sí, la nueva función «Smart Lists» era un reflejo de Google Circles, casi punto por punto. Al ofrecer a sus usuarios un medio para distribuir a sus amigos en categorías, se apuntaba a la idea de que preferimos tratar a nuestras amistades *online* igual que tratamos a las de la vida real. Google Plus tiene un largo camino que recorrer para atrapar a Facebook en cuanto a miembros. Pero la rápida reacción de Facebook parece indicar que la hábil innovación de Google usando el patrón de división dio en el blanco.

REINVENTAR EL FORMULARIO DE LOS SEGUROS

¿Cuál es el peor formulario que haya tenido que rellenar? ¿El de la declaración de la renta? ¿La solicitud de un préstamo? Para muchas personas, el temido impreso de solicitud de un seguro los vence a todos.

Uno pensaría que después de todos estos años, las compañías de seguros habrían encontrado un modo para conseguir que sea más fácil rellenar sus solicitudes. De hecho, sí que han hecho que sean más fáciles. Pero estos formularios están regulados de forma estricta por los gobiernos para asegurarse de que entendamos por completo qué vamos a recibir cuando solicitamos un seguro. Debido a esto, son complicados y seguimos cometiendo equivocaciones cuando los rellenamos.

Cada una de sus muchas páginas tiene que ser completada en un orden en particular, con toda la información correcta introducida. De lo contrario, es rechazado. El sector de los seguros tiene un término para describirlo: *not in good order* («no está en regla»), NIGO para abreviar.

Este formulario es un contrato legal, así que se comprende que las compañías de seguros tengan que ser tan rígidas. Los revisores legales del sector son increíblemente rigurosos cuando repasan estos formularios para garantizar que la compañía cumple todas las normas. Así pues, incluso un único, pequeño error hará que una compañía rechace una solicitud.

La compañía de seguros AXA Equitable se sentía tan irritada como cualquiera de sus homólogas por esta cuestión. El porcentaje de rechazos de solicitudes NIGO del sector era, aproximadamente, del 50 por ciento, y el de AXA estaba por encima. Imagine buscar en Google Maps y saber que la información que recibimos fuera correcta sólo la mitad de veces. «Probamos con diferentes sistemas, pero ninguno nos llevaba a ninguna parte —dijo Jackie Morales, vicepresidenta sénior de soluciones para el servicio de retiro de AXA—. Saber que tienes un problema no lo soluciona. Y, a lo mejor, crees que tienes la respuesta, pero el problema sigue apareciendo.»

Frustrado personalmente, el presidente de AXA Equitable retó a sus empleados: «¿Cómo podemos mejorar nuestro porcentaje de NIGO y seguir ofreciendo grandes productos y servicios a nuestros clientes?» Puso en marcha un programa oficial para abordar esta y otras cuestiones importantes dentro de la empresa. Quería resultados, y no quería nada de ese «*brainstorming* vacío».

La empresa preparó un taller de innovación con un grupo de empleados seleccionados en los diferentes departamentos. Al principio, éstos se mostraban escépticos sobre que el Pensamiento Inventivo Sistemático pudiera ayudar a solucionar un problema que venía de lejos. «Vamos a enseñaros a ser innovadores», les dijeron los líderes del taller de SIT Yoni Stern y Hila Pelles. Las reacciones de los empleados fueron las típicas: «¡Yo no soy creativo! ¡Sólo soy analista de seguros!» No obstante, no fue necesario mucho tiempo para que cambiaran de opinión.

Usando la división, los empleados de AXA crearon una lista de componentes bastante sorprendente. Tomaron el formulario tradicional de seguros e imaginaron que cada línea era un componente independiente. Luego, aplicando la división funcional, se figuraron qué sucedería si reorganizaban cada paso. Por ejemplo, ¿por qué anotar siempre el nombre primero? Resulta que no hay ninguna razón para que el nombre del solicitante, su dirección, fecha de nacimiento y todos los otros datos personales habituales tengan que ser los que encabecen el impreso ni, a eso vamos, por qué tiene que estar todo junto. Dividían y reorganizaban a través de espacios (su ubicación en el formulario).

Fue entonces cuando se les ocurrió la idea. Pensaron: «¡Eh!, si podemos mover todas estas partes de un sitio para otro, como si fuera un puzle, ¿por qué no ponerlas en el orden en que realmente recogemos los datos?» Fue brillante. El equipo pensó en cómo suele desarrollarse una primera reunión típica entre un posible cliente y un agente de seguros. El agente averigua cosas del cliente y recoge la información de un modo que difiere muchísimo de cómo está dispuesto el formulario. ¿Por qué no ordenar el impreso de la misma manera? Una vez que «rompieron la fijación» relativa al antiquísimo formulario, se les ocurrieron otras ideas. Se dieron cuenta, por ejemplo, de que algunos de los puntos del formulario se podían «prerrellenar», es decir, rellenar antes de que un agente se reúna siquiera con el cliente. Esto ahorra tiempo en la visita y, lo más importante, es más exacto. (¡Menos NIGO!) El equipo empezó a mirar cada parte del formulario y a hacer una sencilla pregunta: ¿quién estaba mejor cualificado para dar la respuesta más exacta a esa parte? Ahondando más, comprendieron que el formulario no tenía por qué completarse de una vez. Usando la división y «reorganizando a través del tiempo», el equipo imaginó un formulario rellenado bloque a bloque por la persona más apropiada, en el momento más oportuno, para garantizar que el impreso final incluya la información correcta.

Los miembros del equipo tenían muchas otras ideas para mejorar el formulario de seguros, pero seguían enfrentándose a un problema que parecía insuperable. En realidad, no era posible hacer auténticos cambios en el formulario. El tiempo, el esfuerzo y el gasto necesarios para conseguir que casi todos los reguladores estatales aprobaran el nuevo formulario, por no hablar del gobierno federal, era demasiado grande. ¿Cómo podían entonces poner en práctica todas esas estupendas ideas a fin de conseguir un formulario más sencillo? La respuesta fue novedosa. Usaron hojas transparentes con un código de color, superpuestas al formulario. El código de color ayudaba al agente a saber qué partes tenían que rellenarse, dependiendo de las necesidades del cliente. Las transparencias destacaban las secciones específicas del formulario que era necesario rellenar. El agente podía recorrer el documento y llenar sólo lo obligatorio, cuando fuera ineludible. Por ejemplo, si un cliente quería una anualidad variable, el agente rellenaba todas las secciones del formulario marcadas en verde. ¡Fácil!

Usar la técnica de la división ayudó a crear una solución que no exigía una tecnología cara ni procedimientos complicados. El equipo sólo necesitaba ver el problema de un modo nuevo.

«Usar este planteamiento sistemático fue como estar en la cima del Matterhorn, cerca de Zermatt, en Suiza —dice Halina Karachuk, vicepresidenta para innovación, investigación y analítica de AXA—. Tengo un vívido recuerdo de ir de pico en pico y mirar hacia abajo, hacia el mismo y bello valle. Pero cada pico ofrece una perspectiva totalmente nueva. Las técnicas de innovación hicieron lo mismo con el problema del NIGO.» Gracias a la técnica de la división, AXA redujo el porcentaje de NIGO en un 20 por ciento, lo que le hizo ahorrarse cientos de miles de dólares, por no hablar del tiempo que ahorraban a los clientes.

«No es necesario trabajar para una compañía de Silicon Valley, como Apple o Google, para ser innovador —continúa Karachuk—. Los seguros no son considerados un sector innovador, pero nosotros demostramos que no es verdad. Nos da seguridad disponer de un enfoque paso a paso de innovación que podemos utilizar en cualquier momento.»

REINVENTAR EL PROCESO DE FORMACIÓN

Los procedimientos nos ayudan a hacer las cosas. Pero ¿qué pasa cuando un procedimiento es demasiado lento, cuando tenemos muchas cosas que hacer y no tenemos tiempo suficiente? La división puede ayudar.

Pensemos en la formación. Imaginemos que su empresa hace muchos productos complejos de diversos sectores. Sus vendedores deben conocerlos como la palma de su mano. También es preciso que sepan cómo venderlos de la manera más eficaz a los usuarios que son su objetivo. Como resultado, la empresa exige que todos los nuevos representantes de ventas completen un curso de formación de seis semanas.

Pero la empresa añade a su cartera, como promedio, un nuevo producto cada mes. ¿Cómo organiza su programa de formación ante una expansión tan rápida? No puede añadir más tiempo cada mes al programa ya existente. Después de todo, cada minuto que los vendedores están en formación es un minuto en que no están vendiendo ni aportando ingresos.

Le presento a Lynn Noonan. Profesional con veinte años de experiencia en Johnson & Johnson (J&J), el gigante de la atención sanitaria, Lynn creó el programa de formación de ventas para más de mil vendedores de J&J responsables de vender complejos instrumentos médicos a los cirujanos de todo el mundo. Tuvo que dar con un medio para ampliar continuamente el número de productos que se incorporaban al plan de estudios sin aumentar el tiempo total de formación. Lynn formó un equipo transfuncional de colegas para solucionar el problema. Utilizaron dos tipos diferentes de división.

Usaron la división funcional para reconvertir la formación para las ventas médicas. Empezaron (como recomendamos siempre) por identificar todos los componentes del proceso de formación. Al hacerlo, Lynn vio que la formación médica pertenece a una de estas tres áreas funcionales: anatómica, de procedimiento y basada en el producto.

Primero, formación anatómica. Tradicionalmente, los representantes de ventas de J&J aprendían anatomía humana básica antes que nada más. Esto incluía órganos como la vesícula biliar, una pequeña bolsa que almacena la bilis, un líquido producido por el hígado que ayuda a la digestión. Era preciso que los vendedores comprendieran cómo se pueden formar los cálculos biliares dentro de la bolsa, causando bloqueo y dolor, y cómo la cirugía, usando los instrumentos de J&J, puede extraer el cálculo. Lo mismo puede decirse de otras estructuras anatómicas como el estómago, el apéndice y el hígado.

A continuación, estudiaban procedimientos quirúrgicos comunes, entre ellos la cirugía bariátrica, empleada para tratar la obesidad mórbida; los procedimientos típicos de la cirugía de los intestinos, usados para tratar el cáncer intestinal; y la cirugía de la vesícula biliar, para eliminar cálculos dolorosos. Sólo después de imbuirse a fondo tanto de la anatomía humana como de los procedimientos quirúrgicos generales, los vendedores aprenden cómo se usa cada producto de J&J en los quirófanos de todo el mundo.

Lynn comprendió que esto era muy poco eficiente. Aunque habían recibido una sólida base de anatomía al principio de su sesión de formación de seis semanas, era necesario recordarles lo que habían aprendido cuando llegaba el momento de estudiar procedimientos quirúrgicos específicos, y de nuevo cuando los instructores vincularan los procedimientos a los instrumentos y aparatos quirúrgicos específicos que J&J fabricaba.

El equipo de Lynn dividió cada uno de estos tres campos funcionales (anatómico, de procedimiento y basado en el producto) en unidades lo más pequeñas posible. Así, dividieron el curso completo de formación anatómica en partes específicas del cuerpo: pulmón, estómago, espina dorsal, vesícula biliar y así sucesivamente. Dividieron la formación de procedimientos en cirugía bariátrica, cirugía de los intestinos y cirugía de la vesícula, y todos los demás procedimientos pertinentes. Y desmenuzaron la enorme masa de la formación de productos en unidades centradas en un producto, creando módulos individuales dedicados a los productos quirúrgicos clave de J&J, además de los cientos de otros aparatos e instrumentos médicos de J&J que había en el mercado.

A continuación, el equipo de Lynn organizó estas partes funcionales en grupos de tres. Cada lección de anatomía iba emparejada a la formación dedicada a un procedimiento quirúrgico específico e impartida junto con una lección sobre el producto específico de J&J usado en ese procedimiento. (Véase la figura 3.3.)

Figura 3.3

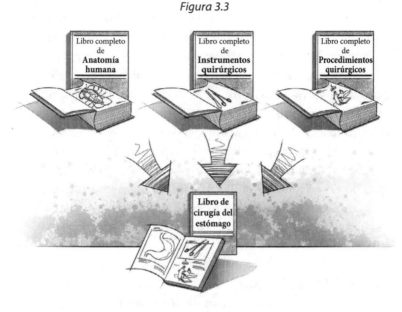

Al usar la división funcional de esta manera, Lynn y su equipo transformaron la formación de J&J en una operación mucho más eficiente, donde los alumnos recibían formación anatómica y de procedimiento sobre una base de «justo a tiempo». Como dice Lynn: «Los alumnos reciben su formación anatómica y de procedimiento justo cuando la necesitan: cuando están estudiando un producto de J&J específico». El nuevo planteamiento eliminó la necesidad de cursos de refresco.

Lynn y su equipo no sólo hicieron que la formación fuera más eficiente; además mejoraron de forma espectacular la calidad en general. Al presentar la información desde la perspectiva de los usuarios (cirujanos y otros profesionales sanitarios), hicieron que los vendedores comprendieran mejor cómo encajan los productos de J&J en el ecosistema médico para ayudar a lograr unos resultados exitosos con los pacientes. Pero no se detuvieron en este único éxito. A continuación usaron la división para reorganizar el programa de formación de seis semanas en segmentos más pequeños de sólo unos días cada uno. Distribuyeron esos segmentos a lo largo de un periodo de doce meses (un ejemplo de reorganización en el tiempo). Puesto que salían antes al terreno de juego, los vendedores de J&J empezaban a aprender las realidades del mercado el mismo día en que eran contratados. En lugar de esforzarse por absorber grandes cantidades de información que seguirían siendo abstractas hasta que las aplicaran en la práctica, los vendedores aceleraban su desarrollo en la muy importante «sabiduría de la calle». Para cuando entraban en el aula, tenían mucha mejor idea de qué querían y necesitaban los usuarios. El material de formación tenía mucho mas sentido y, como resultado, la formación se volvía más inolvidable... y efectiva.

CÓMO USAR LA DIVISIÓN

Para sacar el máximo provecho de la técnica de la división, hay que seguir cinco pasos básicos:

1. Haga una lista de los componentes internos del producto o servicio.
2. Divida el producto o servicio en una de tres maneras:
   a. Funcional (tome un componente y cambie el lugar o el momento en que aparece).
   b. Física (corte el producto o uno de sus componentes por cualquier línea física y recolóquelo).
   c. Conservadora (divida el producto o servicio en piezas más pequeñas; cada pieza debe conservar todas las características del todo).
3. Visualice el nuevo (o modificado) producto o servicio.

4. Pregúntese: ¿cuáles son los posibles beneficios, mercados y valores?, ¿quién lo querría y por qué lo encontraría valioso? Si está tratando de solucionar un problema específico, ¿cómo puede ser de ayuda abordar ese reto en particular?

5. Si decide que tiene un nuevo producto o servicio que es realmente valioso, pregúntese: ¿es viable?, ¿puede crear realmente este nuevo producto o realizar este nuevo servicio?, ¿por qué o por qué no?, ¿puede refinar o adaptar la idea para hacer que sea *más* viable?

Recuerde que no es necesario que use las tres formas de división, pero que, si lo hace, aumentará sus probabilidades de lograr una idea innovadora.

RIESGOS COMUNES EN EL USO DE LA DIVISIÓN

- **Reorganice los componentes divididos tanto en el espacio como en el tiempo.** Cuando divida los componentes de un producto, proceso o servicio, reordénelos en el Mundo Cerrado, tanto en el espacio como en el tiempo. Para un espacio reordenado, situaría el componente dividido en algún lugar físico; por ejemplo, sacando el compresor del frigorífico fuera de la casa. Para un tiempo reordenado, consideraría modos de reorganizar el producto o servicio para que el componente dividido «aparezca» en momentos diferentes que otros componentes. Permanece en el mismo lugar físico, pero sólo está allí en momentos específicos. Los condominios de multipropiedad son un ejemplo de la división en el tiempo.

- **Observe que empezar con una lista de componentes es una forma de división.** Sólo empezar el proceso creativo con una lista de componentes ya le ayuda a ver la situación bajo una nueva luz. Rompe tanto la fijación estructural (ahora ve la situación completa como una colección de piezas más pequeñas) y la fijación funcional (ya que se ve obligado a ver cada componente como una entidad separada y meditar sobre su papel). ¿Recuerda el consejo sobre anotar los componentes en notas adhesivas? Esto nos ayuda a «sacar las chinchetas de la caja», como en el experimento de Duncker.

- **Cambiar la «resolución» si tiene dificultades.** Si reordenar los componentes en el Mundo Cerrado le parece extraño o difícil, quizá tenga que cambiar su lista. Puede hacerlo usando lo que llamamos «resolución». Piense en la resolución como en la distancia a la que está del Mundo Cerrado. Si se aproxima, puede examinar algo de muy cerca y ver sus partes y componentes individuales con gran detalle. También puede alejarse para ver cómo existe un objeto dentro de un contexto más amplio. Al hacer su Mundo Cerrado más pequeño o más grande, puede ajustar su lista de componentes para conseguir una mejor innovación inspirada en la división.

  Veamos cómo funciona la «resolución»: imagine que está sentado en su sala de estar. Puede ver los muebles, las luces, las ventanas, el suelo y los cuadros que cuelgan de las paredes. Al aplicar la división aquí, consideraría la posibilidad de dividir o separar estos «componentes» unos de otros o de la sala en su conjunto. Ahora haga *zoom* sobre uno de esos elementos, digamos la lámpara que cuelga del techo. Haga que sea ella, en lugar de toda la sala, su Mundo Cerrado. Identifique los componentes individuales: la bombilla, la cadena que la sujeta al techo, el interruptor. Piense en cómo podría usar la división con ellos.

  Finalmente, trate de alejarse de la sala, para que su Mundo Cerrado incluya todas las casas del vecindario. ¿Qué componentes ve? ¿Casas individuales? ¿Coches? ¿Bocas de incendios? ¿Aceras? ¿Cómo podrían dividirse estos componentes de una forma que añada valor?

DIVIDA Y VENCERÁ

La división es una parte natural de nuestro modo de pensar. Como los otros patrones, abre la puerta a las ideas creativas que hay en nuestro interior al regular y canalizar nuestros procesos de pensamiento. La clave es aprovechar el patrón de un modo sistemático utilizando las tres versiones de la técnica. La división nos permite superar problemas difíciles mediante su reducción a un tamaño adecuado.

4

SEA FRUCTÍFERO Y MULTIPLIQUE: LA TÉCNICA DE LA MULTIPLICACIÓN

Las oportunidades se multiplican cuando se aprovechan.

SUN TZU

«Será una vaca negra en medio de Chicago y llevará su nombre», advirtió el arquitecto Bruce Graham a Gordon Metcalf, presidente de Sears, Roebuck and Company. Metcalf quería construir un rascacielos tradicional en el centro de Chicago, un testimonio abrumador a mayor gloria del imperio de ventas al por menor de Sears. Graham dijo no una vez. Y dijo que no otra vez. No ponía objeciones a la idea de un rascacielos per se. Lo que no le gustaba era el hecho de que la visión de Metcalf fuera tan, bueno, tan aburrida. ¿De verdad Chicago necesitaba otro rascacielos convencional?

«Como éramos el mayor minorista del mundo, pensábamos que debíamos tener la central más grande del mundo», decía Metcalf, que esperaba un edificio de tal tamaño y magnificencia que el mundo se pusiera en pie y aplaudiera, igual que había hecho cuando Graham presentó el cercano edificio del John Hancock Center, con sus cien plantas.

Sin embargo, construir edificios altos no es fácil técnicamente. Para empezar hay que superar las fuerzas gravitacionales de los propios materiales del edificio. Después, una vez que se alcanza

131

una cierta altura, los ingenieros deben considerar el peso de esos materiales (llamado carga muerta) así como el de las personas y objetos que habrá dentro del edificio (la carga viva). Cuanto más alto sea el edificio, más peso tendrán esas cargas combinadas, y más grandes tendrán que ser los cimientos. Además, los ingenieros tienen que diseñar cuidadosamente los pisos superiores del edificio para que sean más pequeños y ligeros en cada planta.

Para visualizar por qué esto es así, imagine cargar con otro adulto encima de los hombros. Difícil, ¿verdad? Ahora pruebe a añadir a otro encima del primero. Y a otro. A menos que sea usted excepcionalmente fuerte (o un artista de circo muy entrenado), el peso no tarda en hacerse insoportable. Pero hemos visto a gente que lo hace usando una estructura llamada «pirámide humana». Cinco personas con los pies en el suelo pueden sostener con facilidad a cuatro personas sobre el conjunto de sus hombros. Estas cuatro personas pueden sostener a tres; estas tres, a dos y, por fin, una persona puede situarse en lo alto de la torre. Personas medias, con una fuerza media, pueden construir un edificio humano de cinco pisos si tienen suficientes personas que compartan el peso en la base.

Pero la altura de este tipo de estructura se ve restringida por la física. Sin una cantidad de suelo infinita, al final nos quedamos sin espacio para crecer. Piénselo: ¿queremos añadir otra persona arriba de todo? La única manera de hacerlo es incorporar más personas abajo. Para añadir un sexto nivel, se necesitan seis personas, una más en cada nivel. Para añadir un séptimo nivel, se necesitan siete personas más. Y así sucesivamente. (Véase la figura 4.1.)

El mismo principio se aplica a los edificios. En la construcción tradicional de ladrillo y cemento, hay que hacer las paredes inferiores cada vez más gruesas conforme se añaden pisos arriba. Después de sólo diez pisos, ya casi no quedaría espacio utilizable en los pisos bajos, porque las paredes tendrían que ser muy, muy gruesas.

Figura 4.1

Por esta razón, a partir de finales del siglo XIX, los arquitectos pasaron a usar estructuras de acero. (La primera construcción con armazón de acero fue el Home Insurance Building en 1885, también en Chicago.) El acero permitía que los arquitectos levantaran edificios más altos conectando columnas verticales hechas de viguetas de metal a vigas maestras horizontales en cada planta. Otras vigas diagonales fijadas entre las vigas maestras añadían apoyo estructural extra. Los primeros rascacielos eran esencialmente esqueletos rectangulares de acero cubiertos por un fino «muro cortina» de vidrio o de otro material.

Incluso con una armazón de acero, el edificio de sesenta pisos que Metcalf quería necesitaría una planta baja enorme, y Graham sabía que si Sears quería alguna vez mudarse del edificio (como, en realidad, hizo en 1993), era muy improbable que encontrara una empresa del tamaño de Sears para ocuparlo. Seguramente, el edificio permanecería vacío durante años.

A Graham le preocupaban otras cosas. Los diseños de armazones de acero tenían limitaciones de altura, debido a las cortantes del viento. Los edificios deben soportar la potencia de fuertes vientos que presionan contra ellos lateralmente. ¿Cómo podía diseñar un rascacielos con suficiente espacio en la parte más alta para los inquilinos, no demasiado espacio en la base y resistencia al viento (en especial en Chicago, la llamada Ciudad del Viento)?

Al final, Metcalf se dio por vencido. Ahora Graham era libre para crear su propio diseño. El edificio John Hancock estaba recién acabado, y tenía la ambición de superar ese éxito con algo todavía más espectacular. Con poco más de una hectárea de espacio urbano, el respaldo financiero de una gran corporación y el apoyo político de Richard J. Daley, el poderoso alcalde de Chicago, Graham confiaba en aprovechar la oportunidad para construir un monumento extraordinario en el que todo el mundo se fijara. Lo único era saber cómo.

Decidió hacer un edificio redondo, en lugar de rectangular.

Los edificios en forma de tubo tienen una ventaja clave respecto a los rectangulares: desvían el viento. La combinación de superficies redondeadas y una red resistente y elástica de vigas y columnas incrustadas en las paredes exteriores es especialmente buena para resistir las cortantes del viento. Los edificios tubulares son también más rentables, ya que su construcción es más barata que la de los rectangulares.

Graham ya había trabajado antes con estructuras tubulares. Pero ahora quería algo que difiriera incluso de ese diseño innovador. Entonces se le ocurrió la idea.

Entusiasmado, programó un almuerzo con Fazlur Khan, su socio de ingeniería. Graham sacó un paquete de cigarrillos y los dejó sobre la mesa. Metió nueve dentro del puño, alineándolos en posición vertical para que parecieran nueve pequeños tubos blancos señalando al techo. Luego levantó uno un par de centímetros, para que la punta estuviera más alta que las otras, aunque seguía unido apretadamente con los otros. Luego tiró de otro, elevándolo hasta una posición un tanto diferente. Luego de otro. Pronto, cada uno de los nueve cigarrillos, todavía en contacto con los demás, estaba a una altura única comparado con los otros. (Véase la figura 4.2.)

Figura 4.2

135

Graham preguntó a Khan: «¿Esto podría funcionar?» Su idea era usar tubos circulares de diferentes alturas que podrían conectarse para formar celdas y luego fusionarse en un único y gigantesco edificio.

El planteamiento de Graham era drásticamente diferente del típico edificio redondo, que en aquella época se construía con un único tubo. A nadie se le había ocurrido una cosa así antes. Multiplicando los tubos y cambiando un poco una característica clave de cada uno (la altura), diseñaría lo que se convertiría en el edificio más alto del mundo. Si hacemos una búsqueda de imágenes en Google para la Torre Sears, de Chicago, el edificio de 110 plantas se parece, desde una cierta distancia, al paquete de cigarrillos que Graham usó para explicar su idea.

Graham sabía que el diseño de los tubos agrupados era más versátil que las formas de caja tradicionales o, incluso, que el diseño en un único tubo, ya que las unidades de tubo podrían adoptar formas diversas y unirse unas a otras formando configuraciones diferentes.

Graham, de manera consciente o no, usó la técnica que es el tema de este capítulo. La llamamos multiplicación. Como sucede con las demás, la multiplicación estructura nuestra manera de pensar para ampliar los límites de productos, servicios y procedimientos ya existentes. A diferencia de la sustracción (capítulo 2) o la división (capítulo 3), la multiplicación actúa —lo ha adivinado— multiplicando los componentes en el Mundo Cerrado de un producto o servicio. (Sí, llegados a este punto, quizá parezca que sería posible usar cualquier función matemática de nuestro libro de texto de la escuela primaria como técnica de creatividad. No es así. La adición —sólo sumar componentes— no fue uno de los patrones descubiertos en la investigación de Jacob.)

Como con nuestras otras técnicas, se empieza haciendo una lista de los componentes de un Mundo Cerrado en particular. Luego hacemos dos cosas. Primero, tomamos uno de esos componentes y lo multiplicamos. (En el caso de Graham, multiplicó el único tubo del típico edificio redondo.) Segundo, modificamos cada componente multiplicado para convertirlo en único. Para decirlo de un modo diferente, cada vez que multiplicamos un componente original —puede pensar que lo copiamos, si así le resulta más fácil conceptualizarlo— la copia debe tomar una o más características nuevas. El resultado ha de ser una configuración completamente nueva de un producto o servicio que, o bien mejora lo que el original hace, o bien reporta una innovación del todo nueva.

El ejercicio de multiplicación de Graham para el proyecto Sears produjo una colección de nueve tubos, cada uno de una altura diferente. Cuando se sujetaron a unos armazones de acero, fabricados con ese propósito, que anclaban cada tubo a los demás, crearon un edificio con una integridad estructural mayor que la de otro que tuviera sólo un tubo. Al mismo tiempo, estaba protegido de la cortante del viento exactamente igual que lo estaría un edificio con un único tubo.

Las ideas de Graham siguieron activamente el patrón de la multiplicación, pero también podrían haber seguido, con la misma facilidad, el de la división del capítulo anterior. Podría haber tomado el elemento principal —un edificio— y dividirlo físicamente siguiendo las altas líneas verticales para crear un edificio con múltiples partes. Con frecuencia, vemos esto cuando enseñamos nuestro método: dos o más técnicas pueden generar la misma idea innovadora. Si Graham hubiera conservado idénticas las piezas verticales en cuanto a altura y función, lo consideraríamos la versión conservadora de la división.

Cada una de las técnicas nos conducirá a la idea innovadora. Mientras que la división nos obliga a cortar un componente en una de tres maneras —funcional, física o conservadora— y luego reordenarlo en el espacio o el tiempo, la multiplicación nos fuerza a duplicar un componente y modificarlo.

El edificio resultante que Graham diseñó usando este patrón conservó el récord como edificio más alto del mundo desde su inauguración en 1973 hasta que, en 1998, las Torres Petronas se alzaron sobre Kuala Lumpur, en Malasia. Pero la Torre Sears sigue siendo el monumento que define la línea del horizonte de Chicago. En 2009, se cambió oficialmente el nombre por el de Torre Willis cuando un nuevo propietario tomó posesión del edificio. (Pero, si va a Chicago, no pregunte cómo se va a la Torre Willis. Lo mirarán como si no supieran de qué habla.)

Desde entonces, las estructuras de tubos múltiples de Graham han sido utilizadas en muchos otros rascacielos, entre ellos las Torres Petronas; la Torre Jin Mao, de Shanghái, China; y otros rascacielos de gran altura construidos durante los últimos veinte años. El edificio que en la actualidad ostenta el título de más alto del mundo, el Burj Khalifa, de Dubái, con 160 plantas, está influido de manera evidente por el innovador concepto de Graham.

LA GRAN CARRERA DE LA CUCHILLA DE AFEITAR

Podría preguntarse (y no sería el único) cómo la multiplicación puede ayudarle a crear algo auténticamente original. Bien mirado, esta técnica se limita a copiar algo que ya existe. ¿Cómo puede esto considerarse original?

La respuesta es sencilla: la originalidad tiene menos que ver con la fuente de la inspiración (el componente que copiamos) que con lo que hacemos con las copias conseguidas. Crear un duplicado exacto de algo no es un acto original, claro está. No obstante, somos originales cuando copiamos un único aspecto de un objeto, sistema o proceso originales y lo cambiamos para que ofrezca algo nuevo y útil para el mundo.

Bajemos de los altos rascacielos de Bruce Graham para analizar un producto más terrenal: la maquinilla de afeitar. Desde la Edad del Bronce, los hombres se habían afeitado usando una única hoja. Luego, en 1971, Gillette introdujo el sistema de afeitado de cuchilla doble TRAC II, dotado de dos hojas en lugar de una. La humanidad estaba a punto de presenciar el inicio de la gran carrera de multiplicación de las hojas de afeitar.

Las cuchillas dobles proporcionaban un afeitado más apurado que una sola, porque cada una realizaba una función diferente. La primera tira del pelo, impidiendo que se repliegue dentro de la piel antes de que la segunda hoja, situada a un ángulo un tanto diferente, lo corte. *Voilà!* Un afeitado más apurado, todo porque se copió un componente esencial y luego se cambió. En este caso, el cambio estaba en el ángulo de la hoja, que asignaba un cometido diferente a la segunda cuchilla.

El TRAC II fue la primera maquinilla de afeitar multihoja fabricada en serie vendida en Estados Unidos, y desató un frenesí competitivo de multiplicación en el sector del afeitado. Los competidores de Gillette, Schick y Wilkinson Sword introdujeron sus propias versiones de las cuchillas multihojas. Gillette respondió en 1998 con la Mach3, que ofrecía tres hojas idénticas, en lugar de dos. La competencia contraatacó con la Schick Quattro, con cuatro hojas. Por fin, triunfalmente, Gillette presentó la Fusion en 2006. La Fusion tiene cinco hojas en la parte frontal, más una sexta en la trasera, para un «perfilado de precisión».

Como es natural, los cómicos nocturnos se lo pasaron en grande con este absurdo intento de quedar por encima de los demás. ¿Se detendrán ahí? Es probable que no. (Busque en YouTube «Rontel 7-Blade-Razor», una parodia hilarante de esta competición entre fabricantes de maquinillas de afeitar.)

A nosotros lo que nos interesa es si estos productos son realmente innovadores. ¿Representan una auténtica creatividad? ¿O son meramente trucos con que los profesionales del marketing juegan con nosotros?

Tenemos la impresión de que, después de la primera innovación de las dos cuchillas de Gillette —que usó la multiplicación para conseguir un avance nuevo y sorprendente en el diseño de las maquinillas de afeitar—, lo que siguió era algo totalmente esperado (y aburrido), no original ni creativo. En nuestra definición de la multiplicación, todo depende de hacer cambios en las copias, no sólo añadir más de lo mismo.

Creemos que la originalidad llega cuando el cambio que hacemos a cada múltiplo, o copia, de un componente hace que esa copia sea auténticamente diferente del original. Además, el producto completo es de verdad distinto una vez que la copia modificada se incorpora de nuevo al conjunto. En el caso de la maquinilla de afeitar TRAC II, la hoja copiada tenía una función propia original y diferente. ¿Después de esto? Pues, en realidad, no mucho.

Echemos una ojeada al modo acertado de copiar componentes para añadir dimensiones nuevas y originales que hacen que un producto, servicio o proceso sean más valiosos. La verdad es que tenemos una fórmula secreta. Y quizá le sorprenda.

CÓMO FUNCIONA LA TÉCNICA DE LA MULTIPLICACIÓN

El uso que Bruce Graham hizo de un paquete de cigarrillos para demostrar un nuevo modelo arquitectónico fue puro genio. Sin embargo, él tenía en mente un reto concreto, así como una solución general —un edificio redondo— antes de visualizar el modelo de tubos múltiples específico para la Torre Sears.

Le aconsejamos que aplique un enfoque diferente cuando use la técnica de la multiplicación. Dé un paso a lo desconocido. No trate de prever una invención lógica o práctica. Por el contrario, salte sin mirar. (Exactamente lo que su madre le advirtió de que no hiciera.)

¿Qué pasaría si multiplicara al azar un componente —cualquier componente— de un Mundo Cerrado? Es decir, sin analizar por adelantado cómo, exactamente, podría proporcionar valor, limítese a hacer una copia de algo, cualquier cosa. ¿Y si acepta como un artículo de fe que copiar y modificar un componente de un Mundo Cerrado en particular le llevará a una solución creativa incluso antes de identificar un problema? Esto, que parece un enigma, es una parte esencial de la multiplicación. De hecho, es el fundamento de *todas* las técnicas de este libro. Lo mencionamos porque queremos que empiece a ver los patrones que hay dentro de los patrones (las técnicas). La técnica de la multiplicación funciona precisamente porque no es lógica. La técnica estructura nuestros procesos de pensamiento creativo y nos obliga a crear algo que no tiene ningún sentido... al principio. Sí, hemos dado una vuelta completa y volvemos a estar con nuestra vieja amiga, la fijación. Con la multiplicación, estamos rompiendo ese punto ciego que es la fijación estructural, la tendencia a ver los objetos como un todo. La fijación estructural nos ciega, porque nos cuesta aceptar el valor de las cosas que no tienen el aspecto que deberían. Por ejemplo, suponga que ve un clavo con dos cabezas: una en la punta y la otra a un lado. De inmediato, atraerá nuestra atención. Pensaremos que es defectuoso. Debido a la fijación estructural, mentalmente queremos corregir esta rareza y hacer que el clavo vuelva a tener una sola cabeza. Éste es el reflejo que tenemos que superar. ¿Recuerda que «la función sigue a la forma»? Así es como debemos hacerlo. Si nos obligamos a buscar un uso beneficioso para un clavo con dos cabezas, quizá se nos ocurran algunas ideas que son auténticamente innovadoras. Por ejemplo, supongamos que la segunda cabeza nos ayuda a sujetar el clavo en su sitio mientras lo clavamos, de forma que no nos aplastemos el dedo. O quizá la segunda cabeza sobresale de tal manera que podríamos colgar algo de ella. La idea de que la función sigue a la forma nos ayuda a romper la fijación mediante la aceptación de configuraciones raras y la invención de usos beneficiosos para ellas.

Tomar un componente, multiplicarlo y luego modificar la copia nos permite volver a imaginar qué aspecto tendría o cómo actuaría un producto o proceso. Ahora tenemos algo nuevo sin estrenar delante de nosotros. No por casualidad, ahora nos hallamos ante un puzle que resolver: hemos de averiguar qué hemos conseguido. Lo hacemos planteándonos algunas cuestiones básicas: ¿para qué sirve este nuevo objeto o proceso?, ¿quién lo querría?, ¿por qué?, ¿cuándo lo usarían? En otras palabras, la función sigue a la forma.

Decidir cómo cambiar el componente exige algo de práctica. Primero, seleccionamos un componente destacado, algo que sobresalga. Un truco es elegir una característica evidente de ese componente. Otro es cambiar esa característica de un modo que no sea obvio.

La multiplicación es un concepto relativamente sencillo y claro, pero no deje que eso le engañe. Esta técnica poderosa ha hecho renacer a docenas de industrias moribundas y lanzado cientos de otras nuevas. En algunos casos, usar la multiplicación en los productos, servicios o procesos de un sector estimula la creación de otros. Veamos algunos ejemplos sorprendentes.

LA EVOLUCIÓN DE TODO UN SECTOR CON LA MULTIPLICACIÓN

La multiplicación ha sido la fuerza no reconocida que hay detrás de las innovaciones más apasionantes de la historia. Tomemos la fotografía. La génesis misma de la fotografía y muchos de los importantes avances que ha experimentado a lo largo de los siglos se pueden atribuir al patrón de la multiplicación. Miremos a través de las lentes de esta poderosa técnica y veamos cómo moldeó lo que encontramos cada día: las imágenes.

Algo extraño pasa cuando la luz de un objeto atraviesa un agujerito. Una pequeña imagen de ese objeto se proyectará sobre cualquier superficie que haya al otro lado del agujerito, sólo que al revés. Este «efecto *pinhole*» fue descubierto hace miles de años. Aristóteles, el filósofo griego, observó que «la luz del sol pasando a través de pequeñas aperturas entre las hojas de un árbol, los agujeros de un tamiz, un trabajo de cestería, incluso los dedos entrelazados creará manchas circulares de luz en el suelo». Teón de Alejandría, matemático y astrónomo griego, observó que «la luz de una vela al pasar a través de un pequeño agujero creará un punto iluminado en una pantalla que esté directamente alineada con la apertura y el centro de la vela». El efecto *pinhole* es la base de toda la fotografía. También es un ejemplo del patrón de la multiplicación. Cuando tomamos una foto con la cámara, estamos multiplicando la imagen al capturar la luz emitida desde el sujeto y copiarla en un medio, ya sea un chip digital, ya una película fotográfica tradicional. Pero aunque este conocimiento básico del funcionamiento de una cámara ha estado presente desde hace miles de años, la primera imagen fotográfica auténtica no fue tomada hasta que los experimentos de Joseph Niépce en la temprana heliografía, como él la llamaba, dieron resultado, finalmente, en 1814.

De hecho, la multiplicación no sólo inició sino que continuó dando forma a la industria de la fotografía. En 1841, William Fox Talbot patentó el método del calotipo para crear negativos. Un negativo es una copia exacta del original (la película positiva) pero invertida en la exposición. Las partes claras se vuelven oscuras y viceversa. Cuando la película se revela, las imágenes aparecen como negativos. Luego, cuando se vuelve a revelar usando el mismo proceso, las imágenes aparecen como positivas, es decir, con el aspecto que la imagen tiene a nuestros ojos. El proceso en dos etapas engaña a la película para que produzca la imagen positiva correcta. Los negativos permiten que los fotógrafos creen múltiples copias de la película positiva.

En 1859, Thomas Sutton usó la multiplicación para crear y patentar la primera cámara panorámica. Tomando múltiples fotos de la misma escena, en sucesión, consiguió fusionar todas las imágenes y crear una vista panorámica para una pantalla ancha. Una vez más, al multiplicar un componente original —la foto de un paisaje— y cambiar ligeramente el ángulo de cada copia, creó algo verdaderamente nuevo y original.

En 1861, la multiplicación logró otro éxito cuando el médico Oliver Wendell Holmes la usó para inventar el visor estereoscópico. La técnica, llamada estereoscopia, crea una ilusión de profundidad en una imagen al presentar dos imágenes de *offset* separadas, una para el ojo izquierdo y otra para el derecho del espectador. La misma imagen ha sido «multiplicada», pero modificada: una imagen para cada ojo. El cerebro combina las imágenes de *offset* en 2D para que se perciban con una profundidad de 3D.

También en 1861, James Clerk Maxwell creó la primera fotografía en color usando la multiplicación. Lo logró fotografiando una cinta de tartán tres veces mientras cambiaba el color del filtro de la cámara en cada disparo. De hecho, multiplicó el procedimiento usado para tomar una foto en blanco y negro. Un filtro era rojo, otro verde y el tercero azul. Cuando combinó las tres imágenes «multiplicadas», la foto de la cinta de tartán apareció a todo color.

Multiplicar fotos, pero variando cada copia un poco, llevó a otra innovación pionera. En 1878, el fotógrafo inglés Eadweard Muybridge usó veinticuatro cámaras para fotografiar un caballo al galope. Colocó las cámaras en fila y sacó una foto con cada cámara en rápida sucesión. Cada cámara captó al caballo en un estado de movimiento un tanto diferente. A continuación, Muybridge pegó las veinticuatro imágenes ligeramente diferentes del caballo a un tambor y lo hizo girar usando una manivela. Parecía que el caballo galopara. Muybridge había creado la primera «imagen en movimiento». Este uso de la multiplicación fue el principio de lo que acabaría siendo la industria cinematográfica mundial del entretenimiento, con sus miles de millones de dólares.

Las lentes usadas en la fotografía también han evolucionado gracias a la multiplicación. William Hyde Wollaston inventó la lente de menisco cóncavo-convexa de un solo elemento, en 1804. Las lentes del menisco se usaban en cámaras sencillas sin opciones de enfoque, entre ellas la famosa Kodak Brownie. Pero los fotógrafos serios necesitaban más versatilidad. Así que los fabricantes de cámaras multiplicaron las lentes básicas y cambiaron su forma para crear todo un espectro de lentes, cada una de las cuales proporcionaba una imagen un poco alterada de la escena u objeto particular que se fotografiaba. Hoy, los fotógrafos usan lentes diferentes, dependiendo del efecto particular que quieran lograr: primer plano, lejos, de gran angular, incluso borrosa o distorsionada para dar la apariencia de una realidad alternativa. Las nuevas cámaras surgen con múltiples lentes incorporadas al cuerpo de la misma cámara, cada una diseñada para disparar con un ángulo y un efecto diferentes, sólo con apretar un botón.

La multiplicación también se ha usado para alentar otras innovaciones fotográficas. Como todos sabemos y detestamos, a veces, cuando fotografiamos a personas o animales, la foto puede mostrarlos con unos inquietantes ojos rojos. Esto sucede cuando tomamos un primer plano con *flash* y una luz ambiente escasa. La luz de un *flash* viaja a tanta velocidad que las pupilas del sujeto no se pueden estrechar a tiempo. Por ello, esa luz penetra a través de la pupila, se refleja en el fondo del ojo, en la parte de atrás del globo ocular, y vuelve a emerger a través de la pupila. La luz reflejada se vuelve roja debido a la sangre que nutre la parte trasera del globo ocular. La cámara capta esa luz roja que sale de los ojos del sujeto en lugar de su color natural.

Los fotógrafos profesionales han ideado trucos para evitar los «ojos rojos» de sus fotos. Por ejemplo, pueden disparar un dispositivo de *flash* independiente, situado a un lado del sujeto, para hacer rebotar la luz contra una pared o el techo y eliminar el efecto. Pero, para la mayoría de aficionados (es decir, nosotros), no es factible comprar y acarrear de un lado para otro un equipo de iluminación. Una vez más, la solución llegó gracias a la multiplicación.

En 1993, Robert McKay, de la Vivitar Corporation, patentó un sistema novedoso para superar el efecto de ojos rojos. Su solución: una cámara con *flash* dual. Cuando se aprieta el botón de la cámara se dispara un *flash* «prefoto» justo antes de que se abra el objetivo. La primera y brillante luz hace que la pupila del sujeto se contraiga. Luego la cámara dispara un segundo *flash* «multiplicado» que proporciona la luz necesaria para la fotografía. Dado que las pupilas del sujeto están ligeramente cerradas debido al *flash* inicial, no aparecen los ojos rojos en la imagen final. Muchas de las cámaras digitales actuales usan la técnica de reducción de ojos rojos de McKay para permitir que incluso los fotógrafos más ocasionales tomen fotos impecables.

Los fotógrafos de moda usan algo basado en la multiplicación, que les ahorra un tiempo precioso cuando disparan a toda velocidad a las modelos. No tienen tiempo para rebobinar un carrete de película antes de cargar el siguiente. Puede que a la mayoría treinta segundos no nos parezca mucho tiempo. Pero para ellos es suficiente para interrumpir el fluir de la sesión de fotos. ¿La solución? Sus cámaras tienen un dispositivo que hace avanzar un fotograma de la película, no una vez, sino dos, de forma que se usa uno sí y otro no. La cámara se salta un fotograma cada vez en su marcha hacia delante y luego cambia el sentido de la película para usar todos los que se ha saltado. El último acaba enrollado y listo para un cambio de carrete, sin que el fotógrafo tenga que esperar a que la película se rebobine.

HERRAMIENTAS KAPRO Y EL NIVEL «DESNIVELADO»

Del mismo modo que la multiplicación creó las industrias fotográfica y cinematográfica, también ha revolucionado sectores que habían permanecido sin cambios durante miles de años. Esto es lo que Paul Steiner logró en Kapro Industries. La historia de Paul ilustra también lo que consideramos una práctica óptima para elegir qué componente multiplicar y cambiar (y deja claro qué tipo de «cambio» merece ser clasificado como una auténtica multiplicación).

Empecemos por viajar atrás en el tiempo, unos 5.000 años más o menos. Los antiguos egipcios construyeron estructuras, grandes y pequeñas, que eran extraordinarias por ser exactamente horizontales (a nivel) y verticales (a plomo) con la Tierra. ¿Cómo lo consiguieron? Lo hicieron usando un sencillo artilugio de madera que parecía la letra «A», con un peso de metal colgado de un cordel, llamado nivel de escuadra. Y eso resume el estado de la tecnología durante más de tres mil años. No fue hasta 1661 cuando el científico francés Melchisédech Thévenot inventó un aparato para hacer que la tarea del nivel fuera más fácil. El invento de Thévenot estaba construido con dos viales de cristal curvo llenos de alcoholes minerales. Dentro del líquido de cada vial había una pequeña burbuja de aire. Si se colocaba el aparato en una superficie, te decía lo llana que era esa superficie: las burbujas de aire se apartaban del centro del vial si la superficie no estaba realmente a nivel. Gracias a Thévenot, hoy los carpinteros pueden arreglar la superficie para que la burbuja de aire se «centre» en el vial de líquido. (Véase la figura 4.3.)

Figura 4.3

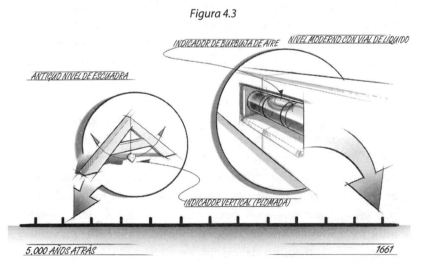

Tanto el artilugio de los egipcios como el de Thévenot se basan en la misma idea que tiene siglos de existencia. Así que podemos imaginar cómo reaccionaría el sector de la construcción ante un nuevo aparato que tomaba esa idea y hacía algo totalmente revolucionario con ella.

Entra en escena Paul Steiner y su equipo de Kapro Industries. En 1996, Kapro tenía noventa empleados. Su principal línea de productos consistía en diversos niveles de líquido (con una burbuja) para el mercado de la construcción. Paul y su equipo aprovecharon con éxito la técnica de la multiplicación para crear un nuevo tipo de producto rompedor: un nivel de burbuja que ayuda a construir superficies *desniveladas*. En el mundo de los niveles para la construcción, esto era una locura. También era genial.

La historia empezó cuando un cliente de Kapro llevó a la compañía una idea interesante. El cliente era un contratista profesional y, como todos los contratistas, confiaba en los niveles de burbuja de la mejor calidad. (En inglés se los llama *spirit levels* porque el pequeño vial del nivel está lleno de alcohol mineral, un fluido más espeso que el agua que, por ello, mantiene intacta la burbuja.) Pensaba que quizá fuera posible modificar un nivel vertical de plomada. Los carpinteros usan niveles de plomada para asegurarse de que objetos como los postes de vallas y los muros están perfectamente rectos en sentido vertical. De lo contrario, las vallas, las casas y las paredes se inclinarían un poco.

Este pequeño invento del cliente era hábil. Cogía un nivel de plomada y le añadía un espejo delante. Al hacerlo, podía mirar directamente el nivel desde enfrente y ver el vial con la burbuja. No tenía que forzar el cuello contra la pared para ver el lado del nivel. El espejo estaba colocado de tal forma que reflejaba la burbuja en la parte central del nivel, de un modo muy parecido a como el periscopio de un niño refleja las imágenes. Con el truquito del espejo, en esencia el invento «multiplicaba» el vial de la burbuja, aunque fuera sólo su imagen visual. Sin darse cuenta, el cliente de Paul usaba el patrón de multiplicación en este nuevo producto.

Figura 4.4

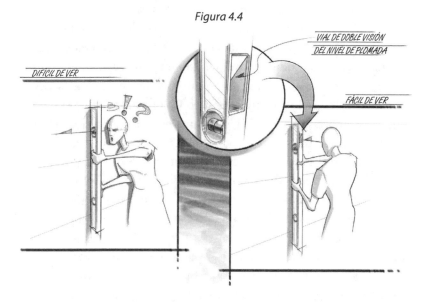

Paul estaba impresionado, tan impresionado que Kapro patentó la idea, diseñó un nivel de plomada totalmente nuevo y lo lanzó. Pero la experiencia le preocupó. Si un cliente podía inventar un producto de tanto éxito con un sencillo espejo, ¿qué más se podía hacer? ¿Estaba pasando por alto oportunidades para inventar más productos que fueran éxitos de ventas? ¿Había algún medio para reproducir la experiencia de su cliente y crear otras innovaciones para el resto de las herramientas de Kapro?

No mucho después, Paul oyó una conferencia sobre el Pensamiento Inventivo Sistemático, un nuevo método de innovación basado en el uso de patrones. Durante la conferencia, tuvo conocimiento del patrón de multiplicación. Fue entonces cuando se le encendió la proverbial bombilla. Reconoció que este patrón era el mismo que su cliente había usado para crear el asombroso nuevo nivel. Paul estaba convencido de que había encontrado un medio para hacer lo que su cliente había hecho, pero no por casualidad. Antes bien, podía usar este nuevo proceso metódicamente con todas las herramientas de Kapro, y crear nuevas herramientas.

Paul sabía que la única manera de averiguar si el método funcionaría con sus productos era ponerlo en práctica. Programó un taller y reunió una muestra representativa de empleados de ventas, marketing, I+D y finanzas. Como CEO, pensaba que el taller era tan importante para el éxito futuro de la empresa que asistió también él.

Durante el primer ejercicio del primer taller, los participantes usaron la técnica de la multiplicación. Paul y los coordinadores del SIT pensaron que si el patrón de multiplicación había funcionado tan bien en el producto anterior, probablemente era un buen sitio para comenzar en este producto.

Empezaron seleccionando el componente más importante del nivel: el vial con el alcohol y la burbuja. Según nuestra experiencia, eso exigía mucho valor. La mayoría de equipos evitan ir directamente a lo esencial.

Lo que hicieron a continuación, sin embargo, exigía todavía más valor. Pese al hecho de que los niveles de burbuja habían permanecido «nivelados» durante cientos de años, Paul y su equipo multiplicaron el vial y procedieron a modificarlo para que *no* estuviera nivelado. Eso exigía muchas agallas. Después de todo, Kapro fabrica niveles y herramientas con tanto cuidado y precisión que se forma a todos los empleados de la empresa para probar y calibrar un nivel de manera que esté nivelado con precisión, a cero grados. Imagine la cara de la gente cuando pensaron en un nivel donde algunos de los viales de burbuja estaban descentrados. El equipo tenía dificultades para averiguar por qué esto podía ser útil. Al principio, no tenía ningún sentido.

¿De qué servía? Ahora, el equipo de Kapro disponía de un nivel de burbuja con tres viales, cada uno calibrado a un grado diferente: perfectamente llano (a nivel), a un grado y a dos grados. La idea parecía absurda. Pero el Kapro Topgrade Level resultó ser un éxito sin precedentes. (Véase la figura 4.5.)

Figura 4.5

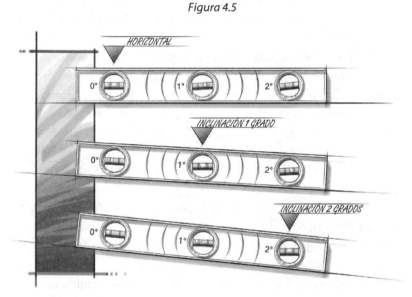

El primer vial está calibrado para mostrar cuándo una superficie es perfectamente plana —la función tradicional del nivel de burbuja—, pero los otros dos lo están para mostrar burbujas centradas cuando se mide una superficie con un desnivel de uno y dos grados, respectivamente.

¿Para qué querría nadie un nivel que muestra cuándo una superficie no está nivelada con un grado tan exacto? Pues resulta que muchas personas necesitan saber cómo «graduar» superficies con precisión. Muchos trabajos de construcción exigen pendientes. Por ejemplo, los suelos de la cocina de un restaurante necesitan una inclinación suave para que el agua del suelo vaya a una zona de desagüe. Sin el nuevo nivel de Kapro, muchos contratistas construyen un suelo y luego lo ponen a prueba tirándole agua encima y esperando que esa agua desagüe en la dirección correcta. Ahora el nivel Topgrade les dice con exactitud en qué dirección y con qué inclinación hacer el suelo.

El concepto de nivelado, con sus cinco mil años de edad, cambió para siempre con una simple aplicación de la técnica de la multiplicación.

En los seis años posteriores al lanzamiento de esta nueva línea de niveles de burbuja, Kapro Industries consiguió un crecimiento interior de más del 25 por ciento al año. Un 20 por ciento de las ventas procedían de productos con menos de dos años de edad. En este periodo de tiempo, Kapro dobló los ingresos y triplicó la rentabilidad. No es un mal rendimiento simplemente por multiplicar un componente de una herramienta básica.

¿TIENE MOSCAS TSE-TSÉ? MULTIPLÍQUELAS HASTA HACERLAS DESAPARECER

Un modo muy efectivo —pero que va en contra de la lógica— de usar la multiplicación es multiplicar el componente más molesto de un problema y luego cambiarlo de forma que solucione el problema. Sí, realmente hacemos *más* de lo mismo que tratamos de eliminar. La clave es duplicar el componente más desagradable e imaginar un escenario en el cual esa copia podría ofrecer características útiles. Dos investigadores usaron esta técnica y revolucionaron el modo en que hoy nos enfrentamos a especies de insectos peligrosos.

Las enfermedades transmitidas por la mosca tse-tsé matan a más de 250.000 personas cada año. Si tienes la suerte de no morir por su picadura, es casi seguro que contraerás la enfermedad del sueño, una enfermedad horrible que hace que el cerebro de la víctima se hinche, además de sufrir otros síntomas dolorosos y debilitadores. Las personas que contraen esta enfermedad se sienten confusas y angustiadas. Pierden la coordinación física y experimentan alteraciones graves en sus ciclos de sueño. Los que la padecen están tan fatigados que suelen dormir todo el día, pero permanecen despiertos por la noche con insomnio. Si no se trata, la enfermedad del sueño hace que las víctimas se deterioren mentalmente hasta que caen en coma y al fin mueren. Las moscas tse-tsé han acosado a los habitantes de la Tierra desde hace millones de años. Sin embargo, un sencillo acto de multiplicación puede borrarlas de toda una región en menos de un año.

La historia empieza en los años treinta. Raymond Bushland y Edward Knipling, dos científicos del Departamento de Agricultura de Estados Unidos, en Menard, Texas, buscaban un medio para eliminar al gusano barrenador que estaba devastando los rebaños de ganado en todo el Medio Oeste. Querían hacerlo sin recurrir a rociar con productos químicos mortales a las vacas tanto de carne como lecheras. A principios de los años cincuenta, estos insectos costaban 200 millones de dólares anuales a los ganaderos de vacas lecheras y de carne. Como sucede con la mayoría de técnicas de este libro, el problema no se habría resuelto sin romper algún tipo de fijación, en este caso la fijación funcional. Hasta que Bushland y Knipling unieron sus fuerzas, la capacidad de los científicos para pensar con creatividad se veía frustrada por la idea fija de que cuando los insectos machos se aparean con insectos hembra producen crías. Esto significaba que, desde el punto de vista de erradicar la enfermedad, el apareamiento se considerara un fenómeno puramente negativo.

Bushland y Knipling dieron vueltas a esta idea en la cabeza. Multiplicando los machos, pero —de nuevo, un aspecto crítico de la multiplicación— cambiando una característica clave de un modo nada obvio, transformaron los gusanos barrenadores en una fuerza letal contra su propia especie. La solución era elegante y engañosamente sencilla. Bushland y Kipling esterilizaron a

153

un grupo de barrenadores macho. Luego soltaron a esos machos estériles en la zona interior de Estados Unidos. Naturalmente, cuando esos barrenadores se apareaban, no producían crías, y su población iba disminuyendo de forma constante año tras año. Gracias a la técnica de esterilización de insectos de los dos investigadores (la SIT, por sus siglas en inglés) —no confundir con el SIT (Pensamiento Inventivo Sistemático)—, en 1982 Estados Unidos había eliminado al gusano barrenador por completo. Ahora se usa la misma técnica para atacar a otras especies de insectos que amenazan al ganado, la fruta, las hortalizas y las cosechas. Puesto que la SIT no usa productos químicos, no deja residuos y no tiene ningún efecto en especies que no son el objetivo, se considera que es respetuosa con el medio ambiente.

Pero volvamos a las moscas tse-tsé. Los habitantes de la isla africana de Zanzíbar llevaban siglos padeciendo los estragos de la enfermedad del sueño. Los científicos usaron la SIT para multiplicar una mosca tse-tsé macho decenas de miles de veces. Luego modificaron estas «copias» irradiándolas y esterilizándolas, y las introdujeron entre la población general de moscas. Como las hembras tse-tsé sólo se aparean una vez en su ciclo vital, los machos estériles impidieron eficazmente que se reprodujeran. Cuando las moscas tse-tsé más viejas morían, las generaciones sucesivas se volvían más y más pequeñas, hasta que desaparecían por completo. En unos meses, el reino del terror de las moscas tse-tsé había llegado a su fin.

¿Dice usted que *multiplicar* es sólo una palabra elegante para decir copiar? ¿Se pregunta si es algo creativo? En 1992, se concedió a Bushland y Knipling el prestigioso Premio Mundial de Alimentación en reconocimiento a su extraordinario logro científico. Orville Freeman, que fue secretario de Agricultura de Estados Unidos, proclamó que su investigación y la técnica de esterilización de insectos resultante fue «el mayor logro entomológico del siglo xx».

¿TIENE UNA SOLUCIÓN? CÓPIELA Y DESTRÓCELA

En el ejemplo de la mosca tse-tsé, los científicos tomaron un componente «malo», lo multiplicaron y lo transformaron en un agente del bien. La multiplicación también puede usarse del modo contrario. Se elige un componente «bueno» —uno que sea esencial para el éxito de un producto, servicio o proceso—, se multiplica y se transforma en algo sin valor. Lo crea o no, usar la multiplicación de esta manera le ayudará a reconocer y aprovechar oportunidades para crear e innovar.

Imagine que es un estudiante que se va a presentar a un examen importante. ¿Cuál es el componente más relevante de cualquier pregunta de un test? Para usted, el estudiante, la respuesta es obvia: ¿cuántos puntos consigue si da una respuesta correcta?

Ahora imagine que elabora un examen, pero cambiando los puntos que otorga a las respuestas correctas a ciertas preguntas: uno, cinco, diez o cero. Demencial, ¿verdad? ¿Por qué se molestaría nadie en contestar preguntas que no lo recompensarán con puntos si da la contestación correcta?

La única respuesta lógica es, por supuesto, si los estudiantes no saben qué preguntas son las «ficticias».

Si fue a la universidad es probable que hiciera el SAT Reasoning Test. Este examen es la llave de entrada a las universidades de Estados Unidos. Las apuestas son extraordinariamente altas. A los alumnos con las mejores puntuaciones se los admite en las escuelas más prestigiosas. Los que lo hacen mal quizá no consigan entrar en ningún programa acreditado.

Una organización no lucrativa, llamada College Board, diseña, administra y puntúa el SAT. El College Board está comprometido con la excelencia y —lo más importante— con la equidad en la educación. Su máximo reto es presentar una oferta constante de exámenes nuevos, un año tras otro. Los estudiantes caerían enseguida en la cuenta si se diera el mismo test cada año. Las puntuaciones mejorarían de forma continua y los resultados estarían sesgados. Las universidades dejarían de confiar en el SAT para decidir la admisión.

Crear nuevas preguntas para un test no es difícil. El College Board emplea a cientos de profesionales con un alto nivel de educación para que investiguen y los preparen. El principal reto es evaluar la *validez* de las nuevas preguntas, comparadas con las usadas en exámenes anteriores. Las universidades quieren un examen de entrada que sea uniforme de año en año. Una puntuación de 1.500 en el SAT de 2011 debería significar lo mismo que 1.500 en el de 1999 o en el de 2030. Esto es lo que se quiere decir cuando se afirma que el SAT es un examen *estandarizado*. El College Board podría contratar empleados para que respondieran a las preguntas que se someten a revisión, claro. Pero aunque esa solución podía dar resultado a corto plazo, a la larga fracasaría. Cualquier examinando «profesional» llegaría a ser más competente conforme más tiempo estuviera empleado en ese menester. Su puntuación mejoraría constantemente. Ése sería uno de los problemas. Otro sería la inevitable rotación de personal cuando los examinandos se quemaran, los promocionaran o se retiraran, lo cual sesgaría, más si cabe, los resultados, ya que los conocimientos de los examinandos variarían. El College Board no podría comparar legítimamente los exámenes SAT de años diferentes porque variarían demasiado.

Así pues, ¿cómo mantiene el College Board un test estandarizado a lo largo del tiempo? Usa a los propios e involuntarios alumnos. Si ha hecho el examen, es probable que no se diera cuenta de que algunas de las preguntas no valen nada y que su puntuación no subió si las respondió de manera correcta. Se trata de las preguntas «experimentales» o sin puntuación del SAT. El College Board las incluye para que usted lo ayude a determinar lo apropiado de esas preguntas para futuras versiones del test.

Los estudiantes que se presentan al SAT no tienen modo alguno de saber qué preguntas se puntuarán y cuáles no. Están obligados a prestar la misma atención a todas las preguntas. De los 225 minutos que tienen para completar el examen, aproximadamente 25 estarán dedicados a contestar estas preguntas de valor cero.

Multiplicar las preguntas del test, pero cambiando a cero el valor de algunas, ayuda al College Board a averiguar con una certeza casi total qué resultado obtendrá cada pregunta —es decir, el porcentaje de alumnos que la responderán de forma correcta— cuando salga «viva» en un test futuro. La versión viva de la pregunta puede ser modificada un tanto, sin afectar su grado de dificultad ni su validez.

Desde que el College Board presentó esta solución inspirada en la multiplicación, otras organizaciones encargadas de elaborar exámenes en todo el mundo han adoptado la misma sencilla técnica. Ahora maestros y profesores pueden producir exámenes uniformes y justos sometiéndolos a una prueba previa, tal como hace el College Board.

Como hemos visto, la multiplicación es usada todo el tiempo por empresas de todo tipo y tamaño. Veamos unos ejemplos de cómo esta técnica particular ha dado como resultado unos avances verdaderamente creativos.

CREAR UN ORINAL PERFECTO

Villeroy & Boch es uno de los principales fabricantes mundiales de cerámica. La empresa diseña y fabrica bellos objetos llenos de estilo, como una vajilla digna del Papa (literalmente), copas de champán y figuritas coleccionables, además de productos funcionales como los váteres. La compañía, de 265 años de antigüedad, se enorgullece de su historia de innovación y alienta a los empleados a que imaginen e inventen de nuevo, constantemente, incluso sus productos más básicos y antiguos.

En 2005, la compañía reunió un equipo transfuncional de empleados destacados de los departamentos de marketing, I+D y finanzas de todas sus empresas. Dio instrucciones a este grupo para que creara una idea, nueva y atrevida, de un inodoro que ofreciera a los clientes de todo el mundo más valor que el diseño tradicional. Después de aprender las herramientas y principios fundamentales del Pensamiento Inventivo Sistemático, los miembros del grupo empezaron aplicando la técnica de la multiplicación. Primero, crearon una lista de todos los componentes de un inodoro de cerámica tradicional:

1. Taza de cerámica
2. Cisterna
3. Tubería de toma de agua (entre la cisterna y la taza)
4. Asiento
5. Borde de la taza
6. Sifón (abertura al fondo de la taza)
7. Desagüe
8. Agua

El siguiente paso fue seleccionar uno de esos componentes —uno esencial— para multiplicarlo y modificarlo de un modo que no fuera obvio. El equipo seleccionó la tubería de toma de agua, sin la cual el inodoro no funcionaría. El equipo imaginó multiplicarlo para transformar el diseño tradicional con una sola tubería en otro con cuatro. La tubería única había sido el estándar del sector desde hacía cientos de años porque lo único que se necesitaba era llevar agua a la taza. A continuación, los miembros del equipo tenían que idear un sistema para *modificar* los tubos, de forma que cada uno fuera diferente.

Figura 4.6

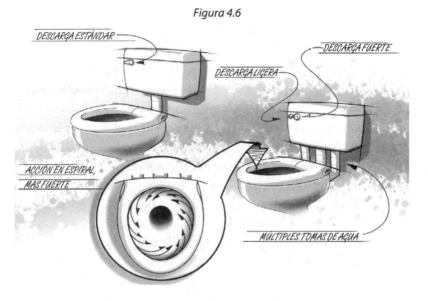

Cómo medida preliminar, pensaron en una lista corta de características de la tubería que podrían cambiarse:

- Longitud
- Diámetro
- Posición
- Color
- Grosor del material
- Tipo de material
- Dureza del material

De esta lista, seleccionaron el diámetro, lo cual significaba que cada tubería tendría un ancho diferente. Ahora tenían que averiguar cómo estas tuberías de tamaño diferente harían que el inodoro funcionara mejor.

A los empleados de una compañía que hacía inodoros desde 1748, esto les parecía una situación ridícula. La actitud general era: «¿Para qué diablos quieres múltiples tomas de agua desde la cisterna cuando una tubería grande cumple con la tarea a la perfección?» (¿Recuerda la fijación?)

Sin embargo, con el estímulo de los coordinadores del SIT Ralph Rettler y Ofer El-Gad, el equipo persistió. El siguiente paso fue decidir qué añadiría de valor al mundo una taza con cuatro tuberías, si es que añadía algo. Aquí es donde el equipo dio un gran paso adelante: al doblar el número de tuberías, cada una con un diámetro diferente, podía diseñar un inodoro que distinguiera entre descargas ligeras y fuertes. Esto ayudaría a que los hogares y las empresas usaran menos agua para conseguir los mismos resultados: arrastrar los desechos fuera de la taza, dejándola llena de agua limpia. Dependiendo de la cantidad de desechos que hubiera en la taza, el usuario seleccionaría un botón para una descarga fuerte u otro para una descarga ligera. El beneficio era ahorrar una cantidad importante de agua. Era un buen principio para el proyecto, a pesar de que ya existían ideas parecidas.

Después de que le recordaran que tenían cuatro tubos, no dos, para trabajar, el equipo amplió la idea. ¿Y si cada tubo variara en longitud, además de en diámetro? Si se rodeaba el perímetro de la taza con múltiples tuberías, el inodoro podía lanzar cortas ráfagas de agua desde todas partes. Estas ráfagas de agua interactuarían para crear una acción en espiral antes de que el agua fuera expulsada por el desagüe. El beneficio de esta innovación era que los desechos sólidos desaparecerían de modo más eficaz y dejarían menos residuos en la taza.

El equipo continuó adaptando y refinando la idea fundamental para crear un inodoro nuevo por completo: el Omnia GreenGain. El nuevo invento representaba un hito en la reducción del consumo de agua. Es el primer inodoro montado en la pared que emplea sólo 3,5 litros de agua por descarga, lo que ahorra 2,5 litros, o un 40 por ciento del agua usada en los sistemas convencionales. Cuando el usuario necesita una descarga menor, al apretar el botón económico usa sólo 2 litros de agua. Además, la descarga funciona mejor, gracias a los (múltiples) tubos colocados estratégicamente.

En 2009, el Omnia GreenGain ganó el premio a la innovación en la Feria Internacional de Saneamiento y Calefacción de Fráncfort, Alemania, la feria más importante del sector.

LA MULTIPLICACIÓN HACE QUE TE VEAN

La sabiduría común dice que «la nariz sabe», una referencia a la idea de que es capaz de detectar e identificar un olor. Para muchas especies de animales, el sentido del olfato es vital para sobrevivir, ya que lo usan para percibir la presencia de depredadores peligrosos y de posibles parejas. Aunque el sentido del olfato de los humanos no está tan desarrollado como el de algunos animales, es igual de importante para la vida diaria, y nos ayuda a detectarlo todo, desde qué hay para cenar hoy a la presencia de un gas tóxico en la habitación.

Sin embargo, aunque la nariz sabe, también tiene sus límites. En los casos en que el olor persiste, nuestro cerebro cierra el «sensor de olor» de la nariz. Una vez «habituados» a ese olor, no nos vemos obligados a percibirlo de manera continuada. Probablemente, se habrá dado cuenta de que deja de saborear el gusto de un chicle después de mascarlo un rato. Es verdad, el sabor del propio chicle se debilita al mascarlo, pero esta falta de sabor se debe sobre todo a que ya no lo olemos: la nariz ha dejado de enviar información sobre él al cerebro. (Buena parte del «sabor» de la comida procede de su olor.)

Lo mismo pasa cuando entramos en un coche nuevo y nos llega una vaharada de ese «olor a coche nuevo». Después de conducir un rato, ya no lo olemos. Los receptores de la nariz desconectan ese olor hasta que salimos del coche y damos a la nariz la oportunidad de «reponerse». Luego, cuando volvamos a entrar, podremos oler el coche de nuevo.

Que la nariz (en realidad el cerebro) funcione de esta manera crea un problema para cualquier empresa que elabore productos en los que el olor es importante. Compramos más de esos productos de lo que podríamos darnos cuenta. Los cosméticos, perfumes, detergentes para la ropa y productos de higiene entran dentro de esta categoría, igual que los alimentos y las bebidas. Eche una mirada alrededor de su casa y quizá se sorprenda de la cantidad de productos que tienen un olor definido. El reto es, claro, conseguir que los usuarios sigan «sensibilizados» al buen olor de nuestro producto.

Éste es el desafío al que se enfrentó un equipo de marketing de Procter & Gamble, cuando quiso crear nuevos conceptos para la familia de productos Febreze. Los miembros del equipo habían escuchado, recientemente, una conferencia de Jacob, que acababa de aparecer en *The Wall Street Journal* como una de las diez personas que era probable que cambiaran el mundo. El equipo decidió probar un taller de innovación usando el nuevo método. ¿Daría resultado con los productos de P&G? En concreto, ¿podría ayudar al equipo a extender la marca Febreze a otras categorías, en especial una en la que P&G estaba interesada: los ambientadores? (Los productos ambientadores esparcen aromas por su casa, para tapar olores desagradables, como los procedentes de mascotas o del humo de los cigarrillos, o sencillamente para que la vivienda huela mejor en general.)

Amnon Levav y Yoni Stern volaron a Cincinnati para trabajar con un equipo de quince ingenieros y expertos en marketing de P&G. Su misión era generar ideas novedosas para nuevos productos que combinaran las dos categorías de ambientación: un perfume agradable y el control del olor.

La dirección impuso al equipo un límite importante. Cualquier nueva idea que se generara tenía que ir ligada de forma específica al eslogan de la muy popular marca Febreze, que es «una ráfaga de aire fresco». En la práctica, todas las ideas tenían que ser «febrezizadas».

El equipo empezó con un ambientador corriente, de la clase que se enchufa en una toma eléctrica y difunde cada cierto tiempo un perfume específico, como lavanda o pino, para que la estancia huela bien. Usando la técnica de la multiplicación, el equipo hizo una lista de los componentes clave: el perfume líquido; el contenedor; la carcasa; el enchufe y el elemento de calor eléctrico. El equipo seleccionó el contenedor. Siguiendo las instrucciones de los coordinadores, hicieron una copia y crearon un aparato enchufable que tenía no uno, sino dos depósitos separados para contener el perfume líquido. Entonces tenían que modificar la copia de un modo significativo. Era bastante obvio: hacer que en cada uno hubiera un perfume diferente. Pero ¿por qué esto iba a ser valioso? ¿Cómo funcionaría? ¿Por qué querrían los consumidores dos perfumes diferentes en la misma unidad? ¿Quizá para seleccionar uno u otro, cambiándolos según desearan? ¿Quizá para mezclarlos?

Entonces se les ocurrió. ¿Y si la unidad enchufada «expulsaba» un olor diferente en momentos distintos para que la nariz lo detectara una vez que se hubiera acostumbrado al primer perfume? La unidad podía repetir el proceso continuamente, y expeler olores alternativos a intervalos de tiempo fijos. El aparato engañaría a la nariz (y al cerebro) de quien estuviera en la habitación, pues haría que cada olor se notara más a lo largo del día.

Mejor todavía, el equipo veía un enlace obvio con la marca Febreze: llenar el segundo depósito con Febreze líquido, conocido por sus propiedades de lucha contra los olores, mientras el primero contenía el tradicional perfume ambientador. Este producto sería la combinación perfecta: desodorizaría y también aromatizaría el aire. El calentador de aceite del producto haría que los dos perfumes complementarios se alternaran todo el día, lo que garantizaría que el usuario pudiera oler realmente el producto que había comprado. Ningún competidor tenía nada parecido.

DENTRO DE LA CAJA

Al equipo le encantó la idea. Varios meses después, la compañía lanzó el nuevo producto. ¿Su nombre? Febreze NOTICEable («perceptible»). El producto tuvo tanto éxito que casi dobló la cuota de mercado de P&G en la categoría de ambientadores. Este ejemplo demuestra un sencillo pero poderoso aspecto de la multiplicación. Observe que, con el doble de líquido, se consigue *más* que doblar la vida útil del aparato. Al modificar el componente copiado, se logra un efecto multiplicador.

CÓMO USAR LA MULTIPLICACIÓN

Para sacar el máximo partido de la técnica de la multiplicación, hay que seguir los cinco pasos siguientes:

1. Haga una lista de los componentes internos del producto o servicio.

2. Seleccione un componente y haga copias del mismo. (Si no está seguro de cuántas, elija un número arbitrario.)

   a. Para ese componente, haga una lista de sus atributos. Los atributos son las características del componente que podrían cambiar, y pueden incluir color, lugar, estilo, temperatura, el número y tipo de personas involucradas, etcétera.

   b. Modifique uno de los atributos esenciales de las copias. «Esenciales» significa que el atributo está directamente asociado con lo que hace el componente. Asegúrese de cambiarlo de un modo que no sea obvio ni lógico.

3. Visualice los nuevos (o modificados) productos o servicios.

4. Pregúntese: ¿cuáles son los posibles beneficios, mercados y valores?, ¿quién querría este producto o servicio modificado, y por qué lo encontraría valioso? Si está tratando de solucionar un problema específico, ¿cómo puede ser de ayuda abordar ese reto en particular?

5. Si decide que el nuevo producto o servicio es valioso, pregúntese: ¿es viable?, ¿puede crear realmente este nuevo producto o realizar este nuevo servicio?, ¿por qué o por qué no?, ¿hay algún modo de refinar o adaptar la idea para hacer que sea más práctica?

Una meta común de la innovación es hacer que un producto, servicio o proceso sea más conveniente. A lo largo de este libro, damos ejemplos de cómo se pueden utilizar unas técnicas individuales con este propósito. Veamos algunos casos de cómo se aplicó la multiplicación con éxito para hacer que un producto o servicio fuera fácil de usar.

GAFAS BIFOCALES. Benjamin Franklin inventó las gafas bifocales para quienes tienen a la vez hipermetropía y miopía, pero no quieren llevar dos pares de gafas. Lo hizo multiplicando los cristales de unas gafas tradicionales de lejos (para la miopía). Luego modificó las copias de los cristales originales por otros que permitían ver de cerca (para la hipermetropía) e incrustó versiones más pequeñas de ellos en la parte inferior de los cristales para ver de lejos, de forma que el usuario pudiera ver objetos cercanos mirando hacia abajo.

El invento tuvo éxito porque ponía el componente multiplicado en el lugar donde más ayudaba al usuario. Colocar la segunda lente en la parte inferior de la principal es conveniente porque solemos enfocar los ojos hacia abajo cuando miramos objetos que tenemos cerca, como libros o fotografías. El cristal que necesitamos está justo donde lo necesitamos.

LA CINTA ADHESIVA DE DOBLE CARA. La sustancia pegajosa de la cinta tradicional de una cara es el componente principal del producto. Al multiplicarlo y luego modificarlo, la corporación 3M creó un artículo absolutamente innovador y muy práctico. El cambio, claro, es que la sustancia adhesiva está en ambos lados de la cinta. Aunque el cambio de lugar (a la parte de arriba de la cinta) no es tan significativo, creó una nueva solución para usar la cinta. La molesta alternativa a este invento —algo que muchos hemos hecho— es coger un trozo de cinta de un solo lado, doblarla sobre sí misma para que los extremos se peguen y luego aplanarla para crear una cinta de doble cara. La cinta de doble cara de 3M es mucho más fácil de usar.

BOMBILLAS DE TRES INTENSIDADES. Como indica el nombre, estas bombillas ofrecen el equivalente de tres en una. Según giramos el interruptor de una lámpara, cada clic sucesivo hace que la bombilla dé más luz. Los usuarios pueden controlar cuánto quieren iluminar una estancia, además de cuánta energía consume la lámpara. La bombilla de tres intensidades sigue el patrón de la multiplicación. La bombilla tradicional tiene un único filamento; la de tres intensidades tiene dos. Y después de multiplicarla, también se ha cambiado el filamento extra de un modo importante: en el vataje. Un filamento tiene vataje bajo (digamos 25 vatios) y el segundo un vataje más alto (50 vatios).

Veamos cómo funciona. Cuando instalamos una bombilla de tres intensidades en una lámpara, usamos el botón estándar de encendido para pasar de una opción de luminosidad a otra. Si lo giramos una vez, la electricidad va al filamento de 25 vatios y lo enciende. Si lo giramos una segunda vez, activamos la electricidad en el filamento más brillante de 50 vatios y, simultáneamente, desconectamos el filamento de 25 vatios. Al girarlo una tercera vez, iluminamos ambos filamentos a la vez, consiguiendo una luminosidad combinada de 75 vatios. Una bombilla de tres intensidades es, en realidad, dos bombillas en una misma carcasa. El doble de filamentos dobla la producción efectiva (la luz) y, por ello, su valor para el usuario.

Un aspecto útil de un enfoque de «interruptor de control» a la multiplicación tal como se ve en la bombilla de tres intensidades es que se puede cambiar la función fácilmente de uno a otro de los componentes multiplicados. En otras palabras, no debemos considerar el control simplemente como un interruptor de encendido-apagado. Eso sería sucumbir a la fijación funcional.

Antes bien, el usuario puede elegir entre las diversas opciones del modo que más convenga a sus necesidades.

HIPOTECAS PARA LA VIVIENDA. Imagine que es un prestamista y quiere ofrecer más opciones a sus posibles clientes. Haga una lista de todos los componentes clave de un préstamo: principal, tipo de interés, plazo del préstamo, pagos, garantía, etcétera. Ahora seleccione un componente secundario, uno que sea una parte esencial del servicio, pero no la principal. En este caso, supongamos que la suma del préstamo es el componente principal y el tipo de interés es el secundario. Multiplique el tipo de interés. Ahora modifique la copia para ofrecer más opciones al cliente. Los bancos lo hacen ajustando otros cargos, como las comisiones por apertura de préstamos, y compensando el cambio en los tipos de interés. Los usuarios pueden elegir, entre una gran variedad de paquetes de hipoteca, uno que se ajuste a su presupuesto mensual.

RIESGOS COMUNES EN EL USO DE LA MULTIPLICACIÓN

Como sucede con las otras técnicas que describimos en este libro, para conseguir resultados debemos usar la multiplicación de forma correcta. Veamos cómo evitar los riesgos más comunes:

- **No se limite a añadir algo nuevo a un producto o servicio.** Muchas empresas caen en la trampa de añadir nuevas características a un producto para eclipsar a sus competidores. La adición *no* es una de las cinco técnicas de nuestro método. Limitarse a añadir componentes no nos dará el efecto multiplicador. Las compañías que confían en la adición como medio de innovar suelen ser culpables de una «inflación de características». Al contrario de lo que dice la sabiduría convencional, añadir parafernalia a un producto o servicio —por lo general como reacción al mercado, a la petición de los consumidores o a un producto de la competencia— no es necesariamente una buena idea. Llevada al extremo, esa inflación puede llevar a un artilugio como los dibujados por Rube Goldberg o los grandes inventos de *TBO* (figura 4.7).

167

Figura 4.7

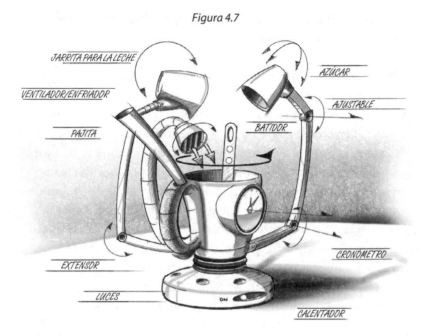

- **Cuando multiplique un componente, cerciórese de modificarlo**. Multiplicar un componente sin hacer ningún cambio causará el mismo tipo de problemas que la adición (simplemente añadirá un nuevo componente). Tendremos más complejidad y más partes en movimiento sin añadir valor. Para volver a nuestro ejemplo de la maquinilla de afeitar, añadirle diez cuchillas no es realmente innovador.

  Se suele cometer este error en particular porque no se empezó por crear una lista de atributos de los componentes. Recuerde, la clave es hacer un cambio en el componente o componentes copiados de un modo que no tenga lógica… al principio. Esto crea el marco para que la función siga a la forma: conectar la, al parecer, extraña configuración a un nuevo concepto innovador y útil.

- **Evite copiar un atributo, sin más**. Creemos que algunas personas tienen dificultades para establecer la diferencia entre componente y atributo. Piense en un componente como una parte de un todo. Normalmente, es algo que se puede tocar, pero no es necesario que sea así. El timbre de un despertador es un componente, aunque no lo podamos ver. El olor de la comida es un componente en un restaurante, pero también es invisible. Un atributo es una característica de un componente o algo que puede variar. Así pues, el sonido de la alarma de un despertador es un componente, mientras que el nivel de decibelios es un atributo de ese sonido. El tipo del olor y su intensidad son atributos del componente «olor de la comida» del restaurante.

- **Trate de hacer múltiples copias de un componente, no sólo una.** Cuando aprendemos la multiplicación por vez primera, tendemos a ir a lo seguro haciendo una única copia de un componente. Esto puede ser una consecuencia de la fijación (tanto estructural como funcional). Empiece multiplicando un componente por dos. Pero para ganar experiencia, practique haciendo múltiples copias. Pruebe con 3, 16, 25,5. Seleccione un número arbitrariamente. ¡Haga que sea raro! Crear estas copias adicionales —cada una de las cuales habrá cambiado de una manera no obvia— ampliará su pensamiento y le abrirá posibilidades nuevas.

MIRE ALREDEDOR EN BUSCA DE OPORTUNIDADES DE MULTIPLICACIÓN

La multiplicación es una herramienta sencilla, pero poderosa, que se puede usar en nuestra rutina diaria. La clave es acentuar la mentalidad de multiplicación para ser más conscientes de lo que nos rodea y, por lo tanto, poder aplicar la técnica de un modo más sistemático y deliberado.

Un colega nuestro, el profesor David Mazursky, utilizaba la multiplicación de un modo maravilloso para cada problema cotidiano al que se enfrentaba. David, uno de los educadores más considerados y generosos que conocemos, se ve asediado una y otra vez por alumnos que quieren verlo para hablar de sus notas, sus exámenes, incluso de su vida amorosa. A veces, estas reuniones se prolongan más de lo necesario. Consciente de la cola de estudiantes que esperan pacientemente a su puerta, David inventó una solución novedosa. Primero multiplicó el número de relojes de su despacho, pasando del único que siempre colgaba de la pared frente a su mesa a dos. Luego puso el segundo reloj en un sitio diferente (el importantísimo cambio en la copia del original): detrás de él, en la pared que quedaba frente a los estudiantes. Además, adelantó ese reloj veinte minutos sobre el tiempo real. Cosechó un resultado fantástico. Era más probable que los alumnos abreviaran la reunión si pensaban que iban a llegar veinte minutos tarde a su siguiente clase.

Bien, *eso* sí que fue pensar dentro de la caja, ¿verdad?

5

TRUCOS NUEVOS PARA PERROS VIEJOS: LA TÉCNICA DE LA UNIFICACIÓN DE TAREAS

Dejamos de ver aquello que nos resulta familiar.

ANAÏS NIN

La paciente del doctor Steven Palter rompió a llorar. No era debido al agudo dolor que le recorría el abdomen —después de años de padecerlo estaba acostumbrada—, sino de puro alivio. El especialista en fertilidad de la Universidad de Yale había identificado con exactitud el origen físico del dolor pélvico crónico (DPC) de su paciente. «¡Ya lo tenemos! —exclamó eufórico y, de inmediato dejó de presionar sobre aquel punto del abdomen—. ¡Y no lo habríamos encontrado sin usted!», dijo a la mujer. Desde hacía años, ella vivía en una constante agonía, que le impedía dormir, tener un trabajo o mantener aunque sólo fuera algo parecido a una vida familiar normal.

Después de que la paciente y el doctor Palmer, juntos, identificaran el lugar y origen del dolor, el médico hizo un «mapa del dolor consciente». Inmediatamente después, usó ese mapa para guiar su operación quirúrgica. Empleó un láser para extraer con precisión el tejido dañado que no podía ver a simple vista y liberó, por fin, a la mujer de los interminables desplazamientos de un médico a otro, de las pruebas de diagnóstico y de los tratamientos fracasados.

El doctor Palter y su paciente se habían embarcado en una nueva clase de cirugía llamada mapeo del dolor consciente. Era el *paciente* quien, como miembro del equipo quirúrgico, identificaba la zona de la patología.

Esta paciente en particular había tenido muchísima suerte de haber encontrado al doctor Palter. Aunque un 20 por ciento de mujeres padecen DPC en algún momento de su vida —y una de cada diez son enviadas al ginecólogo debido a esta dolencia—, sólo se diagnostica con acierto un 60 por ciento de casos. Son todavía menos los casos que se tratan con éxito. La mayoría de personas que sufren este dolor ven sus vidas alteradas irrevocablemente debido a su gran intensidad, y muchas tienen que hacer frente a la depresión además de a la angustia física.

Hace mucho que el DPC frustra a los médicos. Aunque algunos sospechan que pueden causarlo factores como la endometriosis y el síndrome del intestino irritable, siempre ha sido difícil hacer un diagnóstico definitivo. Un tejido al parecer dañado demostraría ser benigno y viceversa. Y sin ese diagnóstico, el DPC es imposible de tratar.

O lo era. Hasta que el doctor Palmer tuvo una idea.

Antes de su innovación, la laparoscopia era el procedimiento de referencia como herramienta de diagnóstico. Este sistema entraña insertar una pequeña cámara de vídeo a través de una reducida incisión en la pared abdominal de la paciente, para conseguir una visión interna de sus ligamentos, trompas de Falopio, intestinos delgado y grueso y paredes pélvicas, más la parte superior del útero, o fondo uterino. Pero dado que, con frecuencia, el DPC se produce en un tejido que parece normal, a menudo no se puede detectar a partir sólo de elementos visuales (un color equivocado, unas manchas o una textura inusuales, etcétera). Por lo tanto, los resultados de la laparoscopia son, en el mejor de los casos, ambiguos, pueden ser una pérdida de tiempo y, en el peor, llevan a la eliminación de tejido normal que ni siquiera es responsable del dolor.

El doctor Palter decidió mapear de manera sistemática el interior del abdomen de una paciente, tocando físicamente un punto tras otro hasta que ella sintiera dolor. Una vez aislado ese punto, podía retirar mediante cirugía el tejido problemático, y poner fin al sufrimiento de la paciente de una vez por todas. Lo que hace que el sistema del doctor Palmer sea extraordinario es que lo pone en práctica con la paciente *despierta* y alerta en la mesa de operaciones. La laparoscopia suele realizarse bajo anestesia general, que deja completamente inconsciente a la paciente, de forma que el médico tiene que interpretar lo que descubre sin su información. Dado que el DPC es una dolencia que se siente más que se ve, esto siempre ha perjudicado a los médicos. Al usar la reacción del propio paciente como ayuda para el diagnóstico, el doctor Palter solucionó un problema médico que había desconcertado a los facultativos durante generaciones.

¿Por qué pasó tanto tiempo antes de que a alguien se le ocurriera la idea? Ahora la solución del doctor Palmer parece casi absurdamente obvia. No creó ninguna tecnología nueva. Ni se benefició de ningún medicamento innovador ni aplicó los descubrimientos de estudios de investigación recientes. Dio este salto creativo usando tan sólo herramientas e ideas ya existentes.

Resulta que el logro del doctor Palmer es un ejemplo perfecto de la cuarta herramienta de creatividad. La llamamos unificación de tareas. Como sucede con las demás técnicas, ésta nos permite ser creativos, de forma automática y sistemática, reduciendo —o limitando— las opciones que tenemos para solucionar un problema. Sencillamente, forzamos a una característica (o componente) ya existente de un producto o proceso a trabajar más haciendo que asuma responsabilidades adicionales. Unificamos tareas que, antes, funcionaban de modo independiente unas de otras. En el nuevo tratamiento del doctor Palmer para el DPC, por ejemplo, la paciente es, a un tiempo, paciente y herramienta de diagnóstico. Como unificó dos tareas —pues exigía a la paciente que se sometiera al procedimiento y que ayudase a detectar el origen de su dolor abdominal—, consiguió un avance creativo mientras permanecía dentro de la proverbial caja.

HA TRABAJADO USTED PARA *THE NEW YORK TIMES* (SIN SABERLO)

Lo habrá experimentado docenas, si no cientos, de veces. Antes de que le permitan entrar en un sitio web, debe teclear unas palabras escritas con una letra extraña y distorsionada dentro de una caja.

El doctor Luis von Ahn, profesor del Departamento de Ciencia Informática de la Universidad Carnegie Mellon, estima que la gente descifra una escritura así más de 200 millones de veces al día. Él debería saberlo. Fue quien inventó el sistema. Captcha, así se llama, protege las webs exigiendo a los visitantes que hagan un simple test que los humanos pueden aprobar, pero los ordenadores no. De hecho, Captcha es el acrónimo de Completely Automated Public Turing Test to Tell Computers and Humans Apart (Prueba de A. Turing pública y totalmente automática para diferenciar máquinas y humanos). Exige que los visitantes del sitio web interpreten el texto de forma correcta y tecleen las letras precisas antes de poder entrar en el sitio.

Captcha no está libre de fallos. Las palabras son elegidas al azar y, de vez en cuando, aparece una que es fácil malinterpretar. A una mujer que quería inscribirse en el servicio de correo electrónico de Yahoo! le dieron la palabra *WAIT* (esperar). La tomó de manera literal. Sólo después de esperar frente a la pantalla, que permanecía inalterable, durante veinte minutos, envió un mensaje al servicio de ayuda de Yahoo! pidiendo asistencia. Podría haber sido peor: Captcha envió a otro usuario la palabra *RESTART* (reiniciar).

Figura 5.1

Pese a estos inconvenientes menores, Captcha ha demostrado ser infinitamente útil para los propietarios y gestores de sitios web que quieren impedir que el correo basura generado por ordenador o los virus informáticos invadan sus dominios.

Tomemos Ticketmaster. Vende millones de entradas para acontecimientos deportivos, musicales y artísticos. A los revendedores les encantaría hacerse con los mejores asientos de la casa para los espectáculos más destacados y revenderlos a un precio mucho mayor, con fuertes beneficios. Si pudieran, tomarían al asalto el sitio web de Ticketmaster y comprarían miles de entradas para acontecimientos populares en el momento en que se pusieran a la venta. Aunque Ticketmaster ha tratado de evitar los abusos limitando el número de entradas que cualquier cliente puede comprar a la vez, los revendedores encontraron la manera de saltarse las reglas elaborando programas de ordenador capaces de parecer personas reales, entrar en el sitio web y comprar entradas. Con un sistema automatizado para realizar miles de ventas en un minuto, los revendedores se apuntaban muy buenos tantos a expensas tanto de Ticketmaster como de los compradores corrientes, que acababan con asientos menos deseables o tenían que pagar más por los buenos.

Captcha cambió todo eso. Sólo los humanos pueden interpretar las letras distorsionadas y conseguir entrar en el sitio web de Ticketmaster. Sí, exige un cierto tiempo y esfuerzo —unos diez segundos— descifrar y teclear las letras de Captcha. Pero Ticketmaster, igual que los administradores de cientos de miles de otros sitios web, están infinitamente agradecidos a Von Ahn por su invento. A pocos usuarios de la web les molestan esos diez segundos cuando se enteran de los beneficios que obtienen en forma de mayor seguridad y precios justos en artículos de mucha demanda como las entradas de un concierto.

Son pocas las personas, aparte de las de dentro del sector, que saben que Von Ahn tiene buenas razones para estarles agradecido a ellas. Es un secreto a voces en el mundo *online* que Von Ahn aprovecha los cientos de millones de respuestas al test Captcha para conseguir un objetivo, que puede decirse que es más útil para la sociedad que frustrar a los revendedores de entradas: escanear y digitalizar todos los libros del mundo.

La mayoría no se da cuenta, pero sus respuestas a Captcha sirven a dos propósitos. Además de demostrar a los sitios web que no son máquinas, los usuarios descifran palabras difíciles de leer de viejos textos impresos. Cuando teclean las palabras en la casilla que aparece en la pantalla, están transformando el contenido impreso en una forma digital. Es un ejemplo perfecto de la unificación de tareas, pues asigna una nueva tarea a un recurso ya existente.

Digitalizar libros viejos es un arduo trabajo incluso con las actuales máquinas modernas de escanear y los potentes ordenadores. La precisión del escaneo sigue siendo mala, en especial debido a la gran variedad de fuentes y la mala calidad de la impresión de muchas de las publicaciones más antiguas. Von Ahn escribió un programa, llamado reCaptcha, que introduce las palabras que los escáneres informáticos no pueden leer en el programa Captcha, el cual, a su vez, se las presenta a los visitantes de un sitio web para que las descifren. Importantes sitios web, como Yahoo! y Facebook, usan reCaptcha, y Von Ahn entrega el programa, gratis, a cualquiera que lo quiera. ¿Funciona? Los resultados son, por decirlo en una palabra, increíbles. Los internautas corrientes están ayudando a transcribir el equivalente de casi 150.000 libros al año, una tarea que, de lo contrario, exigiría 37.500 empleados trabajando a jornada completa. Entre otros logros, reCaptcha ha ayudado a digitalizar los archivos impresos completos de *The New York Times*, que se remontan a 1851.

Esto, igual que el nuevo sistema de diagnóstico pélvico del doctor Palter, es unificación de tareas en su mejor expresión.

A Von Ahn se le ocurrió la idea después de calcular cuánto trabajo humano era necesario para completar los tests de Captcha. «Hice un cálculo rápido de que la gente resuelve Captchas alrededor de doscientos millones de veces al día —explica—. Así que si se necesitan diez segundos para solucionar uno, eso significa cincuenta mil horas de trabajo al día. No dejaba de preguntarme para qué podía usarse ese esfuerzo.»

El doctor Von Ahn no se detuvo en reCaptcha. Dice que, si pudiera, cosecharía más beneficios intelectuales, económicos y sociales de cada momento de cada vida del planeta.

«Quiero hacer que la humanidad entera sea más eficiente, explotando ciclos humanos que se desperdician», confiesa Von Ahn. Y como cada vez más seres humanos utilizan Internet, la sociedad tiene el potencial de aprovechar lo que él llama «una unidad de procesamiento a gran escala, extremadamente avanzada».

Las posibilidades son tremendas, afirma Von Ahn. Por ejemplo, su última empresa, Duolingo, es un esfuerzo por traducir toda la web a las principales lenguas del mundo. Hoy, las palabras de la web están escritas en cientos de idiomas, pero más de la mitad lo están en inglés. Esto hace que la web resulte inaccesible a la mayoría de la población del mundo, en especial a los que viven en regiones que experimentan un rápido desarrollo, como China y Rusia.

Una vez más, la solución de Von Ahn entraña la unificación de tareas. Mil millones de personas de todo el mundo están aprendiendo una lengua extranjera. Millones de ellas usan un ordenador. Si usan Duolingo, aprenden otra lengua y, al mismo tiempo, traducen textos de un modo muy parecido a como lo hacen Captcha y reCaptcha: mediante el encargo del trabajo adicional de traducción a personas que ya están realizando otra tarea. Von Ahn calcula que, si un millón de personas usaran Duolingo para aprender español, toda la Wikipedia se podría traducir al español en sólo ochenta horas.

Von Ahn piensa constantemente en cómo «unificar las tareas» de la especie humana. «Todavía no pensamos bastante a lo grande —reflexiona—. Pero si tenemos a todas esas personas haciendo una pequeña parte, podríamos hacer algo demencialmente grande para la humanidad.»

HAZ QUE TODO SEA TAN SENCILLO COMO SEA POSIBLE, PERO NO MÁS SENCILLO

Esto lo dijo Albert Einstein y es uno de los aspectos que hay detrás de la unificación de tareas. La unificación de tareas es atractiva precisamente porque es tan sencilla y fácil de utilizar. Consideremos el CEO de un prestigioso hotel de Nueva York que ha viajado dos veces a Seúl, en Corea del Sur, en un año. Las dos veces se alojó en el mismo hotel. Cuando llegó la segunda vez, el recepcionista lo saludó amable: «¡Bienvenido, señor! ¡Es un placer volver a verlo!». El CEO se quedó impresionado. Decidió que quería que su personal recibiera a los huéspedes del mismo modo.

Al volver a Nueva York, consultó con especialistas que le recomendaron que instalara cámaras equipadas con un *software* de reconocimiento facial. Las cámaras fotografiarían a los huéspedes, compararían la cara de cada uno con fotos de huéspedes anteriores y alertarían al recepcionista si el cliente que llegaba ya había estado allí antes. El coste de ese sistema, sin embargo, alcanzaba la pasmosa suma de 2,5 millones de dólares. El CEO pensó que era un precio demasiado alto y abandonó la idea. No obstante, decidió que la próxima vez que fuera a Seúl, descubriría el secreto del hotel. En su siguiente visita, después de ser recibido con cordialidad como un huésped fiel una vez más, preguntó, casi avergonzado, cómo funcionaba el sistema de reconocimiento de los clientes. La respuesta del recepcionista fue maravillosamente simple: el hotel tenía un acuerdo con los conductores de taxis. Mientras recorrían la distancia del aeropuerto al hotel, los conductores charlaban con los pasajeros y, como sin darle importancia, les preguntaban si ya se habían alojado en aquel hotel antes.

«Si es así, los taxistas ponen el equipaje a la derecha del mostrador —confesó el recepcionista con una sonrisa traviesa—. Si es la primera vez que alguien viene al hotel, ponen el equipaje a la izquierda. Por este servicio, pagamos al taxista un dólar por huésped.» En lugar de instalar un caro sistema informático para saber si alguien se había alojado allí con anterioridad, el hotel usaba un sistema de unificación de tareas para mejorar el servicio al cliente, con un coste muy bajo.

CÓMO FUNCIONA LA UNIFICACIÓN DE TAREAS

Como ya hemos mencionado, la unificación de tareas entraña asignar una tarea (o función) adicional a un componente (o recurso) ya existente de un proceso, producto o servicio. Ese componente puede ser interno o externo, siempre que permanezca dentro del Mundo Cerrado. Recuerde que un recurso interno es el que está bajo nuestro control. Si fabricamos ordenadores personales, los componentes internos incluyen el teclado, la pantalla, las unidades de disco y el procesador. Los componentes externos incluyen al usuario, la lámpara encima de la mesa junto al

PC, la propia mesa, incluso la taza de café de la que el usuario bebe de vez en cuando.

La tarea adicional que asignamos a un componente puede ser nueva, como vimos cuando Von Ahn dio a los usuarios de la web la labor de transcribir libros digitalmente (al utilizar re-Captcha) además de la tarea Captcha original de demostrar que eran seres humanos. También se puede asignar una tarea que ya existía en el Mundo Cerrado, pero que antes era realizada por otro componente. Cuando el doctor Palter reasignó la tarea de diagnosticar el origen del dolor abdominal trasladándola de un instrumento quirúrgico al paciente, eligió esta segunda ruta. La clave es que el componente realice su nuevo «trabajo» además del original. Esto es lo que hace que los resultados sean tan nuevos y contrarios al sentido común.

TRES MANERAS DE APLICAR LA UNIFICACIÓN DE TAREAS

Podemos valernos de la unificación de tareas para solucionar problemas en el Mundo Cerrado de tres maneras diferentes. A continuación, ilustraremos cada una de ellas utilizando ejemplos del mundo real. Cuando los lea, pregúntese si podrían habérsele ocurrido estas (o parecidas) ideas.

Metodología para la unificación de tareas n.º 1:
Externalización, o hay una aplicación para hacerlo

Cuando Steve Jobs, CEO de Apple, presentó el iPhone en enero de 2007, muchos observadores dijeron que el panorama de los teléfonos móviles había cambiado para siempre. El iPhone combina tres productos —un teléfono móvil, un iPod de pantalla ancha con controles táctiles y un aparato de comunicaciones por Internet— en un aparato pequeño y ligero que cabe en la mano. «El iPhone es un producto revolucionario y mágico que está, literalmente, cinco años por delante de cualquier otro teléfono móvil —afirmó Jobs en aquel momento—. Todos nacemos con el artilugio definitivo para señalar (los dedos) y el iPhone los usa para crear la interfaz de usuario más revolucionaria desde el ratón.» Jobs se refirió a la interfaz del usuario como revolucionaria. No estamos de acuerdo. Quizá le sorprenda saber que, de hecho, no fue la interfaz del iPhone, ni su ingenioso diseño, ni cómo combinaba múltiples funciones, lo que hizo —y continúa haciendo— que el aparato fuera un éxito clamoroso y un auténtico salto adelante. Por el contrario, fueron las aplicaciones del iPhone (llamadas comúnmente *apps*) —o, en concreto, como se crearon y vendieron esas *apps*— las responsables de darle la vuelta al mercado de los aparatos móviles y proporcionar a Apple una ventaja competitiva que la lanzó años por delante del resto del sector.

Conscientemente o no, Apple ha usado con éxito la unificación de tareas del primer modo: asignando una tarea que antes se realizaba en el interior (crear aplicaciones para su *hardware*) a un componente externo (gente fuera de Apple y de su tradicional red de vendedores independientes de *software*).

Una *app* es un programa de *software* diseñado para que un dispositivo móvil realice una función o servicio específicos. Una *app* popular de iPhone, por ejemplo, es el juego Angry Birds. Otra es Urbanspoon, que ayuda a los dueños de iPhones a localizar restaurantes basándose en una serie de elementos, entre ellos la etnicidad, el precio y la localización concreta.

Apple creó un puñado de *apps* fundamentales para ofrecer a los usuarios de iPhone una funcionalidad básica fuera de la caja. Pero luego Apple hizo algo extraordinario. Cedió el trabajo de crear otras *apps* al resto del mundo. Hizo públicos ciertos aspectos del diseño del iPhone y proporcionó kits de *software* para desarrolladores (llamados SDK, por sus siglas en inglés) a cualquiera interesado en intentar crear *apps*, y ello inspiró a un ejército de programadores independientes, aficionados, estudiantes, empresas no tecnológicas, organizaciones sin ánimo de lucro y, en especial, a consumidores entusiastas a construir un ecosistema *app* en torno al iPhone. Anteriormente, Apple confiaba en programadores profesionales —los cuales, de manera habitual, trabajaban para vendedores independientes de *software* (VIS)— para que confeccionaran las aplicaciones, tanto personales como profesionales para sus ordenadores Macintosh. VIS como Microsoft, Intuit, Symantec y otros prosperaban ofreciendo aplicaciones a los usuarios tanto de Mac como de PC.

El modelo iPhone de Jobs es algo por completo diferente. Las decenas de miles de aplicaciones que añaden una funcionalidad tan variada y rica al dispositivo están siendo desarrolladas, en gran medida, por los usuarios comunes y corrientes. Muchos negocios que están fuera del sector tecnológico —Starbucks, Expedia, incluso Comcast y Sears— han creado aplicaciones para mejorar el servicio a su base de consumidores, que cada vez tiene más movilidad.

Apple también presentó un medio innovador para distribuir estas llamadas «aplicaciones de terceros» a los clientes de iPhone. Visitando la Apple App Store *online*, los usuarios de iPhone podían mirar, buscar, comprar y descargarse de forma inalámbrica esas aplicaciones directamente en sus iPhones (y en sus iPod Touches y, más tarde, en sus iPads). Los programadores fijaban los precios de sus aplicaciones —algunas con un coste de cientos de dólares, muchas de ellas gratuitas— y se quedaban el 70 por ciento de los ingresos por ventas. Apple se hacía cargo del coste de todos los trámites de las tarjetas de crédito, hospedaje del sitio, infraestructura y gestión de derechos digitales (DRM, por sus siglas en inglés) derivados de gestionar la Apple Store. Hoy día es posible encontrar cientos de miles de aplicaciones descargables, de las cuales sólo veinte han sido creadas por Apple.

En retrospectiva, la estrategia de Apple para garantizar que los usuarios de iPhone tuvieran mucho donde elegir entre una amplia oferta de aplicaciones variadas parece obvia. No obstante, para valorar lo novedoso e innovador que era, pensemos en otros objetos físicos de nuestra propiedad. ¿Cuántas de estas posesiones pueden ser mejoradas, ampliadas, incluso totalmente transformadas mediante la adquisición de nuevas funciones? Imaginemos un horno microondas al cual se le pudieran añadir docenas de nuevas funciones. Digamos que un fabricante de microondas creara un horno que fuera capaz de conectarse sin cable a Internet y se integrara sin problemas en Facebook. Cada vez que encontráramos una receta que nos gustara, la subiríamos a nuestra página de Facebook, pulsaríamos el icono del microondas y la receta sería enviada a todos los microondas de nuestros amigos. En ese momento, sus hornos podrían cocinar patatas gratinadas del mismo modo delicioso que nosotros.

Gracias a las aplicaciones creadas por tantas personas y organizaciones independientes de todo el mundo, somos dueños de pocas cosas tan versátiles como nuestro teléfono inteligente.

Y, del mismo modo que Steve Jobs utilizó la unificación de tareas para crear el ecosistema de creación de aplicaciones para el iPhone, muchas de las propias aplicaciones surgieron cuando la gente utilizó intuitivamente la unificación de tareas a fin de solucionar problemas comunes. Por ejemplo, muchos de los primeros usuarios del iPhone usaban la pantalla encendida para iluminar lugares oscuros: para no tropezar en su dormitorio cuando se levantaban por la noche o abrir la puerta de casa cuando se olvidaban de dejar encendida la luz del porche. No pasó mucho tiempo antes de que un programador emprendedor creara la aplicación de linterna para iPhone, en una solución clásica de la unificación de tareas que añadía una nueva (la linterna) a un componente ya existente (la pantalla del iPhone). Otros usuarios descubrieron que podían sustituir un espejo por el iPhone si usaban la cámara del teléfono para fotografiarse la cara. Hoy, cualquiera puede descargar la aplicación «espejo» que añade la nueva tarea (la imagen) a un componente ya existente (la cámara). La cámara produce una imagen de la cara del usuario tal como se reflejaría en un espejo de verdad. Casi todos los competidores se apresuraron a copiar el modelo de Apple. Ahora, no nos parece nada extraordinario descargarnos aplicaciones en el teléfono mientras estamos en el supermercado, en el trabajo o en el autobús. Pero allá en el año 2007, la idea del App Store era algo revolucionario.

Metodología para la unificación de tareas n.º 2:
Sacar el máximo partido de nuestros recursos internos ya existentes

> No tenemos el dinero, así que tenemos que pensar.
>
> Sir ERNEST RUTHERFORD, ganador del Premio Nobel en 1908

No hay duda de que John Doyle conoce el teatro. A lo largo de sus treinta años de carrera, ha puesto en escena más de doscientas producciones profesionales en todo el Reino Unido y Estados Unidos, la mayoría con pequeñas compañías de teatro regionales. A principios de los años noventa, mientras trabajaba en un teatro así en la Inglaterra rural, al director escocés se le ocurrió un modo innovador de producir musicales que gustaran a mucha gente con un presupuesto diminuto. Es considerablemente más caro poner en escena un musical que una obra de teatro tradicional, debido sobre todo al coste de contratar a los músicos. Pero Doyle eliminó ese exceso de coste cediendo la responsabilidad del acompañamiento musical a los actores. En escena los actores se desdoblaban en instrumentistas.

Esto, por supuesto, era una unificación de tareas clásica usando el segundo camino a la implementación: tomar un recurso interno existente, que ya forma parte del Mundo Cerrado (en el caso de Doyle, sus actores) y asignarle una nueva tarea (tocar el acompañamiento musical) que, tradicionalmente, era realizada por otro recurso interno (los músicos). Ésta es la técnica que el doctor Palmer usó para tratar a su paciente de DPC.

Doyle escenificó con discreción su producción de *Sweeney Todd*, en 2004, en el Watermill Theatre, de Newbury, Inglaterra. Pero cuando se corrió la voz sobre su puesta en escena y reparto únicos, el espectáculo pasó con rapidez al West End londinense y, por último, a Broadway.

Al principio, el público y los críticos de Estados Unidos se mostraron escépticos. Acostumbrados a producciones de Broadway, de alta tecnología y muy caras, que alardeaban de decorados complicados y orquestas de veinticinco músicos, se quedaron atónitos cuando se levantó el telón para dejar al descubierto un escenario vacío, con sólo diez actores, sentados en sillas (unos actores que se desdoblaban para hacer su propio acompañamiento). Durante el entreacto, se oía que los espectadores comentaban en voz alta: «¡Cómo se atreven a hacer esto!»

Doyle explicó en una entrevista que no se había propuesto cambiar las reglas. «La intención nunca fue un "Queremos eliminar la orquesta". Surgió de que no podíamos permitirnos contratar una orquesta"», declaró. No obstante, verse limitado por la falta de dinero resultó ser una bendición: comprendió que tenía la oportunidad de ampliar la capacidad del público para dejar en suspenso su incredulidad. «Quiero decir, no es habitual que estés sentado sosteniendo una bebida en una mano y un contrabajo entre las piernas —manifestó—. Eso no se da demasiado en la vida real. Así que es como si le pidiera al público que emprendiera un viaje que va más allá de su preconcepción de lo que es la vida real.» Dado que Doyle siempre había estado interesado en explorar la relación entre los actores y el público, dijo que le gustaba haber creado «una abstracción de la realidad» que ofrecía una experiencia única a los espectadores.

Doyle llevó a cabo un gran avance creativo y su método del «actor-músico» de escenificación de musicales causó oleadas de asombro por todo el panorama teatral internacional. Los directores de otros teatros regionales cortos de dinero comprendieron que podían emular su estilo personal para poner en escena musicales importantes que fueran asumibles por su presupuesto y lo bastante audaces como para entusiasmar a los públicos más de vuelta de todo.

Doyle ganó un Premio Tony en 2006 al mejor director por su producción con actores-músicos de *Sweeney Todd*, y otro a la Mejor Reposición Musical por su producción con actores-músicos de *Company*. Ampliamente aclamado como reinventor del musical de Broadway, Doyle cree que su método de usar actores-músicos resultó ser mucho más que un simple ejercicio de cicatería. «Haré historias que quiero contar y las contaré del modo apropiado al momento. Lo que no haré es usar esta técnica sólo para hacer un teatro barato», afirmó.

Metodología para la unificación de tareas n.º 3: De dentro afuera
La tercera y definitiva manera de usar la unificación de tareas es hacer que un componente interno se encargue de la función de un componente externo en un Mundo Cerrado. En la práctica, el componente interno «roba» la función del componente externo.

Cinco universidades del Reino Unido se reunieron y crearon un medio para que la gente añadiera historias a sus objetos más preciados. Esos objetos entrañables tienen la tarea adicional de relatar sus historias a otros. Así, las generaciones futuras comprenderán mejor el pasado de las reliquias de una familia. Incluso podrán seguir la pista de esas reliquias después de haberlas transmitido a la siguiente generación. Estos objetos también podrán poner al día de su progreso a los anteriores propietarios a través de la publicación actualizada en Twitter.

Este proyecto se llamó Tales of Things e incluye tanto una aplicación de *software* como un servicio *online* que nos permite comunicar y seguir la «historia vital» de los objetos personales.

Tales of Things añade valor a la vida de las personas de dos maneras: Primero, tenemos el medio para dar más trascendencia a nuestras posesiones. Segundo, cuando damos más importancia a los objetos que son ya parte de nuestra vida, es posible que la familia y los amigos se lo piensen dos veces antes de tirar algo a la basura y que, en cambio, le encuentren nuevos usos.

Veamos cómo funciona. Se fotografía un objeto y se le añade un código QR, lo cual facilita que cualquiera pueda escanearlo usando un teléfono inteligente o cualquier otro dispositivo móvil y conocer, de inmediato, su historia, también leer anécdotas, sugerencias o consejos sobre él y añadir sus propias notas, fotos, vídeos o archivos de audio. (Pruébelo con la figura 5.2. ¡Funciona!)

Figura 5.2

¿Para qué sirve? Imagine que su abuelo le da un martillo antiguo que lleva generaciones en la familia. Sus tatarabuelos lo usaron para construir su casa. Su bisabuelo lo usó para clavar el armazón de la cama con dosel donde todavía duermen sus padres. Usted atesora ese objeto y, más todavía, el hecho de que con él su abuelo le dio una historia escrita del martillo, una historia que los miembros de la familia han ido conservando con cuidado durante más de cien años. El tiempo pasa. Usted usa el martillo para construir una casa de juguete para sus hijos, una casita para su querido perro de raza golden retriever y para otros trabajos. Al igual que sus antepasados, se toma el tiempo de escribir para sus hijos todas las historias especiales relacionadas con el martillo. Luego, se lo da a su hijo. También le da la historia escrita —para entonces, ya tiene doscientas páginas— y le pide que continúe con la tradición. Tales of Things hace que esta clase de legado sea, no sólo posible, sino fácil.

Tales of Things usa la unificación de tareas según el modo tercero y último: tomar una tarea (registrar y transmitir anécdotas de la familia respecto al martillo) que antes eran realizadas por un componente externo (los antepasados) y asignársela a un componente interno (el propio martillo). De hecho, el componente interno roba la tarea al componente externo.

Los fundadores de Tales of Things tienen grandes planes para el futuro. Están especialmente interesados en que las empresas se unan al proyecto. Creen que las compañías podrán usar su servicio para que los clientes participen a un nivel más profundo de lo que ahora es posible. Los consumidores pueden compartir, unos con otros, sus opiniones y sugerencias sobre los productos. Los sectores con unos mercados secundarios dinámicos —digamos los automóviles o el equipamiento industrial— podrán documentar el ciclo de vida de un coche o un taladro de mesa determinados.

INNOVAR «INTANGIBLES» USANDO LA UNIFICACIÓN DE TAREAS

Sí, la unificación de tareas puede generar ideas para nuevos productos. Pero también puede ayudarnos a crear o mejorar procesos y servicios.

Tomemos la formación. Podría decirse que formar empleados, en especial los que tienen cometidos fundamentales, es una de las funciones más importantes dentro de una empresa. Los grandes fabricantes de bienes de consumo envasados o las compañías farmacéuticas, por ejemplo, dependen de decenas de miles de vendedores muy entrenados y motivados, en todo el mundo, para gestionar las cuentas existentes y conseguir más negocio. En conjunto, las empresas de todo el mundo gastan más de cien mil millones de dólares al año en formación y desarrollo de los empleados.

Una de las razones de que esos costes sean tan altos es que las destrezas y conocimientos de los empleados deben refrescarse de forma continuada. Por supuesto, a los nuevos empleados se les da formación cuando son contratados. Pero necesitan una preparación adicional cuando la compañía lanza nuevos productos o servicios, cuando las herramientas que usan para su trabajo evolucionan o cuando los organismos gubernamentales instauran nuevas normas o regulaciones. ¿Cómo pueden las organizaciones mantenerse al corriente de todo?

¿Recuerda a Lynn Noonan, del capítulo 3? Creó el programa de formación para los vendedores de Johnson & Johnson responsables de vender complicados instrumentos médicos a los cirujanos de todo el mundo. J&J quiere que sus vendedores estén en el terreno de juego, no en el aula. Por ello, el trabajo de Lynn tropieza con limitaciones de tiempo. Sufre una presión constante para incluir más información en sesiones de formación cada vez más cortas. Lynn decidió probar un ejercicio de unificación de tareas para ver si se le ocurrían algunas ideas de formación innovadoras. Después de reunir a un variado equipo de colegas de diversos departamentos de la empresa —ventas, marketing, recursos humanos, educación médica y calidad—, llamó a los coordinadores del SIT Nurit Cohen y Erez Tsalik a fin de que dirigieran una sesión de ideación para la unificación de tareas.

Ellos empezaron pidiendo al equipo que hiciera una lista de los componentes del Mundo Cerrado del programa de formación de ventas de J&J. La lista incluía lo siguiente:

- Vendedores veteranos
- Vendedores nuevos
- Productos
- Aulas
- Tecnología
- Formadores
- Plan de estudios
- Plan de las lecciones
- Clientes (el único componente externo)

A continuación, el equipo analizó de qué modo cada componente de la lista podía ocuparse del trabajo adicional de la formación de vendedores, además del que ya realizaba. Lynn seleccionó tres componentes que le parecieron prometedores:

- «**Los nuevos vendedores** son responsables de la formación de nuevos vendedores».
- «**Nuestros productos** son responsables de la formación de nuevos vendedores».
- «**Nuestros clientes** son responsables de la formación de nuevos vendedores».

El equipo consideró cada concepto. Lynn ya había puesto a prueba la primera idea —hacer que los nuevos contratados se formaran unos a otros— organizando ejercicios de juego de roles entre iguales durante las sesiones de formación básicas. Lynn reflexionó sobre si realmente valía la pena llevar adelante esta idea. Aunque útil, no era en verdad nueva, ya que los juegos de rol eran algo básico en los programas de formación de muchas corporaciones. ¿Había, quizás, otras maneras de que los aprendices de ventas pudieran enseñar a otros aprendices? ¿Se podía dar a alguien recién contratado una formación acelerada para que enseñara una parte del plan de estudios al resto de la clase? ¿O esto sería perder un tiempo de formación precioso? Decidió dejar esta idea de lado y estudiar las otras dos.

¿Qué había del segundo concepto, el de usar los productos de J&J para formar a nuevos vendedores? El equipo barajó algunas ideas para una nueva línea de productos quirúrgicos capaces de formar a los representantes de ventas. Estos aparatos serían como los auténticos, pero también podrían emitir archivos de audio con instrucciones sobre cómo usarlos correctamente. Lynn pensó que era una buena idea, pero ¿era viable? ¿Podría el equipo de I+D de J&J hacer que funcionara? ¿Era siquiera posible implantar un dispositivo de audio, como el MP3, en un instrumento quirúrgico de forma que pudiera «hablar»? En ese caso, ¿cuánto costaría diseñarlo y construirlo? Al final, Lynn y el equipo llegaron a la conclusión de que poner en práctica esta idea exigiría un extenso desarrollo tecnológico —que exigía tiempo— y podría ser prohibitivamente caro.

Lynn puso la última idea sobre la mesa. ¿Que los clientes formaran a los vendedores? El equipo protestó de inmediato. «¡Es a ellos a los que se supone que nuestros representantes tienen que vender!», exclamaron. La mayoría quería descartar la idea sin más.

Si le parece que detecta un fenómeno de fijación funcional, tiene toda la razón. Los miembros del equipo pensaban que los clientes sólo podían actuar como tales y que tratar de asignarles un papel diferente era absurdo.

Los miembros del equipo procedentes del Departamento de Ventas Corporativas se mostraron especialmente reacios. Preguntaron:

—¿Por qué querrían los clientes ir a un aula de J&J y enseñar a nuestros vendedores? ¿Qué beneficio sacarían de hacerlo? A la mayoría de usuarios les molestan las visitas comerciales. No disponen de tiempo extra en sus horarios. Puede que piensen que es un truco, que lo que único que intentamos es venderles algo más. Lynn alentó a todos a pensar más críticamente.

—¿Cómo sería que nuestros clientes formaran a nuestros vendedores? —inquirió—. Finjamos que ésta es nuestra única opción y que tenemos que hacer que funcione.

Al oír esto, los miembros del equipo provenientes del Departamento de Educación Médica expresaron su preocupación. Algunos se sentían amenazados ante la idea de que los clientes —que eran cirujanos practicantes— pudieran usurpar algunas de sus responsabilidades y hacer que parecieran unos miembros menos valiosos del equipo de formación.

Lynn insistió.

—¿Los clientes tienen algo que enseñarnos que nosotros no sepamos ya? —preguntó.

Los clientes sí que sabían más sobre cómo se usaban realmente los productos de J&J. Sabían más que aquellos que los habían diseñado. También comprendían el verdadero valor de los aparatos, ya que dependían de ellos para realizar intervenciones de vida o muerte. También contaban con más información sobre los productos de la competencia y cómo resultaban los dispositivos de J&J en comparación con los de otras marcas. Y podían advertir a los vendedores de lo que no debían hacer durante las visitas comerciales.

Como beneficio adicional, Lynn comprendía que invitar a los clientes a participar en la formación podría aliviar la carga de trabajo de su ya sobrecargado personal.

Pero Lynn no descubrió el mayor beneficio de involucrar a los clientes en la formación de ventas hasta que puso la idea en práctica: era una estrategia fabulosa de marketing de marca. A los clientes les encantaba participar. Se lo pasaban muy bien visitando las instalaciones de J&J y experimentando de primera mano cómo los vendedores se preparaban para el trabajo de campo. Estar involucrados íntimamente en la formación contribuía a ablandarlos. Se volvieron más cordiales y generosos durante las visitas comerciales y más fieles a la marca J&J.

No obstante, antes de que el equipo de Lynn implementara la idea tenía que solucionar cuestiones logísticas tales como a qué clientes abordar y cómo compensarlos por su tiempo. Y, como sucede con cualquier idea nueva, Lynn tropezó con una cierta resistencia a lo largo del camino. Pero, al final, tanto los vendedores como los clientes estuvieron dispuestos a probar.

Hoy esos clientes —cirujanos practicantes— ayudan a formar a cada nuevo contratado como vendedor de J&J. Como la clase de conocimientos que los clientes traen a la clase no se puede recoger en un manual de formación, el programa ha demostrado ser no sólo eficaz, sino además extraordinariamente efectivo.

El programa tuvo tanto éxito que la dirección de J&J se hizo una pregunta: si los clientes podían formar a los vendedores, ¿sería posible que los pacientes formaran a las enfermeras? La respuesta fue sí.

J&J forma a miles de enfermeras quirúrgicas en todo el mundo para que ayuden a los médicos en una serie de intervenciones médicas. Una es la operación para la pérdida de peso conocida como cirugía bariátrica. Los pacientes ayudan en esa formación. Comparten sus experiencias. Ofrecen información e ideas que no se encuentran en ningún manual. Las enfermeras pueden hacer preguntas tales como qué tal trataron a los pacientes mientras estaban en el hospital y por qué ellos eligieron ese tipo de cirugía. Las respuestas sorprendieron a todo el mundo.

Los pacientes contaron a las enfermeras el momento decisivo que los empujó a acudir a la cirugía para luchar contra su obesidad. Una de las pacientes se echó a llorar al describir que no podía sentar a sus hijos en su regazo. Otra tomó la decisión cuando tuvo que comprar dos billetes de avión para visitar a su familia en Tennessee. Y otra fue espoleada a la acción el día en que no cupo en el asiento de una montaña rusa.

Las enfermeras en formación también experimentaron estos momentos decisivos. Comprendieron que los pacientes tenían dos razones para someterse a la cirugía bariátrica: una razón de «salud» y una razón «vital». Aunque a muchos pacientes les recomendaron la cirugía sus médicos, preocupados por la diabetes, una presión alta y las posibles complicaciones, a muchos de ellos lo que les motivó de verdad para someterse a la operación fue mejorar su calidad de vida: jugar más activamente con sus hijos, sentirse más seguros en su vida profesional, llevar ropa más a la moda. Para ser buenas en su trabajo, las enfermeras necesitaban esta clase de información psicológica, no sólo los conocimientos técnicos y clínicos que suelen impartirse en un programa de formación para enfermeras.

En muchos sentidos, el uso que J&J hacía de la unificación de tareas se parecía mucho a la estrategia de las *apps* del iPhone de Appel. En ambos casos, se asignaba un nuevo trabajo a un recurso ya existente. J&J logró superar la barrera de la fijación funcional dando a los pacientes la tarea de la formación además de su tradicional «trabajo» de someterse a una operación quirúrgica, y acabó innovando y mejorando, de forma espectacular, la calidad de la formación en J&J.

La unificación de tareas es una herramienta versátil. La podemos emplear en una gran variedad de situaciones para generar nuevas ideas de innovación. Es especialmente útil cuando nos vemos limitados en la contratación de recursos externos o la adquisición de nuevas capacidades. La técnica de la unificación de tareas nos obliga a considerar componentes no obvios para solucionar problemas. Hacemos todo lo que podemos con lo que hay disponible.

El patrón de la unificación de tareas también ha solucionado problemas del mundo real: obtener el acceso a agua potable, salvar las poblaciones de las abejas melíferas y comprobar el rendimiento del ejercicio. Vea si puede detectar el uso de la unificación de tareas en las historias que siguen. ¿A qué componente de cada Mundo Cerrado se le dio una tarea adicional?

LA PLAYPUMP

Según la leyenda, Thomas Edison conectó una bomba a su verja de entrada. Sin darse cuenta, las visitas bombeaban agua al interior de la casa cada vez que abrían y cerraban la verja. Si analizamos esta anécdota usando la terminología de la unificación de tareas, diríamos que los invitados de Edison eran un componente externo al que se le asignaba una nueva tarea: bombear agua. Además, la verja era un recurso utilizado para aprovechar la fuerza de las visitas con ese fin.

Sea leyenda o no, la idea tiene en efecto su mérito. Hoy, las escuelas del África subsahariana aplican la energía generada por los niños al hacer girar carruseles al aire libre en la extracción de agua de los pozos. Conozcamos la PlayPump.

El acceso al agua limpia es una necesidad humana fundamental. El PlayPump Water System facilita el acceso al agua en las regiones más áridas del África subsahariana. Instaladas en aldeas rurales cerca de escuelas primarias donde los niños tienen fácil acceso a ellas, las bombas PlayPump recogen agua limpia y potable de fuentes subterráneas y la almacenan en una gran torre de aguas. Desde la torre, se suministra el agua mediante un grifo instalado en el centro del pueblo. Toda la comunidad comparte el agua para beber, cocinar, cultivar verduras y para los servicios de saneamiento.

Los beneficios del agua potable van mucho más allá de su consumo de boca e higiénico. En el África rural, las mujeres y las niñas suelen caminar durante horas cada día para conseguir agua, teniendo que desplazarse, con frecuencia, a zonas peligrosas o a través de ellas. Si tienen una bomba instalada en su aldea, pueden quedarse en casa y cuidar de los niños, conseguir trabajos pagados, asistir a la escuela, cultivar verduras o montar empresas. Como el agua del pozo no tiene que hervirse antes de usarla, los pueblos ahorran unos recursos preciosos como el gas o la leña, y reducen el daño causado al medio ambiente con la quema de combustible. Como es más probable que las familias con acceso al agua potable sean autosuficientes, pues cultivan sus alimentos o pueden llevar pequeños negocios, la PlayPump ha ayudado a numerosos pueblos a reducir el hambre, crear empleos y expandirse tanto social como económicamente.

En este ejemplo, la unificación de tareas se ha usado de dos maneras diferentes. La primera consiste en que, para crear la PlayPump, los niños y el carrusel (ambos componentes externos) hubieron de asumir tareas adicionales. Además de jugar (una tarea tradicional), también bombean agua (una tarea nueva). Pero la unificación de tareas se empleaba asimismo en pagar los gastos de mantenimiento del sistema y para educar a la comunidad en aspectos de salud pública. Los lados del depósito de agua se venden a las empresas locales como espacios publicitarios para promocionar productos y servicios adecuados para un público infantil. Además, exponen anuncios del servicio público sobre higiene, el virus del sida y otras cuestiones relacionadas con la salud. Como sucedió con el éxito teatral de John Doyle en Broadway, la PlayPump fue creada porque los recursos eran escasos. Las dos historias revelan la auténtica belleza de la unificación de tareas: se puede hacer más —con frecuencia, mucho más— con lo que ya tenemos. Y dado que ninguna persona ni organización, por mucha riqueza o éxito que tenga, cuenta con unos recursos ilimitados, éste es un regalo extraordinariamente valioso para todos nosotros.

Figura 5.3

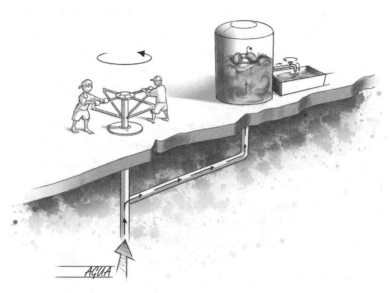

EL GRAN PROYECTO DEL GIRASOL

En 2008, la profesora de biología Gretchen LeBuhn, de la Universidad del Estado de San Francisco, estaba cada vez más preocupada. Su estudio de la población de abejas en Napa Valley, California, mostraba que el número de abejas silvestres especializadas (las que se concentran en polinizar ciertas especies de flores) estaba disminuyendo con celeridad. Se preguntaba si el declive podía ser debido a los extensos viñedos de la zona —Napa Valley es el centro de la región vinícola californiana—, pero necesitaba más datos para estar segura. Le preocupaban en especial las repercusiones a nivel nacional. ¿Sucedía lo mismo en todas partes?

Las consecuencias de que las abejas silvestres especializadas desaparecieran serían muy graves. Uno de cada tres bocados que nos llevamos a la boca existe debido a la «polinización animal», o movimiento de insectos —en particular, abejas— entre las flores. Los polinizadores animales desempeñan un papel esencial tanto en la reproducción de las plantas con flores como en la producción de frutas y verduras. La mayoría de plantas requiere la asistencia de polinizadores para producir semillas y frutos. Alrededor del 80 por ciento de todas las plantas con flor y más de las tres cuartas partes de las plantas de cultivo básicas, como el maíz y el trigo que alimentan a los humanos, dependen de polinizadores animales como las abejas.

Hace ya un tiempo que los estudios científicos indican que las poblaciones tanto de abejas melíferas como nativas ha estado disminuyendo. Científicos como LeBuhn temían que esto dañara la polinización de plantas de jardín, cultivos y plantas silvestres. Si pudieran averiguar más de la conducta de las abejas —si pudieran recoger suficientes datos sobre las abejas en múltiples zonas horarias y lugares geográficos—, quizá podrían idear medios para mantener y aumentar el tamaño de la población de abejas.

Pero ¿cómo se puede seguir la pista a las abejas a tan gran escala? Gretchen tenía un presupuesto de investigación limitado —sólo 15.000 dólares— reunidos por su departamento a partir de varias organizaciones y subvenciones. Aunque volvió a enviar a un alumno a Napa Valley para realizar mediciones adicionales y recuentos de abejas, incluso esto demostró ser demasiado caro y exigir demasiado tiempo, debido a la distancia entre el campus de San Francisco y Napa Valley. Entonces, Gretchen tuvo una idea. Había llegado a conocer bien a varios de los propietarios de viñedos de Napa en el curso de su estudio. ¿Tal vez recogerían los datos para ella? Se lo preguntó y acordaron realizar aquella tarea relativamente fácil. De hecho, aceptaron con tanta rapidez que Gretchen se entusiasmó. Si un ocupado propietario de un viñedo podía contar abejas, cualquiera podía. Puesto que ella misma era una jardinera entusiasta, se preguntó si podría reclutar a dueños de casas con jardín para unirse a su misión.

Primero, tenía que crear un protocolo sencillo y estandarizado para recoger datos de las abejas que cualquiera pudiera seguir. «Girasoles», pensó. Los girasoles son fáciles de cultivar, son autóctonos de los cuarenta y ocho estados continentales de Estados Unidos y, lo mejor de todo, tienen una superficie grande y relativamente plana. Es fácil ver abejas en la superficie de un girasol. Gretchen probó la idea con algunos amigos del conservatorio botánico local. Les dio semillas de girasol, les pidió que las plantaran y regaran y que, cuando florecieran, contaran las abejas durante una hora, en un momento específico del día, cada día. Todos protestaron de inmediato. Aunque estaban dispuestos a ayudar, sus amigos no iban a quedarse mirando los girasoles durante una hora seguida. E, incluso después de haber reducido el tiempo a quince minutos, Gretchen no tuvo noticias de sus voluntarios. Nadie informó de ningún dato. Al final, se puso al teléfono y empezó a hacer llamadas. Lo que oyó la horrorizó. «No te he llamado porque no he visto ninguna abeja», le decían sus amigos.

Alarmada, Gretchen decidió dar un empujón al experimento, al que llamó Great Sunflower Project. Creó un sitio web y halló voluntarios enviando correos electrónicos a un pequeño número de coordinadores del programa Master Gardener en unos cuantos estados del sur. A su vez, ellos distribuyeron su petición a través de sus redes. Al cabo de veinticuatro horas, Gretchen tenía 500 voluntarios. Al acabar la semana, tenía 15.000 ofertas de ayuda. Al final, el sitio web dejó de funcionar debido a la respuesta abrumadora.

La innovación mediante la unificación de tareas de Gretchen —asignar una tarea interna (recogida de datos) a un recurso externo (jardineros domésticos)— era todo un éxito.

Hoy el Great Sunflower Project tiene más de 100.000 voluntarios que cuentan abejas e informan de sus descubrimientos *online*. Gretchen usa los datos para mapear polinizadores; los servicios de polinización los usan para determinar qué abejas prosperan y dónde necesitan ayuda.

Gretchen ha hecho que la estructura del experimento siguiera siendo simple. Cada año, un día específico de mediados de julio o agosto, los voluntarios salen a su jardín y ven si hay abejas. Durante quince minutos, cuentan el número y el tipo de abejas que aterrizan en sus girasoles. Anotan sus observaciones *online*. Y ya está, hasta el año siguiente. Pero, por pequeño que sea el papel que desempeña cada voluntario, cada información se acumula hasta acabar siendo un rico fondo de datos de investigación. Con tantas decenas de miles de personas contribuyendo desde todo el país, los investigadores han creado mapas nacionales de las poblaciones de abejas silvestres especializadas, que les ayudan a determinar cuándo y dónde concentrar sus campañas de conservación.

«Simplemente mediante ese paso de quince minutos, estos científicos ciudadanos contribuyen a salvar a las abejas —relata LeBuhn—. Es extraordinario que todas esas personas diferentes estén dispuestas a participar, a ayudar y que estén interesadas en hacer que el mundo sea un lugar mejor.»

¿Se acuerda de la historia de Captcha y reCaptcha? El uso que LeBuhn está haciendo de la unificación de tareas recuerda la vasta iniciativa de digitalización de libros de Luis von Ahn. Ambos usan el ingenio humano, una abiertamente y el otro subrepticiamente. Ambos estaban ocupados con una tarea y mientras, además, realizaban otra.

Resulta que los que practican la unificación de tareas están empezando a encontrarse. Mientras asistía a un taller en la National Science Foundation (un organismo federal independiente que promueve la ciencia), Gretchen LeBuhn conoció a una alumna de Von Ahn llamada Edith Law. Ahora, LeBuhn y Law colaboran en un proyecto para aprovechar el *software* de juegos *online* a fin de mejorar la eficacia de los científicos ciudadanos.

Antes de conocerse, Law había empezado a elaborar un programa al que llamaba ESP Game. Aunque parece ser sólo otro juego *online*, el ESP Game, como el Captcha, es un medio ingenioso para aprovechar la energía humana para un fin determinado. En este caso concreto, Law quería conseguir la ayuda de los millones de jugadores apasionados de todo el mundo para ayudarla a identificar y «etiquetar» imágenes de Internet. Una vez etiquetadas, estas imágenes aparecerán cuando hagamos una búsqueda *online* de los términos de la etiqueta. Por ejemplo, la fotografía de un hombre sentado en el banco de un parque podría etiquetarse como «parque», «banco», «sentado», «reflexión», «solitario», etcétera. Cualquiera que tecleara estas palabras en motores de búsqueda como Google vería aparecer esta imagen en la página de resultados.

Los ordenadores todavía no pueden identificar imágenes. Así que Law disimuló lo que habrían sido cientos de horas de trabajo arduo y tedioso bajo el ESP Game.

El juego funciona mostrando una imagen al azar a dos jugadores. Si están en la misma habitación, ambos están frente a la pantalla de su ordenador y ninguno puede ver lo que el otro hace. Por lo general, sin embargo, el ESP Game se juega en la Red; es decir, que los jugadores están en habitaciones, edificios, incluso ciudades o países diferentes. Ambos tratan de adivinar qué es la imagen y teclean sus respuestas en una casilla de la pantalla. Si sus suposiciones encajan, son recompensados con puntos y aparece una nueva imagen para que la identifiquen. El objetivo del juego es alcanzar el consenso sobre tantas imágenes como sea posible. Cuando quiera que los jugadores estén de acuerdo, su respuesta conjunta entra en una base de datos que rastrea las respuestas hasta esa imagen. Cuando un número suficiente de equipos de ESP —cada uno actuando de forma independiente de los demás— introducen respuestas idénticas para una imagen, ésta es etiquetada digitalmente con esa respuesta y publicada *online*. Así, una foto de un roble, una vez identificada como tal, será etiquetada como «roble», lo que hace que sea más fácil descubrirla durante las búsquedas en la Red.

Como se aprovechan del talento para el procesamiento de imágenes de personas de todo el mundo, los científicos pueden asignar etiquetas a imágenes ambiguas con una mayor confianza. ¿Qué fines prácticos resuelve el ESP Game? Acceda a Google y especifique que quiere hacer una búsqueda de «imágenes». Tecleando unas cuantas palabras clave descriptivas conseguirá una amplia lista de imágenes que han sido etiquetadas con esas palabras. Piense en los miles de millones de fotos, dibujos, bosquejos y reproducciones digitales que han sido publicados *online*. Imagine que trata de encontrar una imagen de, digamos, la playa de Lanikai en la isla de Oahu, Hawái, examinando esas imágenes manualmente. Ahora puede saber en unos segundos si la playa de Lanikai sería un lugar agradable para ir de vacaciones con la familia. (Créanos, lo es.) O quizá quiere información sobre un tratamiento médico que su doctor le ha recomendado. Ha leído las descripciones de texto, pero le gustaría ver imágenes reales. Como esas imágenes han sido etiquetadas por los jugadores de ESP Game, las encontrará con facilidad. En muchos sentidos, una imagen vale mil palabras. Las imágenes transmiten información que no podemos conseguir mediante la palabra hablada o escrita.

Law quiere adaptar una versión del ESP Game para formar a los científicos ciudadanos.

«Mi plan es focalizar el juego en el dominio de la ciencia ciudadana; en otras palabras, usar imágenes de proyectos científicos, como los pájaros, las mariposas y las abejas, y hacer que científicos ciudadanos jueguen para aprender a distinguir entre entidades estrechamente relacionadas y otras que se confunden fácilmente —expone—. Esperamos que esto forme a los científicos ciudadanos y reduzca sus errores en el campo. Los datos que recogemos serán también de gran utilidad para la visión por ordenador.»

LeBuhn y Law vieron que algo como el ESP Game podía mejorar la eficacia del Great Sunflower Project. En primer lugar, los voluntarios podían jugar para aprender a distinguir entre abejas macho y hembra o entre diferentes especies de abejas. En segundo lugar, el hecho de que el juego proporcione formación científica gratuita atraería a más voluntarios al Great Sunflower Project. La población de abejas silvestres no fue la única beneficiaria de esta colaboración. Law también está trabajando con la Universidad de Minnesota en el Monarch Larva Monitoring Project. Este proyecto de ciencia ciudadana se sirve de voluntarios de todo Estados Unidos y Canadá para recoger datos a largo plazo sobre las poblaciones de la mariposa monarca en toda Norteamérica.

La unificación de tareas aplicada de esta manera es ya tan común que incluso cuenta con una denominación popular. Es posible que la conozca como *crowdsourcing*. Jeff Howe acuñó el término en su artículo «The Rise of Crowdsourcing», publicado en junio de 2006 en la revista *Wired*. Lo describía como «un modelo distribuido de solución de problemas y producción». Al igual que LeBuhn, muchas empresas y organizaciones —incluidos organismos científicos sin ánimo de lucro— piden a sus comunidades que los ayuden a solucionar problemas. A veces, el mundo entero está incluido en este SOS. Otras, puede tratarse de una comunidad muy pequeña. En muchos casos, las soluciones de *crowdsourcing* son creadas por aficionados o voluntarios que trabajan en su tiempo libre. Esta actividad casi siempre entraña algún tipo de unificación de tareas.

LA INNOVACIÓN A NUESTROS PIES

Los corredores serios son adictos. La mayoría dirán que son menos adictos a los beneficios físicos del ejercicio que a la intensa exaltación y euforia que experimentan después de correr. Desde un punto de vista fisiológico, esta euforia procede de la liberación de la betaendorfina, sustancia química fabricada en el cerebro y activada por el sistema nervioso. Este «subidón del corredor» puede rivalizar con la adicción a las drogas, al alcohol o incluso a la comida (incluso llegar a sustituirlas).

Los corredores serios también se fijan metas. Les importa el rendimiento. Miden lo lejos y rápido que han conseguido correr y controlan sus resultados a lo largo del tiempo para esforzarse más, ir más lejos y más rápido.

Imagine que usa la unificación de tareas para hacer frente a esta sed de mediciones, datos métricos, *biofeedback* y mejora continua. Imagine unas zapatillas que ayudan al corredor a hacer todo esto, además de realizar su tarea habitual.

En 1987, Nike, el gigante del calzado deportivo, introdujo un producto pionero: el Nike Monitor. En tanto que primer intento de la compañía para ayudar a los corredores a monitorizar su rendimiento, fue una idea que llamaba la atención, pero que acabó siendo una decepción comercial. El Monitor era tosco y aparatoso, con dos detectores de sónar integrados en la unidad principal, del tamaño de un libro, que los corredores tenían que sujetarse a la cintura. Los detectores sónar captaban la velocidad del corredor e introducían los datos en un sistema de reconocimiento de voz que «le decía» lo rápido que corría y lo lejos que había llegado. Aunque, cuando lo lanzaron, causó un gran revuelo en la prensa, las ventas fueron mediocres. Nike retiró el Monitor en 1989.

Pero aunque el producto había fracasado, los verdaderos creyentes dentro de la empresa sabían que los corredores seguían deseando un aparato funcional que pudiera captar y registrar información cada vez que corrían. Y las nuevas investigaciones médicas indicaban que esta clase de información podía ser muy útil. Un estudio de 2001, publicado en la *American Journal of Health Behavior*, mostraba que contar con una información personalizada aumentaba la eficacia de los programas existentes para dejar de fumar o beber, y ayudaba a seguir con el régimen de ejercicio. Cuando contaba con unas mediciones tangibles sobre el rendimiento y el progreso realizado en esta clase de iniciativas de salud, la gente mostraba una entrega y una resolución mucho mayores. Por todas estas razones, Nike dejó la idea que había detrás del Monitor en reserva.

Finalmente, casi veinte años después del fallecimiento del Monitor, Nike presentó el Nike+. Diseñado para usarlo con el iPod, el primer producto de la línea Nike+ tenía sólo tres componentes: en los talones de las zapatillas Nike+, especialmente equipadas, había un acelerómetro para medir las zancadas, un transmisor que enviaba información a los iPod del corredor y una batería. Más adelante, Nike puso a la venta modelos que trabajaban con el iPod Touch y el iPhone, y un sistema de pulsera que funcionaba con independencia de los aparatos de Apple.

A diferencia del Monitor, el Nike+ era ligero, discreto y fácil de manejar. El corredor anotaba sus objetivos de distancia en su iPod. Durante la carrera, unos avisos de voz lo informaban de su velocidad, distancia y cuánto más tenía que recorrer para alcanzar su meta. Al final de la carrera, apretaba *Stop* y los datos quedaban guardados en el iPod. La siguiente vez que sincronizaba el iPod, los datos de la jornada se cargaban de modo automático en el sitio web de Nike+, que incorporaba la nueva información al historial personal del corredor. Nike también se beneficiaba de estos datos. Cada vez que un corredor cargaba su información, Nike la añadía a su conocimiento de estudio de mercado. Ahora la empresa sabe que el día más popular para salir a correr es el domingo. También sabe que la mayoría de usuarios de Nike+ corren por la tarde. No es extraño que, después de las vacaciones, el sitio web experimente un aumento enorme en el número de metas que se fijan los corredores. En enero de 2011, los objetivos de los clientes de Nike+ dieron un salto de un 312 por ciento respecto de los fijados en diciembre de 2010.

Nike+ también ha entregado unos datos nuevos interesantes que podrían dar a los profesionales de la medicina herramientas para fomentar una conducta sana. Los corredores que sólo cargan una o dos carreras en el sitio web tienden a no cumplir con un régimen regular de salidas. Pero cuando los usuarios de Nike+

cargan cinco carreras, es estadísticamente más probable que sigan corriendo durante mucho tiempo. Están enganchados a la euforia... y al *feedback* que les proporciona el sistema de Nike+.

Nike usó el modelo de la unificación de tareas para asignar la tarea adicional de llevar el control del rendimiento de los corredores a sus zapatillas deportivas (las cuales, por supuesto, seguían realizando su deber original de proteger los pies del corredor). Ahora Nike está extendiendo la idea del calzado que hace algo más, pues está creando aparatos de monitorización para deportes específicos. El Nike Hyperdunk+ mide la altura, rapidez y potencia con que alguien juega al baloncesto. Imagine qué más podrían decirle sus zapatillas de deporte.

CÓMO USAR LA UNIFICACIÓN DE TAREAS
Para sacar el máximo provecho de la técnica de la unificación de tareas, hay que seguir cinco pasos básicos:

1. Haga una lista de los componentes, tanto internos como externos, que forman parte del Mundo Cerrado del producto, servicio o proceso.

2. Seleccione un componente de la lista. Asígnele una tarea adicional, usando uno de estos tres métodos:

   a. Elija un componente externo y úselo para realizar una tarea que el producto ya efectúe (ejemplo: los desarrolladores de aplicaciones para iPhone).

   b. Elija un componente interno y hágale hacer algo nuevo o extra (ejemplo: los actores-músicos de John Doyle).

   c. Elija un componente interno y haga que ejecute la función de un componente externo, de manera que le «robe» efectivamente su función (ejemplo: las reliquias de Tales of Things conservando la historia de la familia).

3. Visualice los nuevos (o modificados) productos o servicios.

4. Pregúntese: ¿cuáles son los posibles beneficios, mercados y valores?, ¿quién querría esto y por qué lo encontraría valioso? Si está tratando de solucionar un problema específico, ¿cómo puede ser de ayuda abordar ese reto en particular?

5. Si decide que el nuevo producto o servicio es valioso, pregúntese: ¿es viable?, ¿puede crear realmente estos nuevos productos o realizar estos servicios?, ¿por qué o por qué no?, ¿hay algún modo de refinar o adaptar la idea para hacer que sea viable?

RIESGOS COMUNES EN EL USO DE LA UNIFICACIÓN DE TAREAS

Como sucede con las otras técnicas que describimos en este libro, debemos usar la unificación de tareas correctamente para conseguir resultados. Veamos cómo evitar cometer algunos errores corrientes:

- **No «juegue sobre seguro» asignando nuevas tareas sólo a componentes que son obviamente adecuados para ese trabajo.** Alterne entre asignar tareas a componentes que tienen sentido de forma intuitiva y elegir al azar otros componentes de su lista del Mundo Cerrado para que asuman una nueva tarea. Los componentes no intuitivos son mucho más parecidos a trampolines para los avances creativos. ¿Recuerda el hotel en Seúl, Corea del Sur? Reclutaban a los taxistas para que identificaran a los huéspedes que repetían en el hotel, de manera que en recepción los pudieran recibir en consecuencia.

- **Asegúrese de que identifica los componentes obvios del Mundo Cerrado.** Busque los que son tan evidentes que quizá los esté pasando por alto. No permita que la fijación funcional limite su imaginación. Busque ayuda para evitar saltarse cualquier componente. Pregunte a los clientes, por ejemplo, qué ven en el Mundo Cerrado. Puede que lo perciban de manera diferente a como lo hace usted y quizá le ofrezcan ideas que a usted no se le habían ocurrido. Si no es un experto en ese terreno, use motores de búsqueda *online*, como Google, para aumentar su comprensión de los componentes tanto internos como externos. Si busca por «componentes de aviones», por ejemplo, recuperará una rica serie de recursos sobre los componentes internos de ese Mundo Cerrado en particular. Luego imagine a las personas que se relacionan de forma habitual con los aviones —pasajeros, pilotos, controladores aéreos, mecánicos y auxiliares de vuelo, entre otros— para empezar a compilar su lista de componentes externos.

- **No confunda agregar o cambiar funciones con asignar otras nuevas.** Una navaja del ejército suizo es una colección de múltiples herramientas, cada una de las cuales tiene una función separada. De igual modo, un reloj de pulsera multiusos agrupa un cronómetro, un GPS, una brújula, un calendario y una alarma. En ambos casos, aunque los componentes individuales han sido agregados para formar un único aparato, cada uno de ellos continúa realizando su tarea original, sin añadir otra. Esto no es unificación de tareas, sino «agregación de tareas».

- **Aplique la técnica de la unificación de tareas de los tres modos posibles.**

UNIFICACIÓN DE TAREAS: REUTILICE Y RECICLE OBJETOS E IDEAS

La unificación de tareas ofrece a los innovadores un medio para aumentar el valor de sus ideas usando, de maneras nuevas, unos recursos ya existentes en el Mundo Cerrado. Adoptar el modo de pensar de la unificación de tareas abre unas posibilidades casi ilimitadas. Se puede mezclar y combinar con otras técnicas para llevar más lejos las innovaciones de su campo.

Cuando genere ideas nuevas con la sustracción, por ejemplo, piense en los componentes de reemplazo dentro del Mundo Cerrado que pueden asumir cometidos adicionales. De forma parecida, cuando aplique la técnica de la división, dedique un momento a pensar en cómo un componente situado en algún otro lugar podría asumir un cometido adicional, dada su nueva ubicación. Por ejemplo, dividir la pantalla de su ordenador en zonas separadas le permite asignar nuevas tareas adicionales a cada «ventana», como mostrar diferentes aplicaciones de *software*. Cuando use la multiplicación, haga una copia de un componente y luego modifíquelo de tal manera que la copia tenga un nuevo cometido, además del ya existente. Esta manera de pensar dentro de la caja enriquece el valor potencial de cualquier idea creativa.

6

CORRELACIONES HÁBILES: LA TÉCNICA DE LA DEPENDENCIA DE ATRIBUTOS

Si hay un único tema inmutable a lo largo de estas historias independientes es que todo cambia menos el propio cambio.

JOHN F. KENNEDY, discurso pronunciado en la ceremonia de celebración del 90 aniversario de la Universidad de Vanderbilt (Vanderbilt University Stadium, Nashville, Tennessee; 18 de mayo de 1963).

Quizá se pregunte por qué las últimas seis palabras de la famosa frase de Kennedy están impresas con un tipo de letra cada vez mayor. Explicaremos qué demuestra esta decisión de diseño gráfico después de echar una mirada dentro de la caja a uno de los animales más encantadoramente escurridizos de este planeta: el camaleón.

Sí, el humilde camaleón.

Los camaleones son un tipo de lagarto característico y muy especializado. Tienen unos pies raros, como tenazas, unos ojos estereoscópicos que se pueden mover de forma independiente uno del otro, y una lengua larguísima (a veces, el doble de larga que el cuerpo) que pueden sacar y meter en la boca a una velocidad asombrosa. Con su manera única de moverse, balanceándose, su muy larga cola y una cresta o unos cuernos en la cabeza, parecen versiones en miniatura de los temibles lagartos de la prehistoria. De hecho, este cazador extremadamente especializado ha sobrevivido a millones de años de evolución. Sin embargo, el principal rasgo reconocible del camaleón es su famosa habilidad para cambiar de color a fin de mimetizarse con su entorno. (En realidad, esto se limita, únicamente, a un puñado de especies de camaleón.) Dependiendo de las circunstancias concretas de un momento dado, el camaleón puede ser rosa, azul, rojo, naranja, verde, negro, marrón, amarillo, turquesa, púrpura o incluso una mezcla todavía más exótica de colores. Esta última característica es, claro, la razón de que el nombre de la criatura se haya convertido en una metáfora apta, aunque usada en exceso, para describir a alguien que se puede confundir con lo que le rodea a voluntad. Precisamente porque el color de la piel del camaleón depende del color de lo que hay a su alrededor, es el vehículo perfecto para demostrar nuestra quinta técnica del Pensamiento Inventivo Sistemático: la dependencia de atributos.

Para comprenderla, primero es preciso entender que en muchos productos y procesos, algunos elementos, componentes o pasos *dependerán* de otros. Cuando algo cambia, otra cosa cambia también.

Por ejemplo, piense en la diferencia entre el camaleón y la mayoría de especies: dos cosas de la naturaleza que suelen ser independientes una de la otra —el color del entorno físico y el color de un animal— en el camaleón están relacionadas o son interdependientes. Esta interdependencia no la veremos, digamos, en un perro. Los perros no cambian de color según donde estén. El perro tumbado en su cama de terciopelo rojo será del mismo color que cuando esté en el parque. No obstante, el color del camaleón obedece en gran manera al de su entorno. Esto es lo que llamamos dependencia de atributos. Un atributo de un objeto o proceso particulares (en este caso, el atributo es el color; el objeto es el camaleón) depende de otra cosa distinta (en este caso, el color del entorno).

En nuestro mundo dentro de la caja, la plantilla de la dependencia de atributos nos pide que tomemos dos atributos (o características) que antes eran independientes el uno del otro y los convirtamos en dependientes *de un modo significativo*. (Repare en la cursiva.)

HACER QUE LA DEPENDENCIA TENGA SENTIDO: UN ATRIBUTO ESENCIAL DE LA DEPENDENCIA DE ATRIBUTOS

Podemos ver un ejemplo de esta técnica si volvemos a la cita del presidente Kennedy. Excepto por esta frase, el tamaño de la letra en el texto impreso que ha estado leyendo está relacionado con la función que el texto desempeña en el libro. Es fácil ver la relación: cuanto mayor sea el texto, más importantes son las palabras (y más atención se les debe prestar). Por ejemplo, el título del libro está en un tipo de letra muy grande (el más grande del libro). Los títulos son más grandes que los subtítulos, los cuales son mayores que el texto normal que completa cada capítulo. Así pues, hay una dependencia entre la importancia del texto y el tamaño de la fuente.

Sin embargo, la cita recogida al principio de este capítulo (que se reproduce más abajo) refleja un tipo diferente de dependencia, donde, en la segunda línea, el tamaño de la fuente depende de la posición de cada palabra dentro de la frase. Ese tamaño se agranda hacia el final de la frase, de forma que, al principio, se usa la fuente más pequeña y, al final, la más grande. Podemos ver aquí como actúa la dependencia de atributos, en la segunda línea:

Figura 6.1

Si hay un único tema inmutable a lo largo de estas historias independientes es que todo cambia menos el propio cambio.

No obstante, aunque el tamaño de la fuente en la cita de Kennedy nos ofrece un ejemplo del patrón de dependencia de atributos, no es éste un uso significativo de esta técnica. El camaleón, por ejemplo, obtiene un valor tremendo de sus atributos: sin duda, protegerse de los depredadores. Además, aumenta su habilidad para ocultarse de sus presas a fin de ser, él mismo, un depredador más eficaz. Pero no hay ningún valor en el cambio de fuente debido a la posición de la palabra. Sin embargo, las otras dependencias en relación con la fuente que hay en este libro y que acabamos de describir sí que añaden valor. Por esta razón, decimos que la dependencia de los atributos, cuando se usa para innovar, debe ser significativa al ofrecer un nuevo valor.

La naturaleza está llena de este tipo de dependencias. Por ejemplo, debido a su altura, la presión sanguínea de la jirafa es, aproximadamente, el doble que la de un mamífero grande corriente. Por la misma razón, tiene el corazón más grande que cualquier otro animal en relación con el tamaño del cuerpo (mide 60 centímetros de ancho y pesa hasta 10 kilos). De lo contrario, no podría bombear la sangre portadora de oxígeno por el largo cuello de la jirafa hasta el cerebro.

Este asombroso sistema circulatorio permite que las jirafas alcancen ramas y hojas muy altas con su prolongado cuello y, al mismo tiempo, garantiza que el cerebro reciba el suficiente oxígeno. Pero este sistema plantea un problema: cuando la jirafa se inclina, tiene la cabeza mucho más abajo que el corazón (véase la figura 6.2), y esta postura crea una presión tan enorme que podría llegar a romper los vasos sanguíneos del cerebro. Un acto tan sencillo como inclinarse para beber agua de un arroyo podría ser mortal.

Figura 6.2

Es obvio que el cuerpo de la jirafa necesita un modo de regular la presión sanguínea cuando adopta estas dos posturas extremas: estar de pie e inclinarse. De hecho, un complejo sistema de regulación de la presión situado en la sección superior del cuello de la jirafa impide que se produzca un flujo de sangre excesivo al cerebro cuando el animal baja la cabeza. Así pues, una vez más vemos la dependencia de atributos en acción: la cantidad de sangre que entra en el cerebro de la jirafa está en función de la altura de la cabeza respecto al corazón.

La extraordinaria altura de la jirafa requiere que evolucionen otros sistemas biológicos únicos, que también ilustran la dependencia de los atributos. Por ejemplo, los vasos sanguíneos de la parte inferior de las patas están sometidos, asimismo, a una gran presión, debido al peso del líquido que presiona contra ellos. En otros animales, una presión tan fuerte sería suficiente para hacer que la sangre atravesara las paredes capilares. No obstante, las jirafas tienen unas capas muy apretadas de piel gruesa que les cubren la parte inferior de las patas y actúan como «puños» ajustados para impedir que el sistema cardiovascular se desgarre bajo la presión.

LA DEPENDENCIA DE LOS ATRIBUTOS: RESPONSABLE DE MÁS DE UN TERCIO DE TODAS LAS INNOVACIONES

Aunque es una técnica más complicada que otras que estudiamos en este libro, la dependencia de los atributos es también una de las más comunes, usada hoy para mejorar productos existentes o crear otros nuevos. Un 35 por ciento de las innovaciones son atribuibles a esta técnica. Por ello, aunque la adaptación al color del camaleón sea rara en la naturaleza, en los últimos tiempos hemos visto múltiples lanzamientos muy creativos de productos que se valen del mismo concepto, en particular en el sector alimentario. Veamos algunos.

Es posible que los empleados mañaneros que toman café de forma habitual de camino al trabajo observen un nuevo tipo de tapa en sus tazas para llevar. Usando materiales que cambian de color según la temperatura ambiente, los fabricantes de tazas han creado tapas que son marrones cuando no se usan o están frías, se vuelven de un rojo intenso cuando la taza está llena de café caliente (o té, si lo prefiere) y poco a poco vuelven al marrón original conforme el líquido se enfría. Sólo es necesario mirar el color de la tapa y el usuario puede saber si el líquido está demasiado caliente (o lo bastante caliente).

Los bebés suelen beber leche o sustitutos de la leche tibios en biberones. Los padres y los cuidadores deben tener cuidado de que el líquido no esté tan caliente que el pequeño se queme. Por desgracia, es fácil cometer este error cuando se calienta un biberón en el microondas en mitad de la noche. Enfriar el biberón hasta la temperatura correcta es un proceso lento y puede ser muy irritante cuando tienes a un bebé berreando en los brazos. Unas innovaciones recientes que han usado la dependencia de los atributos para relacionar la temperatura con el color han solucionado este problema. La división Púr de Royal Industries lleva más de veinte años haciendo productos para bebés. Sus biberones más recientes cambian de color cuando el líquido que contienen alcanza los 38 °C. Cuando alertan a unos padres cansados para que apaguen el microondas y pasen al siguiente paso —la universal gota en la muñeca—, los biberones Púr están ayudándolos a asegurarse de que la temperatura del líquido está como debe estar.

Sin embargo, la dependencia de los atributos de color y temperatura de la industria alimentaria se remonta más atrás. El mérito de usarla (intuitivamente) de este modo particular es de la J. M. Smucker Company con los tarros de sirope Hungry Jack aptos para el microondas. Las etiquetas de los frascos cambian de color cuando el sirope alcanza una cierta temperatura, está listo y es seguro verterlo.

Y esa dependencia entre temperatura y color también funciona para las bebidas que tienen que enfriarse. La etiqueta de las botellas de vino albariño Mar de Frades de 2003 usa una tinta termosensible para que sepamos cuándo el contenido de la botella tiene el frío adecuado. Cuando el vino alcanza su temperatura de servicio óptima, 11 °C, aparece un barquito azul encima de las olas azules.

CÓMO DEFINIR LA DEPENDENCIA: DENTRO DE CADA EINSTEIN ENCONTRAREMOS UNA MARILYN MONROE

La dependencia existe sólo entre cosas que pueden cambiar (en general definidas como variables). Tiene sentido. Si una característica es fija y no puede ser modificada, entonces no importa en qué condiciones la sitúe o qué le haga, seguirá igual. Tomemos la nariz humana. En *Las aventuras de Pinocho*, de Carlo Collodi, la nariz del protagonista, un muñeco de madera, crece siempre que dice una mentira. Cuantas más mentiras dice Pinocho, más le crece la nariz. Hay una dependencia entre la longitud de la nariz y la verdad. Por supuesto, esto no sucede en el mundo real. Las narices no son buenas candidatas para la dependencia de atributos. Veamos ahora el ejemplo del sirope del tarro de Hungry Jack. Puede cambiar (en potencia) de muchas maneras: cantidad, temperatura, espesor, color, sabor, etcétera. El sirope es un buen candidato para la dependencia de atributos.

Una vez que tenemos dos variables —dos cosas que pueden cambiar—, lo siguiente que hacemos es aplicar la dependencia de atributos para crear algún tipo de dependencia entre ellas. Es decir, cuando una variable cambia, la otra también lo hace. Una depende de la otra.

En este capítulo ya hemos visto una serie de dependencias. El color del camaleón obedece a lo que le rodea. El color de los biberones Púr está subordinado a la temperatura de la leche. Y aunque la mayor parte del tamaño de la letra del texto de este libro depende de su importancia, una frase (la cita de Kennedy) demuestra una clase diferente de dependencia: entre el tamaño de la fuente de una palabra y su posición en la frase.

Para ilustrar el concepto de dependencia de atributos de una manera más imaginativa, veamos la figura 6.3 que hay a continuación. ¿Puede reconocer a esta persona famosa?

A primera vista, la mayoría vemos una foto de Albert Einstein, posiblemente uno de los científicos más creativos que han existido nunca. Pero también podemos ver a una persona famosa distinta. Si ve a Einstein, pero le gustaría ver al otro sujeto de la foto, debe poner, de alguna manera, la foto fuera de foco. Si lleva gafas, quíteselas. Si no las necesita, aleje el libro hasta que el texto se vuelva borroso. ¿Todavía le cuesta? Tome prestadas unas gafas (que no sean de su graduación) y pruébelo de nuevo.

Figura 6.3

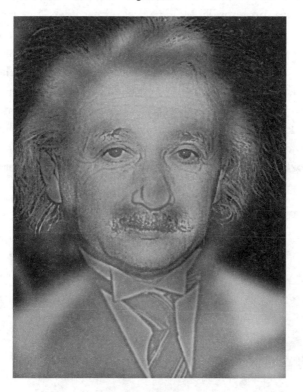

¿Ve a Marilyn Monroe ahora? (Si la veía desde el principio, tal vez tenga que ir al óptico o puede que tenga un capacidad de enfoque inusual.) Lo que acaba de ver en la figura 6.3 es dependencia de atributos. ¿Cuáles son aquí las dos variables? Pregúntese qué cambia. Está claro que la foto cambia. Pero ¿cuál es la otra variable? Exacto: nuestra agudeza visual. Si tiene una visión de 20/20 o lleva unas gafas que le proporcionan una visión perfecta (o casi perfecta), verá a Albert Einstein. Cuando su visión está distorsionada —al quitarse las gafas, alejar el libro lo suficiente para que se desenfoque o ponerse unas gafas que no necesita— verá a Marilyn Monroe.

Esta imagen híbrida Marilyn-Einstein fue creada por el doctor Aude Oliva, profesor del MIT, para el número del 31 de marzo de 2007 de la revista *New Scientist*. No es sólo una divertida ilusión óptica. Imágenes como ésta están siendo usadas como instrumentos para comprender mejor cómo nuestro cerebro procesa las escenas visuales. Y la idea que hay detrás de las imágenes híbridas de este tipo no es nueva. Los pintores —aun sin saberlo— han estado usando la dependencia de atributos para crear obras que tienen un aspecto diferente según cómo se miren. Tomemos el famoso cuadro *Noche estrellada*, de Vincent van Gogh. (Véase la figura 6.4.)

Figura 6.4

Vincent van Gogh, *Noche estrellada* (Saint Rémy, junio de 1889).
Óleo sobre lienzo, 73,7 × 92,1 cm. Adquirido a través del Legado Lillie P. Bliss.
Museo de Arte Moderno, Nueva York.

Si nos situamos muy cerca del cuadro, lo único que vemos es una serie de pinceladas. Pero cuando nos alejamos, se nos revela un paisaje espectacular. Cuanto más lejos de la pintura nos situemos, mejor podremos colocar las pinceladas en un contexto que tenga sentido; esta relación de las pinceladas con la distancia es la dependencia.

Pero ¿cómo podemos usar la dependencia de atributos para innovar productos y servicios? Es una técnica un poco más difícil de aplicar que las otras, pero infinitamente gratificante cuando tenemos éxito.

UNA VELA AL VIENTO

Imagine que acaba de hacerse cargo de la gestión de una fábrica de velas. Está a punto de sufrir su primera crisis en este nuevo cometido, una crisis que requerirá un pensamiento innovador, dentro de la caja. Antes de arremeter contra usted con eso, sin embargo, primero vamos a hacer un curso intensivo de fabricación de velas.

Muchas personas no se dan cuenta de que una vela es un sistema bastante sofisticado. La cera sólida sirve de combustible para la vela. Sin cera, la mecha —que en realidad es sólo un cordel largo— únicamente ardería unos segundos. Por otro lado, no podemos encender la cera sin una mecha. Éstos son los principios del funcionamiento de una vela:

1. El fuego funde la cera de la parte superior de la vela y la cera se vuelve líquida.
2. La mecha atrae hacia arriba la cera líquida de la vela por capilaridad, acercándola al fuego. El calor de la llama vaporiza la cera. El vapor de cera arde en proximidad con el fuego y causa la llama de la vela.
3. La proporción correcta de vapor de cera y oxígeno continúa ardiendo y alimentando el fuego.

En el pasado, la mayoría de velas estaban hechas de combustible líquido que se ponía en un plato en el cual se sumergía una mecha. ¿Por qué las velas cambiaron a su forma actual que utiliza cera sólida? Veamos dos posibles explicaciones:

1. Las fuerzas del mercado desencadenaron la necesidad de usar velas altas o de evitar el incómodo uso de un plato con aceite.

2. La técnica de la unificación de tareas alentó un nuevo modo de pensar innovador: si el combustible actuaba al mismo tiempo como su propio contenedor y como soporte de la mecha, se podía eliminar el plato de aceite. Para hacerlo, era preciso alterar el estado del aceite.

No tenemos necesidad de saber con precisión por qué la vela moderna evolucionó como lo hizo. Pero progresó basándose en ciertas reglas de la física, que quizá indiquen modos de seguir mejorando la vela.

Bien, como director de la fábrica de velas, ¿está listo para su crisis?

Una mañana, su jefe de producción le informa de un extraño accidente. El lote de velas producidas por la noche muestra cualidades diferentes de los otros lotes. La temperatura de fusión de la capa exterior de cera es ahora más alta que la de la cera interior. Los jefes no pueden averiguar por qué pasa esto. Sin embargo, todo un lote de velas ha quedado arruinado, lo mismo que sucederá con el siguiente, si usted no encuentra una solución. ¿Qué propondrá? Para solucionar el problema y minimizar los daños para la empresa, tal vez pregunte qué recursos (herramientas, tiempo y gastos) se necesitan para analizar el último lote de velas y averiguar qué fue mal. Éste es el momento en que, probablemente, la mayoría de directivos clamarán a sus ingenieros: «¡Utilice lo que sea necesario, pero quiero que el problema esté solucionado antes de mañana!»

Pero usted no es el directivo típico: es un fabricante de velas experto. Y como ha leído este libro, conoce el Pensamiento Inventivo Sistemático, sus técnicas de innovación en general y la dependencia de atributos en particular. Por lo tanto, se da cuenta de que este accidente muestra las dos características de la dependencia de atributos: hay dos variables, y una depende de la otra.

Antes del accidente, la temperatura de fusión de la cera era la misma en toda la vela. En otras palabras, era constante con independencia del lugar de la vela que se midiera. Es decir, la cera se fundía con el mismo grado de calor tanto en el centro de la vela como en las capas exteriores de la misma.

Ahora, sin embargo, la temperatura de fusión de la cera se incrementa cuanto más lejos está del centro de la vela.

Como siempre le ha interesado más innovar que limitarse a solucionar problemas, se pregunta con naturalidad si el hecho de que esta nueva forma de vela muestre una dependencia de los atributos significa que puede convertir este «accidente» en una oportunidad para generar beneficios. (Recuerde la famosa frase que las empresas de *software* mencionan cuando un producto no funciona como se supone que tiene que hacerlo: «¡No es un fallo, es una característica!»)

Cierto, éstas no son las preguntas típicas que haría un jefe de planta. Pero dado que es usted muy consciente de que la función sigue a la forma, decide dedicar unos minutos a considerar las posibilidades.

En consecuencia, su primer paso será preguntar a los jefes de producción en qué cambió el accidente —si cambió en algo— el modo como los clientes usaban el producto. Les alegra explicárselo. Debido a la diferencia en la temperatura del punto de fusión, la cera al fundirse crea una forma diferente a la de la cera de una vela tradicional. Como la cera interior se funde con mayor rapidez, se forma una depresión en el centro de la vela. (Véase la figura 6.5.)

Por lo tanto, piense en las necesidades de sus clientes cuando usen una vela. ¿Algún consumidor se beneficiaría de este nuevo sistema de vela? ¿Esta nueva forma de arder ofrece algún valor?

Cuando planteamos esta cuestión en talleres y clases, los alumnos suelen proponer los siguientes beneficios en menos de tres minutos:

Figura 6.5

1. **La nueva vela no gotea.** Se pueden comercializar «velas que no gotean» para usarlas en pasteles de cumpleaños, magdalenas y otros tipos de alimento. Estas velas también impiden que se dañen unos manteles caros.

2. **La llama está mejor protegida de las ráfagas de viento.** Esto podría ser una ventaja para el uso en el exterior.

3. **La vela es más económica.** Como no hay goteo, no se desperdicia nada de cera.

4. **La nueva vela tiene posibilidades estéticas y de diseño.** Con frecuencia las velas son consideradas obras de arte. Este nuevo diseño abre oportunidades para crear ofertas artesanales.

¿LA CASUALIDAD FAVORECE REALMENTE A UNA MENTE PREPARADA?

En la vida real, no es necesario que haya un accidente (como en la fábrica de velas) para identificar casos en que los atributos dependen unos de otros y, por lo tanto, son oportunidades de innovación. Podemos emplear esta técnica para crear o mejorar productos de forma proactiva.

Sin embargo, la mayoría no lo hace. Bien mirado, si nuestro trabajo sigue como debería, no estamos especialmente interesados en examinar o analizar las cosas. Por lo general, lo haremos sólo cuando se produce un accidente o un suceso inusual. De hecho, muchas personas creen que la «casualidad» o los «accidentes felices» ofrecerán un terreno fértil para ideas nuevas. Es probable que conozca historias sobre descubrimientos científicos hechos por casualidad. No obstante, la cuestión es si la casualidad fue de verdad un componente crítico de estos descubrimientos. Se dice que el científico francés Louis Pasteur afirmó: «La casualidad favorece a las mentes preparadas». De hecho, lo que dijo fue: «La casualidad favorece *sólo* a las mentes preparadas» (la cursiva es nuestra). La diferencia es significativa. No le aburriremos con números, pero le aseguramos que las estadísticas demuestran que hay más casualidades que acaban en fracasos que en innovaciones de éxito.

Los accidentes generan, en el mejor de los casos, un número igual de oportunidades que de fracasos. Nos irá mucho mejor si vemos la historia de la innovación en términos de «patrones»: la base de las técnicas de este libro. Es cierto que, en ocasiones, se puede reconocer un accidente feliz por cómo encaja en una de nuestras técnicas, como en el anterior ejemplo de la vela. Pero no tenemos que esperar a que se produzca esa rara casualidad feliz. Podemos generar oportunidades utilizando una de nuestras técnicas. Esto nos ahorrará tener que pasar por los muchos accidentes que no llevan a nada.

«NO QUIERO SER EL CAPITÁN DEL BARCO QUE VUELVE A LOS TRIBUNALES»

Hasta ahora nos hemos centrado en innovar productos tangibles usando la técnica de la dependencia de atributos. Pero podemos aplicar esa técnica con el mismo éxito a servicios y procesos. Consideremos este ejemplo de la entrega de *pizzas* a domicilio.

El fundador de Domino's, Thomas Monaghan, inventó prácticamente el moderno negocio de la entrega de *pizzas* a domicilio cuando puso en marcha la empresa en Ypsilanti, Michigan, en 1960. En 1973, Domino's lanzó una campaña garantizando que los clientes recibirían sus *pizzas* antes de que pasara media hora después de haberlas pedido. Si la *pizza* llegaba tarde, Domino's la pagaba. Parte de la enorme excitación que generó la campaña (incluso sin Twitter para difundirla) fue debida a los extremos a que llegaban los consumidores que querían un regalo. Apagaban las luces del porche, paraban los ascensores y hacían cualquier cosa para retrasar al repartidor de Domino's Pizza. Domino's se creó un nombre con esta campaña.

La campaña continuó durante dos décadas, aunque la garantía se redujo a un descuento de tres dólares a mediados de los ochenta. En 1992, la compañía llegó a un acuerdo en un pleito con la familia de una mujer de Indiana a la que trágicamente atropelló y mató uno de los conductores de Domino's, al parecer sometido a la presión de llegar dentro del límite de los treinta minutos. La compañía pagó a la familia 2,8 millones de dólares por daños. En 1993, Domino's se vio obligada a llegar a otro acuerdo en un pleito parecido entablado por una mujer que resultó herida cuando uno de sus repartidores se saltó un semáforo en rojo y chocó contra su coche. Según la compañía, decidieron eliminar todas las garantías relacionadas con la demora en la entrega de las *pizzas*, a causa de «la percepción pública de irresponsabilidad y conducción temeraria».

Durante los decenios que han pasado desde que puso fin a

aquella campaña tan exitosa, Domino's se ha esforzado en crear un mensaje de marketing igualmente distintivo. «No creo que haya habido un momento, en los nueve años que llevo aquí [...] en que no nos quejáramos de lo mucho que deseábamos volver a ofrecer la garantía de los treinta minutos», afirmó el director ejecutivo de Domino's, David Brandon. En 2007, Domino's trató de reinventar la vieja campaña con el eslogan «Tiene treinta minutos». Pero —gran diferencia— no se ofrecían garantías.

Según una investigación reciente, aproximadamente un 30 por ciento de los clientes de Domino's siguen identificando a la empresa como la cadena de la entrega en treinta minutos, aunque aquellos anuncios no han vuelto a aparecer desde el primer año de Bill Clinton como presidente. Mientras, la entrega a domicilio se ha convertido en una parte cada vez más importante de la cultura estadounidense, a consecuencia de la constante expansión de las compras *online* y de la entrega de películas a domicilio. Que en la mente de los consumidores haya quedado grabada como la opción de entrega rápida ha sido algo muy bueno para Domino's.

Fiel a su herencia, Domino's sigue trabajando sin tregua para reducir el tiempo que tarda en rellenar los pedidos y enviarlos. No obstante, hoy la mayoría de sus esfuerzos se centran en la cocina. De hecho, los repartidores reciben instrucciones específicas de conducir por debajo del límite de velocidad. «No quiero ser el capitán del barco que vuelve a los tribunales», advierte Mr. Brandon.

Es posible que ya haya visto la técnica de la dependencia de atributos que reside aquí. Sin embargo, empecemos primero por examinar el valor del concepto de garantía de treinta minutos original de la compañía. Resultó que establecer un límite de tiempo para la entrega dio a Domino's una significativa ventaja de mercado:

1. Al prometer una *pizza* gratis, Domino's hace, de manera implícita, una firme declaración de confianza en sí misma: son tan rápidos que están dispuestos a arriesgar sus ingresos en ello.

2. La garantía añade un factor de entretenimiento a la entrega. Es cierto que hoy se pueden encontrar promesas de entrega parecidas en muchos campos, pero en aquel tiempo eran raras.

3. Al convertir la entrega de la *pizza* en una carrera contra el reloj —una carrera que los clientes esperaban, como es natural, que Domino's perdiera—, hacía que los treinta minutos pasaran volando. Esto reforzaba la percepción de que Domino's era, realmente, la cadena más rápida de entrega de *pizzas* a domicilio.

   Para ilustrar el tercer beneficio, hagamos un rápido ejercicio sobre conducta del consumidor. Cierre los ojos un momento. Finja que acaba de hacer un pedido. Durante los próximos diez minutos, imagine que están haciendo la *pizza* en la cocina. Luego, piense que al repartidor le costará por lo menos otros diez minutos llegar. Así que después de veinte minutos, empieza a poner la mesa y a mirar la hora... y a esperar que la *pizza* no llegue en el tiempo prometido. Y ya sabe lo que pasa cuando esperamos que algo se retrase: ¡el tiempo vuela!

Esta campaña icónica y el salto meteórico de Domino's Pizza reflejan el poder de la técnica de la dependencia de atributos.

Piense en ello. Antes de que Domino's apareciera en escena, los consumidores disfrutaban de la entrega en casa, sin cargo, de comida caliente. Se les prometió un servicio de entrega rápido. De esta forma, podían conseguir unas *pizzas* muy sabrosas. Sin embargo, antes de que Domino's creara su campaña, el precio de la *pizza* no dependía del tiempo de entrega. El precio era siempre innegociable.

Domino's creó una nueva dependencia en la cual el precio estaba en función del tiempo. La *pizza* costaba el precio completo si era entregada antes de treinta minutos. Era gratis (o vendida con descuento) si la entregaban más tarde. En este caso clásico de dependencia de atributos, el tiempo y el precio eran las variables, con el precio dependiendo del momento de la entrega. (Si el tiempo aumenta, el precio disminuye.) ¿Cree que aquí se acaba la historia? En fin, la innovación siempre es sorprendente: en Australia, Pizza Hut lanzó una nueva campaña en la cual el precio, en lugar de estar sujeto al tiempo de entrega, lo está ahora en función de la temperatura de la *pizza*. ¿El nuevo eslogan de Pizza Hut Australia? «Nunca más coma una pizza fría». En su campaña «Hot on the Dot» («En caliente o es gratis» en países hispanohablantes) se usa un componente de la caja para mostrar si la *pizza* está todavía lo bastante caliente después del viaje.

DEPENDENCIA DE ATRIBUTOS Y PRECIOS

En la película *The Bucket List* (*Ahora o nunca*), Carter Chambers, mecánico, conoce al multimillonario Edward Cole en el hospital después de que a los dos se les diagnostique un cáncer avanzado. Se hacen amigos mientras se someten a los mismos tratamientos juntos. Carter es un hombre de familia, que quería ser profesor de Historia, pero que, «arruinado, negro y con un hijo en camino», nunca consiguió ir más allá de su trabajo en el taller de automóviles. Edward es un magnate, divorciado cuatro veces, cuya marca favorita de café —kopi luwak— es una de las más raras y caras del mundo. Su pasatiempo favorito es martirizar a su secretaria.

Un día, Edward encuentra la «lista de deseos» de Carter, cosas que hacer antes de «estirar la pata», y lo insta a hacer todo lo que hay en la lista. Añade sus propios y caros deseos y se ofrece a financiar el viaje de los dos. La pareja empieza con unas vacaciones alrededor del mundo: saltan en caída libre, suben a las pirámides, vuelan por encima del Polo Norte, cenan en el Château de Chèvre d'Or en Francia, visitan y alaban la belleza del Taj Mahal en la India, recorren en moto la Gran Muralla China y hacen un safari en África.

El cáncer de Edward empieza a remitir, pero el de Carter avanza. En el hospital, Edward visita a Carter por última vez. Durante la visita, Carter le revela que el café kopi luwak, del que tanto disfruta Edward, tiene su aroma especial porque las civetas se comen los granos y luego los defecan. Carter entonces tacha «Reír hasta que se me salten las lágrimas» de su lista de deseos e insiste en que Edward complete la lista sin él. Operan a Carter en un intento por eliminar el tumor, pero la intervención fracasa y muere en la mesa de operaciones. En el funeral, Edward explica que Carter y él no se conocían, pero que los tres últimos meses de la vida de Carter han sido los tres mejores meses de la vida de Edward.

¿Podría algo así suceder fuera del cine? ¿Podría alguien darnos el suficiente dinero para que disfrutáramos de nuestros últimos meses antes de morir? ¿Tal vez fondos suficientes para mejorar nuestro tratamiento médico? ¿Puede que incluso para alargar el tiempo que nos queda? Incluso si el dinero no nos permitiera recuperarnos por completo, por lo menos podría mejorar nuestro nivel de comodidad en los momentos finales. Sigamos soñando, ¿vale? Bien mirado, las posibilidades de conocer a alguien como Edward serían escasas en extremo. Pero ¿y si nuestra compañía de seguros interviniera?

En la mayoría de pólizas de seguros, la indemnización por defunción se paga después de la muerte para ayudar económicamente a los familiares supervivientes. Sin embargo, ¿y si esa indemnización se pagara cuando a alguien le diagnosticaran una enfermedad terminal? Desde el punto de vista de la aseguradora, el cambio no es muy importante; es sólo cuestión de tiempo: el momento en que le paga el dinero al asegurado. Pero a los pacientes, el pago antes de la muerte podría abrirles todo tipo de opciones. Por ejemplo, podrían usar el dinero para buscar tratamientos mejores, más caros, quizá mejorar las condiciones de su vivienda o hacer viajes locos para cumplir su lista de cosas que hacer antes de morir.

El precio siempre es una variable cómoda con la que jugar cuando tratamos de aplicar la dependencia de atributos. Por ejemplo, un verano, el departamento para hombres de los grandes almacenes Macy's de San Francisco ofreció una interesante venta de chaquetas impermeables de marca como parte de la promoción «Men's Night Out». Al hacer que el precio de las chaquetas dependiera de la temperatura que hiciera en el exterior, exactamente a las cinco de la tarde de un día dado, Macy's usó la dependencia de atributos para causar un gran revuelo. Si el precio de la etiqueta de una chaqueta en concreto era de, digamos, 140 dólares, pero en la calle la temperatura era de 21,5 °C (un tiempo de verano típico de San Francisco), la chaqueta se vendía por 21,5 dólares. (Esto sería un trato incluso mejor para los consumidores de un clima más frío, pero no resultaría tan atractivo en climas más calurosos.)

Se puede vincular todo tipo de atributos a una estructura de precios variables. En muchas cadenas de comida rápida, se puede pagar una comida por su peso, en lugar de por los artículos específicos que se escogen, un hecho que hace que el servicio y la logística sean más eficientes y nos da la impresión de que recibimos una comida a medida, por un precio muy razonable. En el Lejano Oriente, algunos restaurantes cobran a los clientes según el tiempo que pasan tomando su comida. Y podríamos imaginar restaurantes tratando de atraer gente al interior cuando hace frío, creando una dependencia entre el precio y la temperatura.

Si miramos alrededor, podemos ver muchas categorías de mercado donde los precios están asociados a variables externas al propio producto o servicio. Algunas de ellas llevan tanto tiempo ahí que ya no las consideramos creativas, aunque una vez lo fueron. Tomemos, por ejemplo, los descuentos por fidelidad ofrecidos a clientes muy antiguos o descuentos basados en el número de amigos que un cliente recomienda. En ambos casos, se usa la dependencia de atributos al hacer que una variable de un modelo de negocio dependa de otra.

Una dependencia de atributo interesante puede ser el precio de un libro que esté en función de la importancia de su contenido para el lector. Supongamos que está usted interesado en la creatividad y que, con frecuencia, trata de innovar. Quizá tendría que pagar más que alguien que lee este libro movido por una curiosidad general. No hemos tratado de convencer a nuestro editor para que adoptara esta idea. No hemos podido encontrar un modo objetivo de medir lo importante que nuestro libro sería para diferentes compradores. Y cuando se trata de dinero, las empresas son, como es comprensible, cautas. Con frecuencia, cuando una compañía adopta una medida creativa, desencadena una reacción opuesta a la esperada. Los cambios en los precios o en su estructura no son una excepción.

Delta Air Lines anunció que, cuando los billetes de avión no se compraran *online*, se añadirían dos dólares a su precio. Lo que Delta trataba inocentemente de comunicar al mercado era que los usuarios que no compraban sus billetes *online* requerían trámites adicionales y que el coste justo (por lo menos según Delta) de esos trámites era de dos dólares. El problema fue que las personas que no tenían ordenador o que no estaban familiarizados con él se indignaron por lo que percibían como una discriminación, y usaron todas las plataformas disponibles para atacar a la aerolínea y expresar su oposición al recargo. Cuando se trata de dinero, es muy fácil cruzar la delgada línea que separa la discriminación de lo que es justo. A Delta podrían haberle advertido de que habría resultado más aceptable ofrecer un descuento a los compradores *online* que penalizar a los que no compraban por Internet con un cargo adicional.

Un incidente parecido acaeció cuando se corrió la voz de que Coca-Cola planeaba cobrar un precio más alto por sus latas de refresco vendidas en máquinas cuando la temperatura exterior aumentara. Las grandes protestas que se produjeron convencieron a la compañía de que abandonara la idea.

En contraste con las opiniones convencionales, en realidad tenemos mucha libertad para fijar el precio de nuestro producto o servicio. El precio es algo que la mayoría de empresas puede controlar. Sólo hay que estar dispuesto a probar. Cambiar el precio no envía al producto de vuelta al tablero de dibujo ni exige que modifiquemos el servicio. No obstante, hay que llevar a cabo un análisis (a veces complicado) para confirmar que el cambio en la estructura de precios usando la dependencia de atributos vale la pena y que generará resultados superiores. Cuando se trata del precio, siempre hay que ser precavido.

DERROTAR LA FIJACIÓN USANDO LA DEPENDENCIA DE ATRIBUTOS

Nestea es una marca de té frío comercializada por una empresa mixta de ámbito mundial formada por Nestlé y Coca-Cola Company, llamada Beverage Partners World-wide (BPW). Compite con Lipton Iced Tea, de Unilever/PepsiCo, también una marca muy fuerte. Ambas ofrecen una serie de productos relacionados con el té, en versiones normal y de dieta, que incluyen concentrados líquidos y en polvo, refrescos fríos perecederos y refrescos embotellados listos para beber vendidos en tiendas o en máquinas expendedoras.

Pese a sus campañas de marketing, a Nestea le costaba quitar cuota de mercado a Lipton, líder de la categoría en muchos mercados desarrollados. Rainer Schmidt, director de marketing de BPW para productos del té, junto con un entusiasta grupo de trabajo interno especial, usaron la técnica de la dependencia de atributos para desequilibrar el mercado mundial del té frío. Schmidt buscó la ayuda de Guzu Shalev y Erez Tsalik, coordinadores cualificados del Pensamiento Inventivo Sistemático.

Schmidt quería ampliar la categoría con nuevas innovaciones. Estaba aburrido del planteamiento típico de los fabricantes de té ante el desarrollo de nuevos productos, que era identificar las tendencias del mercado de consumo y crear productos que satisficieran las demandas del consumidor implícitas en esas tendencias. Le parecía que estaban atascados en sus fijaciones y que, después de demasiados años de innovación minúscula, incremental, era hora de hacer algo revolucionario.

Pensar en la fijación nos da un buen contexto para comprender las dependencias de atributos que existen en cualquier escenario dado. Esto es así porque solemos ver el mundo como algo fijo y constante. Tendemos a no conceptualizar como variables las cosas que nos rodean ni a imaginar dependencias entre ellas. No estamos diciendo que la gente crea que nada cambia. Por el contrario, todos somos conscientes de la estacionalidad, de que «el tiempo vuela», de que en la mayoría de lugares está más oscuro y hace más frío cuando el sol se pone. Pero no somos conscientes de las dependencias entre estas cosas que cambian. Por ejemplo, es menos intuitivo pensar en cristales de gafas que cambien de color en función de lo intensa que sea la luz, de modo que se pongan transparentes por la noche (o cuando estamos en el interior de un edificio) y más oscuros, como gafas de sol, cuando estamos al aire libre durante el día.

Schmidt reunió con celeridad a un equipo multinacional para tratar de crear ideas innovadoras en torno al té. Entre los miembros había ejecutivos sénior de Alemania y un representante de una agencia de publicidad alemana, un profesional de I+D de Italia y también representantes de Europa del Este. El grupo estaba desesperado por innovar. Los miembros pensaban que sólo algo nuevo sacudiría lo suficiente un mercado en el que les costaba penetrar.

Cuando alguien del equipo de BPW propuso el tiempo —o, más precisamente, la estacionalidad— como posible variable para un análisis de la dependencia de atributos, en la sala se oyó un rumor. Guzu y Erez sonrieron; como veteranos coordinadores del Pensamiento Inventivo Sistemático, estaban familiarizados con aquel runrún. «Bebemos té frío en verano; no bebemos té frío en invierno —proclamó uno de los miembros del grupo de trabajo—. ¿Qué es lo que proponéis? ¿Que ofrezcamos té frío caliente en invierno?»

Cuando dejaron de hacer propuestas, el equipo revisó las ideas. Los miembros comprendieron que cuestionar el supuesto de que bebemos té frío en verano y té caliente en invierno era la única idea que realmente desafiaba la manera fija de ver el mercado del té. La discutieron y estuvieron de acuerdo en que, aunque el supuesto era verdad en general, si podían encontrar una manera de vender té frío en invierno la idea tenía el potencial de generar unos ingresos importantes (y arrebatar cuota de mercado a Lipton). Si lograban que esto sucediera, tendrían un negocio dinámico todo el año, incluso en los países fríos.

La fijación en este caso es, claro, que el té frío es el nombre de una bebida fría. Pero ¿quién dice que tenga que servirse frío? ¿Y si BPW creara una bebida que se pudiera calentar con rapidez en el microondas? ¿Y si la bebida fuera caliente, pero tuviera un sabor más rico que la infusión preparada vertiendo agua hirviendo sobre una bolsita de té?

Así nació la «colección de invierno» de Nestea, productos de té frío, diseñados para disfrutarlos en invierno, consumidos a temperatura ambiente o incluso calentados. La nueva línea de producto revirtió de forma radical el típico bajón de ventas en invierno y creó un mercado totalmente nuevo para BPW.

La dependencia de atributos usó dos variables: el sabor del té y la estacionalidad. Por ejemplo, Nestea Snowy Orange era uno de los nuevos sabores invernales. Este té estaba aromatizado con naranja, clavo y miel (además de vitamina C), que constituían una combinación apropiada para la temporada de Navidad. La botella estaba diseñada para tener un aspecto tentador y hogareño para los días fríos.

¿Cuál fue el resultado neto de romper la fijación que daba por sentado que el té frío era sólo una bebida para los días calurosos? Un aumento del 10 por ciento en los ingresos para la marca Nestea.

CÓMO USAR LA DEPENDENCIA DE ATRIBUTOS

Le hemos mostrado varios ejemplos de cómo la dependencia de atributos puede ayudarnos a innovar productos o servicios. Ahora queremos ayudarle a identificar variables dentro de un Mundo Cerrado que quizá tengan dependencias que vale la pena investigar (o crear) cuando exploremos posibilidades innovadoras.

Una vez aprenda a «escanear» las variables del mundo cerrado, podrá encontrar con prontitud aquellas parejas de variables que ofrecen las mayores oportunidades para la creatividad. El proceso es muy laborioso y usaremos un ejemplo para mostrarle cómo hacerlo.

Para sacar el máximo partido de la técnica de la dependencia de atributos, hay que seguir seis pasos. Observe que los cuatro primeros son muy diferentes de los de otras técnicas. Los dos últimos, sin embargo, son idénticos:

1. Haga una lista de variables.

2. Asigne variables a columnas y filas.

3. Rellene la tabla basándose en la actual dinámica de mercado.

4. Rellene la tabla basándose en posibles dependencias.

5. Visualice la nueva dependencia. Pregúntese: ¿cuáles son los posibles beneficios, mercados y valores?, ¿quién querría este nuevo producto o servicio y por qué lo encontraría valioso? Si está tratando de solucionar un problema específico, ¿cómo puede ser de ayuda abordar ese reto en particular?

6. Si decide que el nuevo producto o servicio es valioso, pregúntese: ¿es viable?, ¿puede crear realmente estos nuevos productos o realizar estos nuevos servicios?, ¿por qué o por qué no?, ¿hay algún modo de refinar o adaptar la idea para hacer que sea más viable?

Examinemos el procedimiento. Con el fin de hacer este ejercicio, imagine que tiene esperanzas de innovar un producto sencillo que, en apariencia, carece de cualquier «chispa creativa»: la pomada para bebés. Supongamos que la dirección de una gran compañía especializada en cosméticos y productos farmacéuticos ha decidido invertir en una nueva línea de pomadas para bebés. Para tener éxito en esta nueva empresa, la compañía quiere ofrecer a los consumidores un producto que tenga un claro beneficio (ventaja) sobre los ya existentes. Su imagen de marca, aunque fuerte, es irrelevante en este mercado. Por lo tanto, los beneficios que ofrece la pomada para bebés deben ser a la vez claros y significativos para los consumidores.

Antes de empezar, asegúrese de comprender el producto y su mercado. La pomada para bebés está pensada para calmar el dolor causado por el sarpullido en la delicada piel del bebé, curar la piel y, posiblemente, impedir que la rojez reaparezca. Esas erupciones surgen sobre todo en la zona de la ingle, debido al contacto dilatado con los pañales sucios. La pomada de que hablamos está compuesta de una sustancia grasa, un hidratante para nutrir la piel y un ingrediente activo para curar la irritación.

Este tipo de producto no ha cambiado de manera significativa desde que se creó a principios de 1900. Varias marcas se diferencian por su viscosidad (espesor), la concentración de los ingredientes activos y el hidratante.

Exploremos cada paso por orden:

Paso 1: Haga una lista de variables

El primer paso es hacer una lista (recuerde, todas las técnicas del Pensamiento Inventivo Sistemático empiezan haciendo listas). En lugar de anotar los componentes del Mundo Cerrado de un producto o servicio en concreto, como ha hecho con las otras técnicas, va a identificar sólo las *variables* (las cosas que pueden cambiar).

Desde el punto de vista del consumidor, las variables de la pomada para bebés son la viscosidad del ungüento, el olor, la cantidad de sustancia grasa, el color y la cantidad de sustancia activa. A continuación, pensaremos en variables de dentro del Mundo Cerrado del bebé: esas variables que están en contacto directo con la pomada. Por ejemplo, la cantidad de excreciones en un momento dado, la acidez de esas excreciones, la sensibilidad de la piel del bebé, su edad, el tipo de alimento que consume y el momento del día.

Paso 2: Asigne variables a columnas y filas

A continuación, cree una tabla. Para simplificar esta explicación, haremos que todas las columnas de nuestra pomada para bebés consistan únicamente en variables del producto; es decir, las variables que existen dentro del producto mismo. Las llamamos variables «dependientes» porque dependerán de los cambios producidos en otras variables. Anotaremos otras variables del Mundo Cerrado en las filas. Las llamamos variables «independientes» porque no cambiarán como reacción a otras. Veamos la figura 6.6.

Figura 6.6

	Viscosidad	Olor	Cantidad de sustancia activa	Color	Cantidad de sustancia grasa
	A	B	C	D	E
1. Cantidad de excreciones en un momento dado					
2. Acidez de la excreción					
3. Sensibilidad de la piel					
4. Edad					
5. Tipo de alimento					
6. Momento del día					

Paso 3: Rellene la tabla basándose en la dinámica actual del mercado

Ahora rellene la tabla. En los casos en que no pueda identificar algún producto actual con dependencias existentes entre dos variables, anote 0 en la casilla apropiada. En este caso, por ejemplo, ningún producto ha creado nunca una dependencia entre el color de la pomada y la cantidad de excreciones en un momento dado (elemento D1). Así pues, marcamos D1 con un 0. En la figura 6.7 presentamos un ejemplo.

Figura 6.7

	Viscosidad	Olor	Cantidad de sustancia activa	Color	Cantidad de sustancia grasa
	A	**B**	**C**	**D**	**E**
1. Cantidad de excreciones en un momento dado	0	0	0	0	0
2. Acidez de la excreción	0	0	0	0	0
3. Sensibilidad de la piel	0	0	0	0	0
4. Edad	0	0	0	0	0
5. Tipo de alimento	0	0	0	0	0
6. Momento del día	0	0	0	0	0

Observe que todas las casillas de la tabla tienen un 0. Esto significa que, en la actualidad, no existen relaciones entre las variables. Nosotros la llamamos tabla de pronóstico, porque nos dice mucho sobre el producto, en qué categoría está y el mercado en general. Cuando hay ceros en todas partes, esto indica que no está pasando mucho en el mercado en lo concerniente a innovación.

Paso 4: Rellene la tabla basándose en posibles dependencias

1. Para cada combinación de modo cero, cree una nueva dependencia. Es decir, ¿cómo podrían las dos variables independientes convertirse en dependientes la una de la otra?

2. Haga una rápida prueba de realidad: ¿esta dependencia puede existir de verdad en el mundo real?

3. Si es así, sustituya el cero de la casilla por el número 1, para indicar una posible nueva innovación.

La figura 6.8 muestra la tabla completada con posibilidades de dependencia.

Figura 6.8

	Viscosidad	Olor	Cantidad de sustancia activa	Color	Cantidad de sustancia grasa
	A	B	C	D	E
1. Cantidad de excreciones en un momento dado	0	1	1	0	0
2. Acidez de la excreción	0	0	1	0	0
3. Sensibilidad de la piel	0	0	1	0	0
4. Edad	0	0	1	0	0
5. Tipo de alimento	0	0	1	0	0
6. Momento del día	10	0	1	0	0

Paso 5: Visualice la nueva dependencia y estudie los beneficios

Probemos unos cuantos ejemplos seleccionando algunas casillas de la tabla. Por ejemplo, tomemos la casilla B1 e imaginemos una dependencia entre el olor y la cantidad de excreciones. En las actuales pomadas para bebés, el olor de la pomada no cambia sea cual sea la cantidad de deposiciones. Ahora imaginemos una nueva dependencia por la que la pomada sigue siendo inodora mientras no haya ninguna evacuación en el pañal, pero por medio de la cual se emita una fragancia (agradable) en cuanto se presenta un excremento sólido.

¿Hay beneficios? ¿En qué podría esa dependencia ser útil para los padres o para el bebé? Puede que algunos recuerden un pañal que cambiaba de color cuando el bebé lo ensuciaba. No obstante, este producto no tuvo éxito. Entenderemos la razón si evaluamos con atención la situación típica. Cuando los pañales están cubiertos por varias capas de ropa, un pañal que cambie de color para indicar que el bebé ha orinado no será visible. Pero nuestra nueva idea de producto, una pomada aromática, se advertiría enseguida. A los padres les encantaría. Les ahorraría tener que quitarle los pantalones al niño para comprobar el estado del pañal. A los bebés también les gustaría. Les libraría de una larga e incómoda espera hasta que los padres o los cuidadores se dieran cuenta de que hay que cambiarlos.

Paso 6: ¿Es viable?

Si identifica posibles beneficios en el paso 5, a continuación tiene que preguntarse si la idea es factible. ¿Podemos realmente hacer algo así? Es probable que pudiéramos introducir en la pomada unas cápsulas diminutas que contengan una sustancia con un olor agradable. Cuando esas cápsulas entraran en contacto con una sustancia ácida como una excreción sólida, liberarían un olor agradable dentro del pañal y al aire. No obstante, si esto exige demasiada inversión en I+D o añade el riesgo de sustancias potencialmente tóxicas dentro de la pomada, lo más probable es que abandonáramos la idea de inmediato.

¿LE VA COGIENDO EL TRUCO?

Probemos con otra combinación. Mire la casilla A6 e imagine una dependencia entre el *momento del día* y la *viscosidad*. En las pomadas para bebé típicas, la viscosidad no depende del momento del día; es decir, tiene la misma viscosidad de día y de noche. Ahora imaginemos una nueva dependencia por la cual la pomada se volviera más viscosa en ciertos momentos del día y más líquida en otros.

¿Un producto así aporta beneficios? ¿Para qué querrían los padres una pomada espesa en algunos momentos del día y más líquida en otros?

Por medio del estudio de mercado, podríamos descubrir que a los consumidores les gustaría tener una pomada viscosa por la noche, cuando cambian los pañales con menos frecuencia. La pomada actúa como barrera entre las deposiciones y la sensible piel del bebé. Durante el día, cuando se cambian los pañales con más frecuencia, si la pomada es más ligera y líquida, podría dejar que la piel del bebé «respirara».

Cuando los padres tengan que elegir entre esta pomada adaptable y otra con una viscosidad constante, quizá asocien el cosmético adaptable con otros hábitos ajustables: los analgésicos para el día y para la noche o los pañales para el día y para la noche, por ejemplo. Por ello, es posible que fueran más receptivos al nuevo concepto de producto.

Ahora que vemos que hay algunos posibles beneficios, de nuevo preguntamos si es factible hacer este nuevo producto. A primera vista, puede parecer demasiado complicado y costoso, así que nuestra reacción inicial podría ser descartar este concepto de una pomada que cambia de viscosidad.

No obstante, el producto tiene muchos beneficios, así que intentemos imaginar otra manera de hacerlo. Quizá podemos añadir dependencias que el consumidor pueda controlar. Quizá podemos vender un paquete con dos pomadas —una viscosa y la otra líquida— para que los padres las usen en los momentos prescritos. Con este planteamiento, hemos creado un nuevo producto innovador con dependencia de atributos que se puede presentar de un modo más sencillo y rentable.

EXPLORAR LAS POSIBILIDADES

Una vez hemos empleado nuestro tiempo en crear una tabla de pronóstico, podemos buscar más conceptos innovadores. Por ejemplo, miremos todas las posibilidades de la columna C. Actualmente, la concentración de ingredientes activos en el producto es la misma en todas las pomadas. Imagine ofrecer una serie de pomadas con diferentes concentraciones de ingrediente activo. Las nuevas dependencias enlazarán con variables como la edad del bebé, el tipo de dieta y el grado de sensibilidad de la piel. Lo que antes era una categoría «aburrida» pronto se convertirá en otra con un enorme potencial de crecimiento por medio de la innovación.

Vayamos más lejos. Consideremos la dependencia entre la concentración del ingrediente activo y la dieta del niño (C5). Los recién nacidos suelen empezar su vida alimentándose de la leche de la madre. Algunos pasan a otros tipos de leche, sustitutos de la leche o fórmulas de leche sintética. Con el tiempo, todos llegan a los alimentos para bebés. También es posible que reciban purés de verduras o sopas hechos en casa. Cada etapa de la dieta contribuye a un nivel de pH diferente en las excreciones y, por ello, a una exposición diferente a la irritación de la piel. Nuestra pomada para bebés cambiará en consecuencia. ¡De repente, hemos innovado creando una nueva línea asombrosa de pomadas para bebé, vinculada con todo el Mundo (Cerrado) del bebé!

GESTIONAR EL PROCESO DE DEPENDENCIA DE ATRIBUTOS

Ya hemos descrito que el mercado de las pomadas para bebé es uno en el cual todos los elementos están en el modo cero (figura 6.7). Supongamos que, con el tiempo, conforme aparecen más innovaciones, vemos que surgen más. Esto nos ayudará a definir dos extremos: una tabla degenerada y otra saturada.

Una tabla degenerada es aquella en la que todos o la mayoría de elementos están en el modo cero, como sucede en la figura 6.9. Una tabla así indica que tenemos muchas maneras posibles de ofrecer nuevos productos y beneficios a los consumidores. Recuerde que, aunque identificase algunas dependencias posiblemente beneficiosas, aún tendría que examinar si son factibles y la situación del mercado. ¿Su firma está en condiciones de introducir nuevos productos? ¿Debería, siquiera, entrar en el mercado? ¿Debería esperar y, si es así, cuánto tiempo?

Figura 6.9

	A	B	C	D
1	0	0	0	0
2	0	0	0	0
3	0	0	0	0
4	0	0	0	0

En una tabla saturada, la mayoría de casillas están en el modo 1, lo cual indica que muchas variables ya son interdependientes (figura 6.10).

Figura 6.10

	A	B	C	D
1	1	1	1	1
2	1	1	1	1
3	1	1	1	1
4	1	1	1	1

Una tabla saturada indica que nuestra empresa quizás haya perdido la oportunidad de desarrollar innovaciones para este mercado, lo que deja poco margen para introducir nuevos productos con éxito. No obstante, antes de descartar un mercado, deberíamos examinar dos medidas alternativas:

1. **Analizar otro producto de nuestra cartera.** En muchos casos, tenemos otros productos que se beneficiarían de un análisis de la dependencia de atributos.

2. **Usar una de las otras cuatro técnicas.** Sólo porque la dependencia de atributos no revele ninguna oportunidad para la innovación, eso no significa que otras técnicas no puedan hacerlo.

RIESGOS COMUNES EN EL USO DE LA DEPENDENCIA DE ATRIBUTOS

Como sucede con las otras técnicas que describimos en este libro, debemos usar la dependencia de atributos de manera correcta para lograr resultados. Veamos cómo evitar algunos errores comunes:

- **No mezcle componentes y variables.** A diferencia de las primeras cuatro técnicas de este libro, la de dependencia de atributos usa variables en lugar de componentes. Éste es el error más común que nuestros alumnos cometen cuando aprenden la técnica. Recuerde que las variables (otra palabra para «atributos») son cosas que cambian en un producto. Por ejemplo, en la pomada para bebés, un componente es el ungüento, pero un atributo del producto es la viscosidad.

- **Dedique tiempo a crear una tabla adecuada.** Sabemos que exige más trabajo, pero una tabla bien construida le ayudará a hacer que esta exigente técnica sea más manejable. A veces, nuestros alumnos quieren tomar un atajo y saltarse la elaboración de la tabla. Le aconsejamos todo lo contrario. A la larga, le ahorrará tiempo y le ayudará a estar seguro de que no pasa por alto nuevas y apasionantes innovaciones.

- **Una vez que haya elegido una casilla, pruebe diferentes tipos de dependencia.** Dos variables pueden depender una de la otra de modos diferentes. Por ejemplo, en una dependencia «positiva», una variable aumenta y la otra también lo hace. Ahora imagine que modifica eso. Una variable aumenta y la otra disminuye. Las gafas de sol de transición demuestran esta idea. Conforme la luz exterior aumenta, la transparencia de los cristales disminuye (se oscurecen).

- **Cree dependencias sólo entre lo que puede controlar.** Puede crear dependencias únicas entre dos variables «internas» del producto o servicio porque ambas están bajo su control. Puede crear dependencias ingeniosas entre una variable interna y otra externa (una que usted no controla, como el tiempo atmosférico). Pero no puede crear una dependencia entre dos variables externas porque no controla ninguna de las dos. Intente crear una dependencia entre el tiempo atmosférico y el momento del día. Si lo consigue, será famoso de verdad.

CONCLUSIÓN

Aunque más complicada que las otras técnicas de este libro, la dependencia de atributos puede abrir nuevos mundos de posibilidades para la innovación que quizá, en caso contrario, no se presentarían. Es posible que tenga que practicarla más que las demás, pero, a la larga, se alegrará de añadirla a su caja de herramientas para la creatividad.

7

LA CONTRADICCIÓN: UN CAMINO HACIA LA CREATIVIDAD

En la lógica formal, una contradicción es un signo de derrota, pero en la evolución del saber real, señala el primer paso en el avance hacia una victoria.

ALFRED NORTH WHITEHEAD, filósofo y matemático británico

Hay personas que consideran que la guerra civil española fue una guerra romántica, en la cual muchos hombres y mujeres idealistas estaban dispuestos a sacrificar su vida por lo que ellos percibían como el bien social. Pero como dijo Héctor, príncipe de Troya: «No hay nada poético en la muerte». En menos de tres años (desde el 17 de julio de 1936 al 1 de abril de 1939), se calcula que perdieron la vida quinientas mil personas. Además de los combatientes, decenas de miles de civiles fueron asesinados por sus opiniones políticas o religiosas. Incluso después de la guerra, los fascistas victoriosos persiguieron a los simpatizantes del vencido régimen republicano, lo que incrementó todavía más el número de muertos.

Con frecuencia, se dice que esta sangrienta guerra fue «la primera guerra de los medios», debido a que muchos escritores y periodistas —la mayoría de ellos extranjeros— la observaron y escribieron sobre ella de primera mano. Algunos incluso participaron activamente luchando junto a las fuerzas antifascistas;

entre ellos, los más conocidos son Ernest Hemingway, Georges Bernanos, George Orwell y Arthur Koestler. Por esta razón, sabemos muchos más detalles de esta guerra que de otras anteriores. Una de las historias en particular es llamativa por lo que nos enseña sobre la iniciativa de la gente cuando se enfrenta a un desafío que parece insoluble.

Desde el principio del levantamiento, las fuerzas fascistas se hicieron con el control de parte de Andalucía. Sin embargo, otra parte siguió en manos republicanas. Ése fue el caso de Jaén. Santa María de la Cabeza es un monasterio situado en un cerro a 32 kilómetros de Andújar. Un grupo de partidarios de las fuerzas «nacionales», que iría aumentando hasta estar formado por unos mil civiles y doscientos guardias civiles al mando del capitán Santiago Cortés González, se refugió en el monasterio, en parte temiendo las represalias de los milicianos del Frente Popular y, en parte, con la intención de unirse a los sublevados.

Las fuerzas republicanas cercaron el monasterio, en un asedio que iba a durar casi nueve meses, hasta el 1 de mayo de 1937. Los asediados recibían comida, municiones y medicamentos lanzados desde el aire por la aviación sublevada, pero, conforme pasaba el tiempo, su situación empeoraba. El lanzamiento de suministros pronto se vio amenazado por la escasez de paracaídas. Imaginemos la situación: estamos rodeados de tropas enemigas, sin manera de salir ni de entrar. El único medio de hacerles llegar los suministros necesarios es por aire. Sin embargo, no hay paracaídas. ¿Qué hacemos?

No tenemos ninguna documentación sobre a quién se debió la ráfaga de inspiración que llevó a una solución nada convencional. Pero ahora sabemos que, en un momento dado, los pilotos de los aviones empezaron a atar los suministros a pavos vivos. Sí, eso he dicho: pavos. Las aves agitaban las alas al caer, con lo que frenaban la velocidad del descenso y garantizaban la entrega segura de las provisiones... además de proporcionar carne fresca de pavo a los asediados. Las historias bélicas son un legado trágico y sombrío de las locuras de nuestros ancestros. Pero también nos proporcionan un rico material para comprender la inventiva humana, en especial en situaciones forzadas y llenas de tensión. Podemos analizar la estructura de estas ideas creativas mientras seguimos rezando para que un día nuestro conocimiento de la guerra quede restringido a los libros de historia. En el ejemplo anterior, la solución vino de dentro del Mundo Cerrado. Se utilizó la unificación de tareas de un modo ingenioso e inesperado. La principal tarea de los pavos era ser comidos. Pero su tarea adicional era agitar las alas y llevar con suavidad medicamentos y suministros hasta el suelo.

Se produce una contradicción cuando una situación dada contiene rasgos o ideas que están conectados, pero que se oponen directamente unos a otros. Cuando decimos que algo (o alguien) es incongruente, queremos decir que hay una contradicción. En el caso de la guerra civil española, la contradicción era el conflicto entre lanzar más pertrechos y vituallas en paracaídas (que los sitiados necesitaban) y el requisito de usar menos paracaídas (debido a su escasez).

La reacción típica a una contradicción es, comprensiblemente, la confusión o la consternación. Nos sentimos perplejos, preocupados. Por lo general pensamos que es imposible eludir esa contradicción porque señala un camino sin salida. Y como esta reacción ante las contradicciones es tan intensa, sentimos un fuerte deseo de evitarlas, de eliminarlas de nuestra vida. Después de todo, son una señal crucial de que algo está del todo mal.

Paradójicamente (¡aquí tiene una contradicción!), detectar una contradicción dentro de un Mundo Cerrado es un momento apasionante, porque alimenta una enorme creatividad: la contradicción es una bendición. Es un sendero hacia la creatividad.

Uno de los objetivos de este capítulo es ayudarle a convertir sin tardanza una reacción negativa ante las contradicciones en otra de deleite. Aprenderá a identificar las contradicciones y por qué debería considerarse afortunado cuando descubra una. Como verá, detrás de cada contradicción hay un camino inexplorado que conduce directamente a opciones y oportunidades que es posible que no hayan sido tomadas en consideración.

EXPONER LAS ASOCIACIONES, LOS SUPUESTOS IMPLÍCITOS Y LOS «ESLABONES DÉBILES» QUE HAY EN LAS CONTRADICCIONES FALSAS

Empecemos por dejar al descubierto el gran secreto: la mayoría de las contradicciones son falsas. Existen en nuestra mente, pero no son reales. Ocurren (una vez más) debido a la fijación. Establecemos supuestos basados en generalizaciones que, en muchos casos, no son pertinentes en la situación que nos ocupa. Muchas contradicciones son sólo cuestión de opinión. Cuando damos por sentado que una contradicción es verdadera —tanto si una opinión al respecto ha sido expresada explícitamente por una persona en particular como si ha sido aceptada implícitamente por la población en general—, estamos limitando nuestra capacidad para pensar de forma creativa.

Para empezar, tratemos de comprender lo que separa las «contradicciones verdaderas» de las «contradicciones falsas».

En la lógica clásica, una contradicción es una incompatibilidad lógica entre dos o más proposiciones. Se produce cuando las proposiciones, unidas, producen dos conclusiones que constituyen inversiones lógicas la una de la otra.

La ley de la no contradicción de Aristóteles afirma: «No se puede decir de algo que es y no es a la vez y en el mismo sentido». Los dos botones de la figura 7.1 son el ejemplo de una violación de esta ley.

Figura 7.1

Se trata de una verdadera contradicción. Aquí no se puede romper la circularidad. En nuestro mundo no pueden coexistir ambas afirmaciones. Dejemos que los filósofos discutan sobre las implicaciones de esta contradicción en particular y sigamos adelante.

Investiguemos ahora lo que queremos decir cuando hablamos de una contradicción falsa. Imagine que se está acercando a las señales de carretera de la figura 7.2.

¿A qué señal obedecería? ¿Cómo lo decidiría? A primera vista, esta figura es igual que la anterior. Del mismo modo que el botón oscuro no podía ser verdadero y falso a la vez, está claro que no puede entrar y no entrar en esa calle al mismo tiempo.

Pero ¿y si le dijéramos que las dos señales se refieren a momentos diferentes del día? Que no se puede entrar en la calle por la noche, pero que se permite entrar —y sólo se permite de este modo único— durante el día. En ese caso, no existe ninguna contradicción. Es perfectamente posible seguir ambas instrucciones. La yuxtaposición de las dos señales ya no es contradictoria.

Figura 7.2

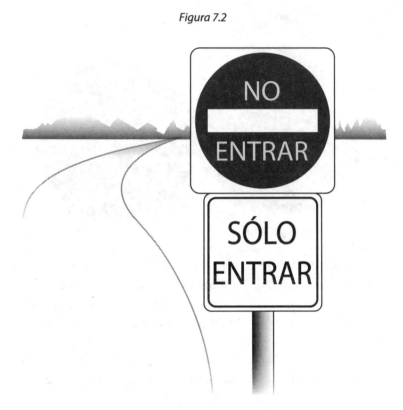

¿Por qué ha vacilado al principio, cuando ha visto las señales? Porque ha supuesto, de forma implícita, que ambas se referían al mismo periodo de tiempo. Si eliminamos ese supuesto, la contradicción desaparece. De hecho, la mayoría de contradicciones falsas se crean de esta manera por nuestros propios supuestos erróneos.

Así pues, aquí tenemos una lección importante: una contradicción falsa se produce cuando hay una información que se nos oculta o cuando suponemos, de modo implícito, algo que no es verdad. Hacemos una suposición que, en muchos casos, es lógica, pero no necesariamente en la situación presente.

SEPARAR LAS CONTRADICCIONES VERDADERAS DE LAS FALSAS

Por supuesto, existen contradicciones verdaderas. Una de las más tempranas y famosas es la paradoja de Epiménides, que toma su nombre del famoso filósofo cretense Epiménides de Cnosos (*c*. 600 a. C.). Escribió: «Todos los cretenses son mentirosos». Luego, firmó esta afirmación como Epiménides el Cretense. Esa firma transformaba su declaración en dos componentes de una paradoja autorreferencial. ¿Epiménides decía la verdad? No, si conocía a, por lo menos, un cretense que no era un mentiroso. Porque entonces, a pesar de que se describe a sí mismo correctamente como mentiroso, no está diciendo la verdad cuando dice que todos los cretenses son mentirosos. Toda una paradoja.

La paradoja de Epiménides forma parte del grupo de paradojas lógicas autorreferenciales que se pueden resolver desmenuzando nuestros supuestos sobre palabras como *todos* y *mentirosos*.

Por ejemplo, se puede mostrar con facilidad que ésta es una contradicción falsa en un sentido práctico comprendiendo que, aunque «todos los cretenses» sean «mentirosos», en términos realistas esa afirmación no significa necesariamente que todos los cretenses mientan todo el tiempo. Sin duda, incluso los mentirosos más prolíficos de la historia dicen la verdad por lo menos parte del tiempo. La idea de que cualquiera miente en todo lo que dice es, en el mejor de los casos, ingenua.

A los filósofos les encantaría discutir con nosotros, por supuesto. Las contradicciones verdaderas pueden ser algo lleno de una auténtica belleza que alegra a los que disfrutan de esas cosas. Así que dejaremos que viva la de Epiménides y no intentaremos destruir su belleza (e ingenio) dando la lata con la semántica. Con todo, aunque quizá sean inocuas en un mundo abstracto, las contradicciones pueden ser destructivas en la vida real, en especial cuando se basan en supuestos erróneos, como suele suceder.

Por cierto, antes del siglo XIX, no se citaba a Epiménides en relación con lo que se conoce generalmente como la «paradoja del mentiroso». Sólo después de que Bertrand Russell lo mencionara en un ensayo de 1908 se le ha reconocido el mérito debido.)

IDENTIFICAR «ASOCIACIONES» EN LAS CONTRADICCIONES

¿Cómo puede la comprensión de la distinción entre contradicciones verdaderas y falsas ayudarnos a ser más creativos? A veces, contradicciones aparentes se basan en supuestos falsos. He aquí algunos ejemplos de contradicciones aparentes que, de hecho, podrían ser falsas.

- Quiero ganar un salario más alto, pero mi empresa necesita reducir el presupuesto.
- Necesito más tiempo para completar un proyecto de diseño, pero mi plazo de entrega no es flexible.
- Un poste de antena debe ser lo bastante fuerte para sostener la antena en condiciones climáticas adversas, pero al mismo tiempo debe ser lo bastante ligero para llevarlo a pie a un sitio remoto.
- Necesito más potencia de procesamiento (en el ordenador), pero al mismo tiempo tengo que reducir mis compras de procesadores, debido a restricciones presupuestarias.
- Necesitamos lanzar más suministros, pero no nos queda ningún paracaídas.

En el último ejemplo habrá reconocido el problema al que se enfrentó la aviación del bando «nacional» en Andalucía. Hablaremos de algunas de las otras en este capítulo.

Sin embargo, entendamos primero que una contradicción tiene tres elementos: dos argumentos y el conector (un eslabón débil) que los une.

Observemos que los dos argumentos se producen, por lo común, en forma de: 1) una petición de un beneficio o ventaja, y 2) el coste de proporcionar ese beneficio o ventaja. (Observe, además, que no es necesario que el beneficio y el coste tengan un valor monetario. De hecho, la mayoría de contradicciones no guardan relación con el dinero.) Veamos, de nuevo, esas declaraciones, sólo que esta vez hemos <<señalado>>, en cada caso, los argumentos y **puesto en negrita** los conectores, o eslabones frágiles.

- Quiero <<ganar un salario más alto>> (petición de un beneficio), pero **mi** empresa <<necesita reducir el presupuesto>> (coste).

- Necesito <<más tiempo>> (petición de un beneficio) para completar un proyecto de diseño, pero **mi** plazo de entrega <<no es flexible>> (coste).

- Un poste de antena <<debe ser lo bastante fuerte>> (petición de un beneficio) para sostener la antena en condiciones climáticas adversas, pero **al mismo tiempo** <<debe ser lo bastante ligero>> (coste) para llevarlo a pie a un sitio remoto.

- <<Necesito más potencia de procesamiento (en el ordenador)>> (petición de un beneficio), pero al mismo tiempo tengo que <<reducir>> (coste) **mis** compras de procesadores, debido a restricciones presupuestarias.

- <<Necesitamos lanzar más suministros>>, pero no **nos** <<queda ningún paracaídas>> (coste).

Observe que en todos los casos, sin el conector —la palabra o frase que conecta— no existiría ninguna contradicción. Estas declaraciones serían simplemente dos afirmaciones no relacionadas, las cuales podrían ser, ambas, verdaderas, sin causar consternación a nadie.

LOS PELIGROS DE LOS SUPUESTOS IMPLÍCITOS

Como hemos dicho antes, con frecuencia suponemos que existen asociaciones cuando, de hecho, no es así. Por desgracia, los humanos nos apresuramos a hacer suposiciones, y las suposiciones más peligrosas son las implícitas, las que hacemos de modo inconsciente.

Las suposiciones explícitas son fáciles de manejar. Las discutimos, analizamos y deliberamos abiertamente sobre ellas. Con frecuencia, cuando hacemos negocios o tomamos decisiones de diseño, incluso las anotamos y las comentamos con los miembros de nuestro equipo. No obstante, las suposiciones implícitas pasan desapercibidas. Raramente las ponemos a prueba. Veamos un ejemplo.

Un ejercicio muy conocido en los talleres de lógica es un juego de rol en el que se dice a dos voluntarios que se lanzará una naranja al aire. Cada uno tiene que tratar de atraparla, y el que no la coja deberá negociar con el otro para hacerse con ella. En privado, a uno de los voluntarios le informan de que se necesita la naranja para preparar un zumo que curará a su hijo moribundo. Al otro voluntario le comunican que se necesita la naranja para hacer una mermelada con la piel a fin de salvar a su cónyuge moribundo. Ninguno de los dos sabe lo que le han dicho al otro.

Después de lanzar la naranja y que uno de los dos la atrape, el resto de los participantes en el taller observa la persistencia (y a veces, el encarnizamiento) con que negocian. Nadie sabe qué saben los voluntarios y todos hacen suposiciones implícitas sobre la situación.

Los dos voluntarios necesitan la naranja, pero los dos dan por sentado que el otro requiere toda la naranja. Por lo general, pasa una cantidad de tiempo importante antes de que descubran que existe una solución en la que los dos pueden ganar: cada voluntario coge sólo la parte de la naranja que precisa.

¿Por qué es una suposición implícita? Porque no la han explicitado. Las suposiciones explícitas son puestas a prueba. Las consideramos y consultamos con nuestros colegas. De ahí que, en la mayoría de casos donde se involucran suposiciones explícitas, no nos equivocamos.

La mayoría de conectores de dos argumentos opuestos descansan en suposiciones implícitas. Triunfan o fracasan según la exactitud de la suposición. Pero, como muchas suposiciones implícitas ni siquiera se ponen a prueba, muchas de ellas son erróneas. Ésta es la razón de que el conector sea el eslabón débil de la contradicción. Si rompemos ese eslabón, habremos eliminado la contradicción.

IDENTIFICAR Y ROMPER «ESLABONES DÉBILES» SIN ACEPTAR UNA SOLUCIÓN DE COMPROMISO

Ya ha aprendido varias herramientas que son también un medio estupendo para romper los eslabones débiles del Mundo Cerrado: la dependencia de atributos, la división y la unificación de tareas son tres de las técnicas más poderosas para lograrlo. Por ejemplo, quizás haya observado que, en el ejercicio de la naranja, la técnica de la división es el medio natural para romper el conector y resolver la situación. Pero primero es preciso reconocer qué suposiciones implícitas está usted haciendo que causan que una asociación falsa específica parezca verdad. Entonces, y sólo entonces, podrá generar soluciones auténticamente creativas.

Hay una norma inquebrantable que es clave para todo esto: un compromiso no es una solución. Llegamos a un compromiso cuando encontramos un término medio que nos permite equilibrar uno de los lados de la contradicción (conseguir todo el beneficio posible) con el otro lado (sin que nos cueste demasiado). Los compromisos pueden ser buenas soluciones, pero no generan soluciones de verdad creativas y no son el tema de este libro.

Digamos que un ingeniero quiere diseñar una herramienta que sea potente y gaste poca energía, dos exigencias contradictorias. Un planteamiento es llegar a un compromiso. Sin embargo, ese compromiso depende del punto de vista del ingeniero: ¿prefiere un mayor rendimiento o una mayor sostenibilidad? Toma su decisión y diseña una herramienta que es un poco más potente que los modelos anteriores, pero cuyo consumo energético es menos eficiente. Ha llegado a un compromiso.

El compromiso no es creativo. Genrich Altshuller, ingeniero químico que trabajó como funcionario de patentes en la Rusia estalinista, examinó este problema del compromiso frente a la creatividad. Algunas fuentes calculan que estudió más de 200.000 patentes y descubrió que la enorme mayoría se limitaban a mejorar un producto o sistema ya existentes. Muy pocas contenían una solución creativa que respondiera a *todas* las exigencias. Cierto, en muchos casos, un compromiso bien equilibrado podría ser la única solución viable. Pero una solución verdaderamente creativa elimina la contradicción por completo.

Los tres ejemplos siguientes ilustran que, aunque las ideas creativas sean difíciles de alcanzar, es posible descifrar los códigos de la creatividad. Usar las técnicas del Mundo Cerrado nos permite resolver las contradicciones falsas.

LA BÚSQUEDA DE ET

La búsqueda de inteligencia extraterrestre (SETI, por sus siglas en inglés) es un término paraguas que cubre los proyectos y actividades patrocinados por una serie de organizaciones científicas (sobre todo el SETI Institute, de Mountain View, California, y el SETI at Berkeley, de la Universidad de California en Berkeley). Como sus nombres indican, se dedican a investigar la existencia de vida inteligente en el universo fuera de nuestro planeta. Mucho trabajo de SETI se centra en la «radio SETI», o la idea de que usar radiotelescopios para escuchar señales de radio de banda estrecha procedentes del espacio es más eficiente y más rentable que otros modos de examinar el espacio en busca de señales de inteligencia, por ejemplo el envío de sondas espaciales de vez en cuando. Dado que no se sabe que esas señales se produzcan de manera natural, los investigadores de radio SETI creen que verificar la existencia de señales de radio evidenciaría la existencia de tecnología extraterrestre.

Los modernos proyectos de radio SETI requieren una cantidad enorme de potencia informática para expandir constantemente la gama de frecuencias que investigan. Luego, necesitan incluso más capacidad de computación para analizar de forma digital todos los datos que hayan recogido. Los científicos que trabajan en los proyectos de radio SETI han solido utilizar superordenadores con fines especiales, unidos a los propios telescopios, para realizar el grueso del análisis de datos. No obstante, este método es extraordinariamente costoso, y la cantidad de datos que pueden ser analizados es limitada. Pese a la financiación tanto gubernamental como de fuentes privadas, la mayoría de organizaciones SETI no tienen suficiente dinero para dotar de fondos iniciativas de radio SETI. En 1995, David Gedye, un joven científico informático que trabajaba en SETI at Berkeley, dio con una solución ingeniosa.

La contradicción a que se enfrentaba Gedye en su Mundo Cerrado particular era parecida a la que citábamos antes: necesitaba mucha más capacidad en su ordenador, pero su presupuesto era demasiado pequeño.

Imagine las caras desconcertadas de los ingenieros cuando les dijeron que el número de computaciones iba a doblarse, o triplicarse —nadie sabía en cuánto aumentaría—; sin embargo, no tenían el dinero ni para añadir siquiera una máquina más a la red. Y *tenían* que encontrar una respuesta pronto.

La solución de Gedye se basaba en un hecho que todos los científicos informáticos, pero muy pocos profanos sabían en aquel entonces: la mayoría usamos sólo una pequeña parte de la potencia total de computación y capacidad del PC que tenemos en casa.

En 1995, los científicos informáticos usaron un paradigma totalmente nuevo llamado «computación pública» para desmenuzar tareas en trozos pequeños que serían enviados a personas que se han ofrecido para «donar» su capacidad de ordenador no usada a favor de una causa particular. Nuestro ordenador puede estar buscando extraterrestres o calculando la temperatura del subcontinente indio en el año 2050 mientras nos tomamos una taza de té o preparamos la cena. A este concepto Gedye lo llamó SETI@home.

Desde 1999, cuando la idea de SETI@home se puso en marcha, millones de personas de todo el mundo han cedido alegremente al proyecto el exceso de potencia y capacidad de su ordenador. (Y muchos han entregado capacidad de sus empleadores, que no suelen entusiasmarse en especial cuando descubren el código SETI en la red corporativa, absorbiendo potencia de computación del centro de datos.) Gracias a una red sin precedentes de más de cinco millones —y sigue subiendo— de personas en más de 225 países, SETI@home puede analizar todos los datos recogidos por los radiotelescopios en busca de señales de otros mundos. Hoy la red de SETI@home es, fácilmente, el superordenador más grande del mundo.

En conjunto, los miembros de esa red han aportado más de dos millones de años de tiempo de computación. Sus foros forman una comunidad *online* donde es posible relacionarse socialmente (varias parejas que se conocieron a través de SETI@home han acabado casándose) y comprobar cuánto trabajo ha completado el ordenador de cada uno. SETI@home tuvo tanto éxito que volvió a despertar el interés del público hacia la exploración espacial, de forma muy parecida a como sucedió con el programa Apollo en los años sesenta.

Si enlazamos esta historia con nuestra discusión de la contradicción falsa, se pueden ver dos argumentos opuestos: 1) la necesidad de capacidad de procesamiento, y 2) un presupuesto pequeño, incapaz de proporcionar esa capacidad. El conector en esta contradicción falsa es que era el presupuesto del SETI el que tenía que pagar los procesadores adicionales. Resultó que esto no era cierto. Una vez se hubo roto este eslabón débil, fue posible encontrar una solución.

La contradicción: un camino hacia la creatividad

EL MARAVILLOSO FARO DE ALEJANDRÍA

El Faro de Alejandría, construido entre los años 286 y el 246 a. C. (y destruido más tarde por un terremoto), era considerado una de las siete maravillas del mundo. La construcción de este faro de casi 140 metros de altura exigió muchos años de planificación y requirió el diseño de ingeniería más avanzado de aquel tiempo. Construido para guiar el regreso de los marinos a puerto en las noches de tormenta, el faro estaba también diseñado para honrar y ensalzar a la ciudad egipcia de Alejandría y a sus gobernantes.

Pero el proyecto no estaba libre de problemas. Aunque un brillante arquitecto griego, Sóstrato de Cnido, era el encargado de diseñar el faro, el rey Ptolomeo II, patrocinador de la iniciativa, también quería poner su propio sello en él.

Sóstrato de Cnido era famoso en todo el mundo conocido. Valoraba el dinero y la visión que le proporcionaba el rey Ptolomeo, pero sobre todo quería asegurarse de que las generaciones futuras reconocieran su genio cuando elevaran la mirada al faro. Por lo tanto, Sóstrato consideró una afrenta que el rey rechazara su petición de tallar su nombre en los cimientos. Hoy el problema se resolvería contratando a una batería de abogados que pasarían semanas o meses en acaloradas negociaciones que acabarían en un compromiso que no haría del todo feliz a nadie. Pero en tiempos de Ptolomeo, los reyes eran poco pacientes con los subordinados que requerían su atención con asuntos insignificantes y egocéntricos, y Sóstrato era muy consciente de ello. (Un incidente sucedido siglos más tarde demostró que Sóstrato era previsor: Shah Jahan ordenó a sus sirvientes que mataran al arquitecto del Taj Mahal y cortaran las manos de todos los que habían trabajado en el magnífico edificio, para impedir que alguien recreara aquella obra de arte). Seguramente, Sóstrato sabía que plantear siquiera la idea de atribuirse el mérito del diseño del proyecto pondría su vida en peligro.

Bien, ¿cuál era la contradicción de Sóstrato? Recordemos, una contradicción es un estado en el cual hay dos exigencias simultáneas (conectadas) en conflicto. Una exigencia suele ser para beneficio de una de las partes. La otra es el coste. Recordemos también que —como en este caso— los beneficios o ganancias buscados y el coste de conseguirlos no son, en general, de naturaleza económica.

Sóstrato podría haber llegado a un compromiso (aunque, en orden al propósito de este libro, hemos eliminado esa opción). En el caso de SETI@home, los científicos de SETI at Berkeley podrían haber tratado de presionar para obtener una orden de compra por toda la capacidad de procesamiento que el Departamento de Finanzas pudiera autorizar. No habría sido suficiente para mantener el impulso del proyecto SETI@home, pero habría sido mejor que nada (aunque la solución creativa final resultó ser mucho, muchísimo mejor que nada).

Pero la capacidad de Sóstrato para llegar a un compromiso era limitada. Tenía dos deseos en conflicto: quería fama y reconocimiento para su papel en el proyecto, y quería continuar con vida. Si presionaba para conseguir la fama, tendría una vida muy corta. Si abandonaba la idea de ser reconocido como el diseñador principal del faro de Alejandría, disfrutaría de una existencia más larga (o, como mínimo, menos arriesgada), pero sin el homenaje inmortal que un faro «firmado» otorgaría a su nombre.

Sóstrato ideó un truco brillante para satisfacer ambos deseos, sin ceder en ninguno. ¿Se le ocurre qué podría ser?

Primero, tratemos de identificar el eslabón débil viendo la contradicción precisa a la que se enfrentaba el arquitecto: «Quiero ser reconocido por mi genio al diseñar el faro, pero, al mismo tiempo, quiero vivir».

Como suele suceder, el eslabón débil es el conector, la frase que une las dos declaraciones contradictorias. Examinemos la secuencia de palabras. ¿Cuándo se enfrenta Sóstrato al máximo riesgo de perder la vida a manos del intolerante Ptolomeo? Mientras el rey siga vivo. Una vez que muera ya no correrá peligro. ¿Cuándo necesita más el mérito y la fama? Dado que ya era el arquitecto más famoso de su tiempo y todo el mundo lo sabía, lo que más deseaba era asegurarse el mérito y la fama después de su muerte. Quería que nosotros conociéramos su nombre.

Hemos roto el eslabón débil. Está claro que Sóstrato sólo necesita que le reconozcan el mérito del faro después de su muerte.

¿Identifica qué técnica de innovación hemos usado aquí? La dependencia de atributos. De hecho, la mayoría de conectores de la contradicción falsa pueden romperse mediante la dependencia de atributos. En este caso, creamos una dependencia entre la fama de Sóstrato y el tiempo. Conforme pasa el tiempo, su fama aumenta.

Ahora bien, ¿qué habría hecho usted si fuera Sóstrato? No lo olvide, sólo puede usar los elementos que encuentre en este Mundo Cerrado en particular para que la solución sea auténticamente creativa.

Sóstrato grabó su nombre en grandes letras en la piedra frontal del faro. Añadió un texto que otorgaba su bendición a todos los que leyeran y entendieran la inscripción. Enyesó las piedras (y el grabado). Luego inscribió el nombre de Ptolomeo II en el yeso, junto con un efusivo elogio a la sabiduría y talento del rey. Con el tiempo, las fuerzas naturales enviaron al rey y al arquitecto a reunirse con sus antepasados… y cumplieron el plan de Sóstrato a la perfección. El nombre de Ptolomeo desapareció lentamente y fue sustituido por la inscripción de Sóstrato de Cnido. Así, el arquitecto obtuvo el reconocimiento por haber diseñado la que fue una de las auténticas maravillas del mundo durante casi dos mil años, sin arriesgar la vida. (El faro fue destruido por dos terremotos en el siglo xiv y eliminado por completo en el siglo xv.)

Según la leyenda, a los herederos de Ptolomeo les gustó tanto la agudeza del engaño de Sóstrato que no borraron el nombre del arquitecto ni volvieron a enyesar las piedras sobre las cuales el arquitecto había «borrado» la gloria de su antepasado.

ANTENA EN LA NIEVE

¿Se ha encontrado alguna vez en la posición de prometer más de lo que podía cumplir? Si es así, quizás haya acabado en la clase de contradicción en la que terminó un importante contratista de material militar.

La empresa se había especializado en diseñar y fabricar equipos de transmisión y recepción de radar de calidad militar. Hace varios años, entregó una oferta de rutina en respuesta a una solicitud de propuestas (RFP, por sus siglas en inglés) emitida por un gran organismo gubernamental. Dada la confidencialidad del organismo en cuestión, no podemos revelar nombres, pero todos los detalles de la historia que sigue son exactos (se hallan incluso en el registro público).

La RFP pedía que el contratista diseñara y produjera antenas sólo receptoras para lugares donde las temperaturas en invierno llegaban a 23 °C bajo cero y eran normales los vientos fuertes. El cliente militar exigía que las antenas se colocaran a 10 metros sobre el suelo usando un poste lo bastante resistente como para impedir que la antena oscilase de modo excesivo si el viento era muy fuerte.

Pese a optar con una propuesta de precio alto, el fabricante de radares consiguió el contrato con un poste de una construcción extraordinariamente ligera. Resulta que el peso del poste era fundamental para el cliente, ya que tenía que transportarlo a varios sitios estratégicos en unas condiciones de tiempo brutales, usando equipos de tres hombres que se desplazaban a pie. El equipo tenía que instalar el poste, colocar la antena en la parte superior y volver a casa cuando hubiera acabado el trabajo.

Esto significaba que el poste debía ser lo bastante liviano para poder transportarlo, pero también lo bastante resistente y robusto para sostener la antena sin que ningún equipo fijo se encargara de su supervisión ni mantenimiento. Es irónico que la compañía ganadora tenga su sede en un país templado, donde es muy raro que nieve ni siquiera un poco. Puede que ésa sea la razón de que los ingenieros olvidaran tener en cuenta algo que es habitual en los sitios donde había que instalar la antena: con temperaturas muy bajas, el hielo acumulado en la antena podría ser una sobrecarga para el poste, lo que haría que se combara y se derrumbara. Como resultado, diseñó un poste débil, nada adecuado para las condiciones climáticas de los lugares donde iban a instalar las antenas.

Sólo después de que el organismo gubernamental contratara su oferta, los ingenieros de la compañía se dieron cuenta de su error. También comprendieron que estaban en un buen aprieto. Se habían comprometido a entregar un material que encerraba una contradicción importante en las especificaciones del diseño.

Según nuestra fórmula, la contradicción se expresaría así: un poste de antena debe ser lo bastante fuerte para sostener la antena en condiciones climáticas adversas, pero al mismo tiempo debe ser lo bastante ligero para llevarlo a pie a un sitio remoto.

Los ingenieros calcularon que, usando metodologías de diseño tradicionales, tendrían que doblar el peso del poste para que fuera lo bastante resistente como para soportar el peso de la antena. Pero, si doblaban el peso, sería demasiado pesado para que lo acarreara el equipo de tres hombres. Los ingenieros no tenían más remedio que volver al tablero de dibujo. ¿Podrían solucionar esta contradicción con éxito? Los ingenieros —por no hablar de los altos cargos de la compañía— estaban bajo un tremendo estrés.

Antes de continuar leyendo, anote un par de ideas explicando cómo trataría de resolver esta contradicción. (No es preciso que sea ingeniero para hacerlo. A estas alturas del libro, dispone de las técnicas y conocimientos que necesita.)

_____

_____

_____

_____

_____

Veamos ahora la siguiente lista de ideas. Nos gustaría hacer una predicción: hay un 70 por ciento de posibilidades de que su idea esté incluida en la lista. ¿Cómo podíamos saberlo? Porque hemos recogido propuestas de varios miles de ingenieros y directivos a los que hemos entrenado en creatividad sistemática, y éstas son las que aparecen con más frecuencia.

Hemos clasificado las soluciones propuestas más comunes en cinco grupos. Aunque es posible que la solución específica a la que usted puede haber llegado difiera en algunos detalles de la que nosotros describimos, es probable que comparta algún concepto básico con alguno de los grupos.

1. Fundir el hielo según se vaya acumulando

Quizá sea usted uno de los más del 80 por ciento de participantes en este ejercicio que han propuesto esta solución. Idear una manera de fundir el hielo acumulado es una idea sencilla y lógica. De ahí, sólo hay que recorrer una pequeña distancia para llegar a una analogía entre un equipo de radar y un microondas y proponer que se usen las ondas de las antenas para calentar y fundir el hielo. Esta idea es muy buena... para la mayoría de situaciones. No obstante, en nuestro caso, no daría resultado porque nuestra antena es un receptor pasivo de transmisiones y no produce la energía necesaria para fundir el hielo.

2. Usar vibraciones para sacudir la nieve

Tal vez haya seguido a otro numeroso porcentaje de participantes por este camino. Dado que las sacudidas y las vibraciones también son eficaces para separar el hielo de una superficie, se podría usar la energía del aparato de radar para sacudir la nieve y el hielo de la antena. No obstante, igual que sucede con la primera solución, aunque es una buena idea, no dará resultado porque nuestra antena no puede generar energía.

¿Y si utilizáramos el viento para sacudir la nieve del poste? Es una variación interesante de la idea de la vibración anterior, en especial porque aprovecha recursos disponibles allí mismo (lo cual nos encanta porque nos quedamos dentro del Mundo Cerrado). No obstante, el viento no siempre sopla cuando se nos antoja. Por añadidura, para poner en práctica esta idea, necesitaríamos un aparato muy complejo y pesado para generar vibraciones. Es posible que este aparato tuviera que ser incluso más pesado que el poste diseñado en primer lugar.

3. Impedir que el hielo se acumule en la antena

Algunos de ustedes han atacado el problema desde un ángulo un tanto diferente. En lugar de eliminar la nieve y el hielo una vez acumulados, proponen impedir que se acumule. En otras palabras, atajan el problema de raíz, antes de que se convierta en un problema. De nuevo, la lógica es sólida y la solución no sería difícil de implementar. Se podrían usar materiales lisos, como el Teflon, para cubrir la antena e impedir que el hielo se pegue a la superficie. Pero esto sólo es válido si la temperatura no es inferior a 25 °C bajo cero. Hasta ahora no se ha descubierto ningún material que impida que se acumulen la nieve y el hielo a temperaturas más bajas. En el mismo sentido, puede que algunos de ustedes hayan pensado en aplicar aceite o grasa a la antena para evitar que el hielo o la nieve se adhieran a ella. Lo sentimos, pero a estas temperaturas tan bajas, la grasa no

DENTRO DE LA CAJA

sólo se hiela, sino que además puede hacer que el hielo se acumule más deprisa.

4. Tapar la antena

Quizá se le hayan ocurrido más ideas mientras leía esto. Algunos tal vez estén considerando maneras de inventar algún tipo de cubierta para la antena que impida que se acumulen el hielo y la nieve. Pero cuidado: habría que colocarla por encima de la antena y, por lo tanto, necesitaríamos algo para mantenerla en su sitio, por ejemplo un poste, torre o columna. Éstos serían, necesariamente, más pesados que el poste original, debido al peso añadido de la cubierta.

5. Abandonar el poste

Tal vez haya seguido un camino por completo diferente, borrando del todo la idea del poste y usando algún otro material o instrumento, como un globo de helio u otro artilugio en levitación, para situar la antena en el aire, a la altura requerida desde el suelo. Tendrá que aceptar nuestra palabra, pero esta idea no es factible. La antena es, sencillamente, demasiado pesada para que cualquier mecanismo la levante. Además, ¿cómo la estabilizaría a la altura requerida un artilugio aéreo?

Nuestra lista completa contiene varias ideas populares más, pero dejémoslo aquí. Aunque éstas son las soluciones, o grupos de soluciones, que la mayoría propone, *ninguna* es eficaz ni eficiente para resolver la contradicción. Son buenas ideas, pero no solucionan el problema en este conjunto particular de circunstancias.

Mucho más importante es que ninguna es auténticamente creativa. Para ser creativa, una idea tendría que ser, a la vez, útil y original. La utilidad se refiere al grado en que una propuesta soluciona el problema en cuestión. La originalidad alude a la rareza de la propuesta y al hecho de que no son muchos (si es que hay alguno) a los que se les haya ocurrido. Por desgracia, daríamos una puntuación baja, en ambos criterios, a la mayoría de las ideas propuestas para este problema.

Veamos qué hace que este problema sea difícil de solucionar. Primero, el poste debe ser a la vez resistente (para sostener la antena) y ligero (para que los soldados puedan cargar con él cómodamente). Desde una perspectiva de ingeniería, una mayor fuerza aumenta el peso. Esto significa que el poste que tenemos que diseñar tiene que ser pesado y ligero al mismo tiempo. Como es obvio, esto es algo imposible, y explica por qué ninguna de las soluciones de la lista anterior abordaba el diseño del propio poste. Todos comprenden intuitivamente que un poste no puede cumplir estas exigencias opuestas. Sin embargo, una vez más, una contradicción como ésta es la clave de que existe una oportunidad, porque si podemos solucionar la contradicción, al final podremos presentar una solución realmente creativa (no sólo de compromiso).

Repitamos el ardid de nuestra historia del faro de Alejandría, usando de nuevo la dependencia de atributos. (Recuerde: esta técnica significa crear una dependencia entre dos variables, antes no relacionadas, de un problema, como aprendimos en el capítulo 6.) Una de las ventajas de esta técnica es que, cuando la aplicamos a una contradicción falsa, veremos de inmediato un medio para eliminar esa contradicción.

Vamos a crear una dependencia entre fuerza y tiempo. «¿Tiempo? —podría preguntar—. El tiempo no es una variable en este problema.» Ah, sí, lo es sin ninguna duda. Recuerde que hemos definido la contradicción diciendo que el poste tiene que ser resistente y ligero al mismo tiempo. Como es típico al tratar de romper una contradicción falsa, el eslabón débil está en el conector. Piénselo: ¿es realmente necesario que las dos exigencias (resistencia y ligereza) se produzcan al mismo tiempo? No. El poste puede ser tanto resistente como ligero... sólo que no de forma simultánea.

Al usar la perspectiva de la dependencia de atributos, hemos identificado nuestro supuesto implícito sobre la situación —que el peso y la resistencia del poste deben ser constantes todo el tiempo— mediante la detección del eslabón débil. Ahora podemos pasar a formular una solución.

¿Por qué este supuesto era tan difícil de identificar? Porque raras veces pensamos en el tiempo como variable en los problemas a los que nos enfrentamos. Estamos acostumbrados a percibir nuestro mundo —y los problemas que hay en él— como algo estático. Quizá lo hacemos porque todos suscribimos la segunda ley de la termodinámica, que nos dice que el tiempo es una parte permanente de todo lo que hay en nuestro mundo.

Sabemos que el tiempo tiene un papel importante en el problema de la antena porque ésta tiene que construirse en un cierto momento, llevada hasta su sitio en un momento posterior e instalada y puesta en funcionamiento todavía más tarde. En los diseños tradicionales, el peso y la resistencia del poste no son funciones del tiempo. ¿Y si la fuerza del poste se convierte en una función del tiempo? ¿Cuándo necesitamos exactamente un poste resistente? Sólo cuando hay nieve y hielo. El resto del tiempo, podemos tener (y preferimos) un poste ligero (más débil). El poste puede ser resistente (pesado) sólo cuando se acumulen encima de él el hielo y la nieve, lo cual permite que los soldados lo transporten cómodamente por las montañas antes de montarlo.

Ahora ya no hay una contradicción y nuestro problema es diferente: ¿cómo podemos diseñar un poste que sea ligero mientras los soldados lo transportan, pero fuerte después de que lo instalen y se marchen?

¿Podrían los soldados construir algo ellos mismos para reforzar el poste antes de marcharse? Tal vez. Pero si necesitan llevar materiales de construcción, eso vulneraría la petición del cliente de que la solución fuera lo bastante ligera para poder transportarla. Si los soldados no pueden llevar los materiales hasta el sitio, eso significa que tendrán que usar algo que ya esté disponible allí. Está bien, ya que la solución quedará dentro de nuestro Mundo Cerrado.

De todas las cosas disponibles en el sitio de la instalación, ¿qué pueden usar los soldados para reforzar el poste antes de irse? Los materiales deben estar en las inmediaciones del poste. Deben funcionar a la perfección cuando el hielo y la nieve pongan la antena bajo presión; recuerde, allí no habrá nadie para hacer ajustes o mantener el equipo.

Así pues, ¿dónde nos deja eso? Salvo aire y tierra, lo único que abunda en la instalación son el hielo y la nieve. ¿Es posible que los soldados pudieran construir algo que permita que el hielo se acumule en la antena y en el poste al mismo tiempo? Algo que aumente la resistencia del poste conforme se acumulen el hielo y la nieve. Si encontráramos una manera de lograrlo, tendríamos un descubrimiento raro, original, quizá incluso impresionante.

De hecho, esto es lo que los ingenieros lograron. Hicieron que la superficie del poste fuera rugosa, en lugar de lisa, de forma que el hielo se adhiriera a ella con facilidad. El hielo es uno de los materiales más fuertes que hay en la naturaleza. Un pesado tanque puede desplazarse por la superficie helada de un lago si la capa de hielo tiene un grosor de medio metro. Es razonable asumir que un poste recubierto de hielo, como el de la figura 7.3 sería lo bastante resistente para soportar el peso de una antena cargada de hielo.

¡Y es una solución muy elegante! El origen del problema (el hielo) es también la base de su solución. Es más, el problema casi se soluciona solo. Además, lo que hace que la solución sea especialmente elegante es que usa los materiales disponibles en el Mundo Cerrado del problema.

Figura 7.3

(Por cierto, también encontramos atractiva la solución del viento de nuestra lista por la misma razón. También utilizaba un recurso del Mundo Cerrado. Aunque la idea no era factible, dadas las particularidades del escenario, con todo, tenía el sello de una idea creativa. Si a usted se le había ocurrido, nuestras felicitaciones. ¿Tal vez leer este libro le ha ayudado? Esperamos que sí.)

Así pues, hemos llegado a la conclusión de que la solución del hielo como refuerzo del poste es rara (muy pocos la proponen) y original. También es atrayente para nuestro sentido de la elegancia. Pero para ser una idea auténticamente creativa tiene que ser, además, práctica. Tiene que funcionar. ¿Es factible? ¿Es rentable? Si la respuesta a cualquiera de las dos preguntas es negativa, la solución tendrá que ser desechada. Aun así, lo más importante que ha surgido de todo esto es que, de repente, tenemos una idea nueva por completo que hemos de considerar y comparar con otras soluciones posibles. Usaríamos, entonces, nuestro habitual proceso de filtración para valorar todas las soluciones posibles basándonos en la viabilidad, la fiabilidad y el coste.

Y esto es, de hecho, lo que importa de la actitud del Mundo Cerrado: proveernos de más opciones y más creativas. Nunca damos por sentado que la pura creatividad prevalezca (también debemos tomar en consideración otros factores, tal como hicimos antes buscando soluciones posibles). Sin embargo, al crear una variedad de opciones, hemos adelantado mucho camino.

CONTRADICCIONES FALSAS EN LAS NEGOCIACIONES

Las contradicciones existen en todos los campos de la solución de problemas. Como hemos dicho antes, las técnicas y principios del Pensamiento Inventivo Sistemático son aplicables tanto a los servicios como a los productos. Se pueden aplicar a las artes creativas, a las herramientas de gestión y a los procesos empresariales. El Pensamiento Inventivo Sistemático se puede aplicar a cualquier cosa que sea susceptible de dividirse en componentes o variables.

Veamos algunos modos de poner en práctica nuestro enfoque de las contradicciones falsas en un aspecto muy importante de la gestión del que todavía no hemos hablado: la negociación.

NEGOCIAR ESTRATEGIAS (RELATO DE JACOB)

Cuando conocí a la Dra. Dina Nir, estaba empezando su carrera académica. Estaba decidida a convencerme de que fuera su tutor para su tesis de máster. Su tema era la creatividad sistemática en las negociaciones. Aunque yo estaba sobrecargado de estudiantes de investigación y no tenía experiencia investigadora en negociaciones, acepté reunirme con ella. Lo hice sólo por ser amable; no tenía ninguna intención de ser su tutor.

Dina era una mujer alta, impresionante, que hablaba en voz baja, tenía unos ojos chispeantes y un talante apasionado. Quedé impresionado de inmediato por su forma tranquila y agradable de comunicar sus experiencias en negociaciones complicadas. Tenía un talento natural. Confiarías en ella incluso si representara el lado contrario. «Todos ganan» es su segundo nombre.

Todavía no comprendo qué pasó a continuación, pero, sencillamente, no pude rechazar la petición de Dina para que fuera su tutor. Yo mismo soy un mal negociador y estoy acostumbrado a tener una sensación de derrota después de la mayoría de sesiones de negociación. Quizás ésta fuera una de las razones por las que decidí dar una oportunidad a Dina. Tanto ella como yo hemos cambiado mucho desde aquel primer encuentro. Dina completó su doctorado y yo aprendí mucho sobre negociaciones tanto de Dina como de Eyal Maoz, su segundo tutor de tesis.

Gracias a ellos, puedo ofrecerle una nueva mirada a algunos métodos sistemáticos de buscar soluciones creativas para los problemas de una negociación.

En las negociaciones, la creatividad es considerada un ingrediente clave para crear valor, en general al transformar una situación de «pastel fijo» (cuando los negociadores suponen que el objeto de la negociación tiene un tamaño fijo, no se puede ampliar y debe dividirse de tal manera que si uno gana, el otro pierde) o incluso una situación bloqueada en otra donde todas las partes ganen. Pero descubrir y explotar el potencial creativo de cualquier negociación es un reto: es fácil fijar un objetivo, pero en la mayoría de situaciones es difícil llevarlo a la práctica.

Sin embargo, como resultado de la naturaleza dinámica del mundo empresarial actual y de la creciente interdependencia de las personas dentro de las organizaciones y entre ellas, negociar se ha convertido en una parte fundamental de la vida cotidiana de los negocios. Es, por lo tanto, una habilidad fundamental de gestión y liderazgo. Tienen lugar negociaciones siempre que unas partes interdependientes toman decisiones mutuas sobre la asignación de unos recursos escasos. Las personas de un lugar de trabajo negocian continuamente para alcanzar sus metas, tanto si tratan de cumplir un plazo, forjar el consenso de un equipo o poner un producto en el mercado. Debido a esto, son pocas las personas que pueden sobrevivir en una organización si no tienen unos conocimientos básicos de negociación.

El Pensamiento Inventivo Sistemático y el Mundo Cerrado son importantes en las negociaciones porque los directivos que piensan creativamente durante una negociación tienen más probabilidades de solucionar los conflictos con éxito. También están mejor situados para maximizar las oportunidades y alcanzar el éxito personal y organizacional.

No obstante, muchos negociadores tienden a aceptar compromisos improductivos en lugar de soluciones creativas. Suponen que los intereses de las partes son incompatibles o irreconciliables, cuando de hecho pueden estar próximos en muchas cuestiones. Al abordar las negociaciones con una presunción de pastel fijo, consideran las negociaciones una propuesta de suma cero o de gana-pierde. Por ejemplo, los abogados de divorcios negocian para dividir los bienes a favor de sus clientes y, con frecuencia, ven esos bienes como una cantidad fija. Este modo competitivo de pensar inhibe los procesos creativos para solucionar problemas. Las investigaciones muestran que incluso los negociadores genuinamente interesados en solucionar los conflictos y tejer relaciones a largo plazo con la parte opuesta pueden caer en esta trampa.

A lo largo de los años, los negociadores experimentados han propuesto estrategias que promueven sistemas creativos para solucionar los problemas. La doctora Nir ha estudiado soluciones en que todos ganan en la literatura sobre negociaciones. Casi todas usan una técnica para resolver la contradicción falsa.

Para mostrar de qué modo las técnicas del SIT pueden resolver esas contradicciones falsas en una negociación, le ofrecemos algunos casos básicos. No transmiten en su plenitud la complejidad del proceso de negociación, pero sí que demuestran cómo derrotar una contradicción falsa en una amplia serie de escenarios.

EL ALCALDE DE PAGEVILLE Y TOWNSEND OIL

El alcalde de la ciudad de Pageville tiene intención de aumentar los impuestos a los negocios locales. También está interesado en alentar la expansión industrial a fin de ofrecer nuevos empleos y reforzar la economía de la ciudad. Con esta nueva política, Townsend Oil, una refinería local, vería cómo sus impuestos anuales se doblarían desde un millón a dos millones de dólares. En estos momentos Townsend Oil está considerando una importante rehabilitación y expansión de la planta y está alentando a una planta de plásticos con la que trabaja para que se reubique cerca y reduzca sus costes. Con la amenaza de una subida de impuestos, es posible que ambas iniciativas se detengan.

¿Detecta la contradicción? En este caso, como en muchas negociaciones, es fácil identificarla. El alcalde quiere aumentar los ingresos por impuestos instituyendo una nueva política tributaria. Pero una mayor carga fiscal socavará los planes de las empresas locales para desarrollarse y ampliar sus operaciones. Está claro que son unas exigencias opuestas y conectadas.

Aplicando la técnica de la dependencia de atributos, las partes elaboraron un acuerdo. El alcalde seguiría adelante con su planeada subida de impuestos, pero aceptaba ofrecer unas vacaciones fiscales de siete años a las nuevas empresas y reducir los impuestos para las existentes que decidieran quedarse y expandirse. Así, la ciudad alentaría a Townsend Oil a ampliar su planta y atraería nuevas empresas a la zona, pero también recaudaría más ingresos fiscales de las empresas locales que no tuvieran planes de crecimiento.

Como sabemos por el capítulo 6, la técnica de dependencia de atributos funciona creando una dependencia entre dos variables previamente no relacionadas. En este caso particular, los impuestos locales se basaban de manera estricta en criterios económicos estándar, como ingresos o beneficios. Características empresariales como el tipo de empresa (nueva o ya existente) o planes de expansión (existentes o no existentes) nunca antes habían afectado a la carga fiscal. Según la nueva idea, los impuestos serán más bajos para las compañías en expansión o para las que inviertan en la ciudad, mientras que el resto pagarán unos impuestos más altos.

Más allá de esta solución específica, la técnica de dependencia de atributos podría usarse para reconciliar creativamente otros conflictos entre la ciudad y su sector empresarial. Consideremos, por ejemplo, la creación de una nueva dependencia entre los impuestos de Townsend y el número de obreros locales que emplea. (Cuantos más residentes de la ciudad contrate, menor será su fiscalidad.) El alcance podría, también, crear una nueva dependencia entre la duración de la expansión y el número de años de moratoria fiscal. (Cuanto más rápidamente se expanda la firma, más tiempo quedará libre del pago de impuestos.)

Como mencionábamos antes, la dependencia de atributos es una de las técnicas más comunes para solucionar situaciones que contengan contradicciones falsas. En las negociaciones, más del 80 por ciento de las soluciones en que todos ganan muestran la dependencia de atributos en acción.

EL NUEVO PLAN SALARIAL DE UNA COMPAÑÍA DE SEGUROS

El propietario de una agencia de seguros independiente, de una pequeña ciudad, se quedó sorprendido por la resistencia con que tropezó cuando trató de pasar parte de su personal de un sistema de compensación salarial puro a otro con prima ilimitada según resultados. Como los representantes no tenían ni idea del dinero que ganarían con el nuevo sistema, estaban nerviosos y recelaban del cambio. Abandonar sus salarios garantizados sin saber qué iban a conseguir a cambio les parecía una propuesta arriesgada.

Una vez más, aquí tenemos dos intereses relacionados, pero opuestos. Al propietario de la agencia le gustaba el nuevo plan porque pensaba que motivaría a sus agentes a buscar más negocio, de forma más dinámica. Sin embargo, los empleados dudaban. ¿Se trataba de una contradicción falsa o verdadera? Vamos a averiguarlo.

Normalmente empezamos con la técnica de dependencia de atributos (cuando una exigencia cambia, la otra también cambia), como vimos en los ejemplos de la antena y el faro. O usamos la técnica de la división (dividir la cuestión discutida en espacio o tiempo), como hicimos en el ejemplo de las naranjas. Esta vez vamos a probar con la técnica de la multiplicación (hacer una copia de la cuestión discutida, pero modificarla) y veremos que nos da una nueva perspectiva y una posible solución.

Si multiplicamos el plan de compensación y luego retocamos la copia que hemos hecho para diferenciarla del original, quizá podamos garantizar que cada parte optimiza sus beneficios sin comprometer sus intereses. El propietario acabó instaurando dos sistemas de compensación. El primero era el sistema original de salarios. El segundo era el nuevo sistema basado en el rendimiento. El propietario mantuvo a todos los empleados en el viejo sistema salarial, mientras llevaba un registro que reflejaba lo que los agentes de ventas recibirían con el nuevo plan. Esos agentes podían comparar, fácilmente, sus ingresos según los dos sistemas, y vieron que el dinero que se llevaban a casa aumentaba de forma notable con el nuevo plan. Por lo tanto, el propietario demostró que el sistema propuesto era ventajoso para los empleados antes de hacer la transición al nuevo sistema.

La agencia podría haber usado la multiplicación para cosechar incluso mayores beneficios. La agencia podría haber mantenido (con un coste) registros de tres, cuatro o más planes salariales, que habrían podido ser comparados en retrospectiva para descubrir cuál era el óptimo tanto para la agencia como para sus vendedores.

LAS GUERRAS ESPACIALES

La mayoría de organizaciones no tienen suficientes recursos para todo. Tanto si los recursos escasos son económicos, están relacionados con el personal o —en el caso de una firma grande— entrañan metros cuadrados de espacio, la mayoría de empresas están constantemente envueltas en disputas internas por esos recursos. Consideremos una gran empresa, en este caso de consultoría. Dos departamentos se enfrentaban por decidir cuál de ellos podía anexarse unos despachos que habían quedado vacantes hacía poco y que eran adyacentes a ambos. Aunque la dirección había decretado que el espacio se dividiría de forma equitativa entre los dos, ambos querían el uso exclusivo de toda la superficie. Por lo tanto, mientras que el Departamento de Tecnología de la Información (TI) llevaba mucho tiempo confiando en usar la zona para una sala de conferencias muy necesaria, el de Contabilidad estaba desesperado por poner las manos encima del mismo espacio para utilizarlo de almacén para sus desbordantes archivos. Dividir la sala entre los dos departamentos no solucionaría las necesidades de ninguna de las partes, ya que el espacio no era lo bastante grande para mantener ambas funciones al mismo tiempo.

La contradicción falsa de este ejemplo es incluso más fácil de detectar que la del ejemplo de la agencia de seguros. Las dos demandas opuestas están conectadas por el hecho de que ambos departamentos quieren la misma sala. El que gane tendrá más espacio. El que pierda no tendrá nada.

En este caso, la solución fue sencilla. El Departamento de TI diseñó e instaló un nuevo sistema de archivo «sin papeles» para el Departamento de Contabilidad. De inmediato, Contabilidad abandonó su reclamación sobre la sala. Fue una solución clásica en la que todos ganan. El Departamento de TI consiguió su muy necesaria sala de conferencias, y Contabilidad logró una solución eficaz, a largo plazo, para gestionar sus descontrolados archivos en papel.

Como sucede en muchas de estas soluciones, ambos vieron beneficios adicionales. Contabilidad recuperó un espacio precioso cuando convirtió sus archivos físicos al sistema sin papel. El Departamento de TI recibió el reconocimiento corporativo por construir un nuevo y rentable sistema que aumentó la productividad de los empleados de Contabilidad. Y ambas partes acordaron que Contabilidad podía usar la sala de conferencias siempre que TI no la necesitara.

En este caso, la solución fue usar la característica de sustitución de la técnica de sustracción. El primer paso fue eliminar un componente intrínseco del problema del espacio (el deseo de Contabilidad de una nueva sala de archivos). No obstante, esto dejaba a Contabilidad con la necesidad no resuelta de un lugar donde guardar todos los archivos. Pero al sustituir el componente desaparecido por otro ya existente en el Mundo Cerrado (la capacidad del Departamento de TI de construir un sistema de archivo sin papeles), los dos departamentos llegaron rápidamente a un acuerdo.

UNA ADQUISICIÓN AMISTOSA

Para nuestro último ejemplo de negociación, consideremos el siguiente escenario. BigCorp, una gran multinacional pública, quería presentar una oferta de adquisición amistosa a uno de sus proveedores, una compañía de propiedad privada llamada PrivateCorp. BigCorp ofrecía 14 millones de dólares. No obstante, PrivateCorp insistía en que no vendería por menos de 16 millones de dólares. Ninguna de las partes estaba interesada en llegar a un acuerdo por 15 millones. Un compromiso clásico donde todos pierden.

Por añadidura, las dos empresas tenían opiniones diferentes sobre la nueva división empresarial de alta tecnología de PrivateCorp, llamada Venture. BigCorp consideraba que Venture no valía más de 1 millón de los 14 ofrecidos, mientras que PrivateCorp creía en la viabilidad de los productos que Venture estaba desarrollando y valoraba esta división en no menos de 6 millones.

Podríamos expresar la contradicción de la siguiente forma: BigCorp no quiere pagar más de 14 millones por Private-Corp, pero PrivateCorp nos aceptará menos de 16 millones. Los dos elementos en conflicto en esta contradicción particular eran, por supuesto, las valoraciones alta y baja que, respectivamente, cada compañía daba a PrivateCorp. Estas valoraciones estaban conectadas por el hecho de que se referían al mismo departamento. Una manera de romper este eslabón débil era eliminar Venture de las negociaciones.

En el acuerdo final, BigCorp aceptó adquirir PrivateCorp por 12 millones, sin Venture. Desde este punto de vista, recortar 2 millones de dólares de su oferta —que ahora excluía un activo que había valorado solamente en 1 millón— hacía que la oferta revisada fuera 1 millón más apetecible.

En PrivateCorp también estaban más contentos con la oferta revisada. El acuerdo les permitía conservar el control de Venture (que valía 6 millones en opinión de PrivateCorp) y recibir 12 millones por el resto de la compañía.

El acuerdo entre BigCorp y PrivateCorp nos ofrece una excelente ilustración de la técnica de la sustracción del capítulo 2. Se eliminó un componente importante del problema y todas las funciones de ese componente. En este caso, la división empresarial (Venture) quedaba eliminada del trato, y las compañías podían llegar a un acuerdo con un valor más alto para ambos lados. Sólo una vez sustraído este componente pudieron ambas partes cosechar este beneficio.

LA REGLA DE «NADA DE CONCESIONES» EN LA SOLUCIÓN CREATIVA DE PROBLEMAS

En el caso de BigCorp y Private Corp, llegar a un acuerdo en el precio habría causado descontento en todas partes.

En el caso de la antena resistente, pero ligera, una solución de compromiso habría sido construir un poste que fuera lo bastante fuerte, pero no demasiado pesado. Ésta podría haber sido una estrategia eficaz, pero no habría sido creativa. El problema de aceptar una solución bastante buena pero no creativa es que nos impide buscar otra solución verdaderamente creativa y mucho más ventajosa. Llegar a un compromiso es tan obvio, tan claro y tan sencillo que nos seduce y nos impide ver soluciones mejores. La clave para alcanzar un éxito de creatividad sistemático en el Mundo Cerrado no es adoptar una solución intermedia. No sigamos a la manada. Aprendamos a usar la contradicción como medio de encontrar las ideas que la multitud pasa por alto.

No decimos que no podamos llegar a soluciones de compromiso para lograr resultados en situaciones del mundo real. Nunca hemos afirmado que una solución creativa sea siempre superior. No obstante, sí que creemos que no deberíamos considerar que los compromisos rutinarios sean creativos, porque ocultaremos más aún un camino ya escondido que nos lleve a encontrar soluciones únicas que, incluso, pueden llegar a cambiar las reglas del juego.

Ilustremos ahora de manera gráfica esta contradicción entre compromiso y creatividad a la que nos enfrentamos en nuestro propio Mundo Cerrado.

Demostraremos que una contradicción falsa —usando la solución de la antena como ejemplo— es habitualmente un compromiso entre dos polos opuestos. (Véase la figura 7.4.)

A la izquierda, el poste es lo bastante resistente como para soportar el peso del hielo y la nieve acumulados encima de la antena bajo las condiciones más duras; no obstante, es muy pesado y difícil de transportar. A la derecha, el poste es ligero y fácil de llevar hasta la instalación. Sin embargo, no es lo bastante fuerte como para soportar el peso de la antena cuando está cubierta de hielo y nieve y sometida a fuertes vientos.

Según nos movemos en la escala de izquierda a derecha, perdemos fuerza y ganamos facilidad de transporte. Cualquier punto en medio significa un compromiso. El óvalo señala la zona óptima de compromiso.

Un compromiso es siempre una solución, pero es exactamente por esto por lo que nunca es una solución creativa. Si un concepto (compromiso) puede existir en cualquier clase de contradicción, siempre se nos ocurre de una manera fluida, rápida y obvia. Cualquiera puede concebir un compromiso. Así pues, un compromiso no es, por definición, la idea creativa que estamos buscando.

Figura 7.4

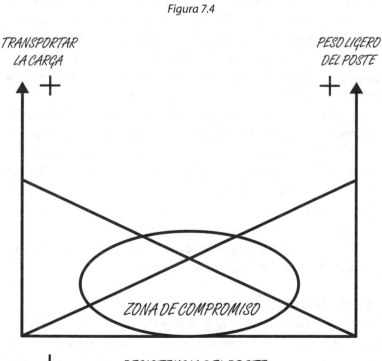

TRANSPORTAR LA CARGA

PESO LIGERO DEL POSTE

ZONA DE COMPROMISO

RESISTENCIA DEL POSTE

En el caso del faro de Alejandría, el arquitecto podría haber transigido inscribiendo su nombre en letras muy pequeñas en la base del edificio para minimizar la probabilidad de que el rey lo viera. Pero como sucede con todos los compromisos, sus deseos sólo habrían quedado satisfechos parcialmente: no habría conseguido el reconocimiento que esperaba y su vida habría seguido corriendo peligro, porque ¿y si el rey descubría el grabado? Para bien o para mal, la mente humana está programada para buscar el compromiso. Lo hacemos casi cada día. Cuando los amigos de la oficina van a almorzar juntos, suelen elegir la hora que es más cómoda para la mayoría, pero no necesariamente para todos. Si una pareja anda buscando una nueva vivienda, aceptarán la casa que satisface lo suficiente de lo que cada uno encuentra esencial. Cuando tratamos de decidir qué tamaño de pantalla escoger para nuestro nuevo ordenador portátil, nos decidimos por el tamaño más grande que encaje en nuestro presupuesto y que no sea demasiado molesto a la hora de llevarlo a cuestas.

Pese a este instinto muy humano de buscar el término medio, es preciso que recordemos que, cuando llegamos a un compromiso, las dos exigencias de una contradicción se ven satisfechas sólo en parte. Pero si podemos identificar una contradicción como falsa, seremos capaces de encontrar y romper el eslabón débil y satisfacer ambas exigencias por completo, con una solución innovadora y auténticamente creativa.

Concluyamos este capítulo considerando otro caso de contradicción sin sucumbir a un compromiso.

EL CASO DEL CAJÓN

En noviembre de 1999 Newell Rubbermaid se esforzaba por descubrir cuál era la mejor estrategia de marketing para su nueva unidad de almacenaje móvil en el exterior. La empresa tenía muchas esperanzas puestas en el producto, un contenedor duro, resistente a la intemperie y móvil, donde se pudieran guardar cojines, almohadas y otros accesorios de los jardines privados.

Es el usuario quien monta la unidad y, por lo tanto, ésta tiene que ser lo bastante ligera para transportarla fácilmente en el coche del comprador hasta el jardín trasero o el lugar de la propiedad donde se vaya a colocar. Al mismo tiempo, tiene que ser lo bastante resistente para soportar ráfagas de viento que pudieran volcarla o arrastrarla a través del jardín. Es una contradicción relativamente fácil de resolver. También es muy parecida al caso de la antena, donde el poste tenía que ser a un tiempo ligero y resistente. Hemos elegido este ejemplo a propósito. Queremos que vea que resolver una contradicción falsa no es demasiado difícil. La próxima vez que se tropiece con una, es posible que los elementos dados sean diferentes, pero realizará exactamente el mismo proceso de pensamiento para encontrar una solución.

En ambos casos (la antena y el cajón), las dos exigencias en contradicción se relacionan con la misma variable (el peso). Asimismo, en ambos casos, el eslabón débil es el tiempo. Si rompemos ese conector, la contradicción falsa se desvanecerá.

Una solución ideal sería —como en el caso de la antena— hacer que el origen del problema (el viento) fuera el recurso para dar con la solución. Si sólo el viento pudiera proporcionarnos el peso requerido (o, más precisamente, la energía y la presión) para mantener la unidad de almacenaje de pie en el suelo, tendría usted que reconocer que eso sería una solución bella y elegante. Por desgracia, sólo funcionaría en teoría. En la práctica, un sistema así costaría mucho más que la propia unidad. Además, probablemente tampoco sería muy fiable, además de ser demasiado pesado.

No nos desanimemos. El Mundo Cerrado, como ya hemos dicho antes, es muy rico. En este caso, tenemos muchos más recursos que considerar, aparte del viento, para dar con una solución.

Newell Rubbermaid reunió un equipo que usó el Pensamiento Inventivo Sistemático y solucionó el problema diseñando dos unidades independientes: la unidad de almacenaje y su base. Para garantizar que la base fuera, por un lado, fácil de transportar y, por otro, estable después del montaje, la compañía fabricó una base hueca que los usuarios llenaban de agua o tierra después de colocarla en la terraza o el jardín. (¿Ha detectado el uso de la técnica de unificación de tareas?) Al centrarse en la contradicción, la compañía pudo innovar dentro de una categoría de producto extremadamente simple.

APRENDA A AMAR LAS CONTRADICCIONES

Muchos de los ejemplos de este capítulo son diferentes de las situaciones empresariales que usábamos como ejemplos en los anteriores. Pero también nos gustaría señalar otra diferencia fundamental: usted usará el planteamiento de la contradicción falsa cuando el problema o reto esté bien definido.

En los capítulos del 2 al 6, no éramos conscientes de ningún problema específico que quisiéramos solucionar. Sólo queríamos innovar. Pero cuando nos enfrentamos a un dilema específico, identificarlo y luego romper la falsa contradicción podría ser el medio de transformar un problema en una ventaja.

Si usted es consciente de que la mayoría de contradicciones no son lo que parecen, ahora puede empezar a buscarlas activamente cuando se enfrente a un desafío. Use esta habilidad para solucionar los problemas cotidianos. De hecho, empezará a aceptar las contradicciones cuando las encuentre (y las encontrará). Quizá llegue incluso a quererlas. Si es así, habrá dado otro paso de gigante para saber pensar dentro de la caja.

8

REFLEXIONES FINALES

Forjamos nuestras herramientas y después ellas nos forjan
a nosotros.

MARSHALL McLUHAN

El Dr. Roger Smith, experto en el desarrollo de mecanismos de
simulación y programas de entrenamiento para el Departamento
de Defensa de Estados Unidos, así como para el sector privado,
se preguntaba en un ensayo de 2008: «¿Cuál ha sido la mayor
invención del siglo xx?» ¿Podría ser la de los métodos de innovación?

Nosotros también nos lo preguntamos. Bien mirado, esto es
lo que los líderes de organizaciones de todo el mundo dicen que
quieren. Entonces, ¿qué los detiene? ¿Por qué las organizaciones
alaban tanto la innovación, pero no invierten en ella?

David DiGiulio, antiguo ejecutivo de P&G, llevaba esta in-
signia en la solapa (figura 8.1) en su discurso de inauguración
del Leading Edge Consortium on Innovation de 2007. Es triste,
pero capta los sentimientos de muchos que dicen que quieren
innovación y cambio, pero no están dispuestos a arriesgarse.

Durante nuestras charlas sobre innovación, con frecuencia
hacemos a los ejecutivos de alto rango dos preguntas. La primera: «En una escala del uno al diez, ¿cómo de importante es la
innovación para el éxito de su empresa?» La segunda es: «En

285

una escala del uno al diez, ¿cómo de satisfecho está usted con el nivel de innovación de su empresa?»

No es extraño que puntúen muy alto la importancia de la innovación; por lo general 9 o 10. Esto es una constante en todo el mundo y en todos los sectores. Nadie pone en duda que la innovación es la fuente de crecimiento más importante para cualquier organización.

Figura 8.1

Sin embargo, nos sorprenden las puntuaciones que recibimos para la segunda pregunta. Sin excepción, la mayoría de altos ejecutivos dan una clasificación baja a su nivel de satisfacción —por debajo de cinco— en todos los continentes y en todos los sectores. Siempre llamamos la atención de nuestro público sobre esta disparidad. ¿Cómo es posible que los líderes empresariales puntúen la innovación como muy importante y, sin embargo, se sientan insatisfechos con los resultados de sus propias organizaciones? Después de todo, son los máximos dirigentes de esas compañías. Es de suponer que tengan el poder, los recursos, la ambición profesional y personal y los conocimientos de gestión necesarios para salvar esa discrepancia. Probablemente, más que cualquier otro dentro de sus organizaciones, tienen los medios para hacer los cambios necesarios para promover la innovación. Sin embargo, les cuesta.

No debería ser así.

UN CAMINO HACIA DELANTE

Nuestro objetivo en este libro era poner en duda este gran mito sobre la creatividad: el de que exige pensar fuera de la caja. Esperamos que ahora crea, como hacemos nosotros, que la verdad es lo contrario. La creatividad raras veces se alcanza con un pensamiento descabelladamente divergente. Por el contrario, esperamos incitarle a pensar dentro de la caja acerca de la innovación y a que crea que, con frecuencia, hay soluciones muy creativas ocultas a plena vista dentro de un producto, servicio o entorno ya existentes.

No vemos el acto creativo como un acontecimiento extraordinario. No creemos que sea un don que se tiene o no se tiene desde que nacemos. Por el contrario, creemos que la creatividad es una destreza que cualquiera puede aprender y dominar. En ese sentido, no es muy diferente de otras habilidades que adquirimos en los negocios o en la vida. Como sucede con ellas, cuanto más la practique, más la dominará. En este libro, queremos levantar el telón y revelar un mundo fascinante oculto justo delante de usted: dentro de la proverbial caja.

Con el Pensamiento Inventivo Sistemático, ahora tiene los medios para aprovechar patrones de pensamiento que la humanidad ha usado durante miles de años. Sabe cómo aplicar estos patrones usando cinco técnicas dentro de los confines del Mundo Cerrado. Ahora tiene las herramientas para solucionar sus problemas y contradicciones cotidianos aplicando esta nueva dirección de pensamiento. Tiene la capacidad de innovar... a voluntad. Éste es el camino hacia delante.

Este método no está reservado sólo a los profesionales o ingenieros empresariales. Opinamos que no importa dónde esté en la escala de la creatividad. Tanto si es arquitecto, estudiante de primaria, ama de casa o alumno de instituto con síndrome de Down, estas técnicas potenciarán su creatividad. Será más creativo aplicando este método al mundo que lo rodea, con independencia de cuál sea su punto de partida.

Queríamos hacer que el método fuera accesible a cualquiera, en cualquier terreno y en cualquier parte de su vida, personal o profesional. Esperábamos mostrarle cómo usar el cerebro de un modo diferente para producir innovaciones que, de lo contrario, nunca habría imaginado.

No olvide nunca que concebir una idea creativa no es suficiente. La creatividad es el acto de generar una idea nueva y conectarla a algo útil. El método del Pensamiento Inventivo Sistemático es un planteamiento amplio que tiene como objetivo crear una cultura de innovación en las organizaciones. En su núcleo hay un conjunto de cinco técnicas que lo guiarán a través tanto de la generación de la idea como del enlace para hacer que sea valiosa. Este libro trata de ese núcleo.

Estas herramientas, como cualquier herramienta, deben utilizarse adecuadamente para conseguir el resultado correcto. Según nuestra experiencia, usar el Pensamiento Inventivo Sistemático produce una impresión un poco rara al principio, en especial cuando aplicamos por primera vez una de las plantillas a un producto o servicio. Si es como la mayoría de personas, su reacción inicial a usar una técnica es de incomodidad. Cada técnica crea, a propósito, una configuración extraña o que parece absurda. Si, al principio, no le parece extraña, probablemente no está aplicando la plantilla de forma apropiada. Deje que la herramienta haga el trabajo para el que estaba pensada, y aprenda a aceptar y dar la bienvenida a las configuraciones y combinaciones muy novedosas en las que no es probable que hubiera pensado por sí mismo.

LA PRÁCTICA HACE AL MAESTRO

Ahora que ha aprendido el método, es hora de empezar a usarlo. Cuando aprende cualquier nueva habilidad, no es suficiente leer un libro ni ver un vídeo de alguien que la practica. Debe salir ahí fuera y probarlo usted mismo. Luego, volver a probarlo, reflexionar, adaptarlo y mejorarlo. Una manera de mejorar su habilidad para innovar es simular mentalmente el uso de las técnicas de innovación. En su libro *Ideas que pegan*, Chip y Dan Heath hablan de la importancia de la simulación mental tanto en la solución de problemas como en el desarrollo de competencias: «Un análisis de treinta y cinco estudios en los que participaron 3.214 personas mostró que con sólo la práctica mental —sentarse en silencio, sin moverse, e imaginarse llevando a cabo con éxito una tarea de principio a fin— mejora el rendimiento de forma significativa. Los resultados se confirmaron en un gran número de tareas. En total, la práctica mental por sí misma produjo alrededor de los dos tercios de los beneficios de la práctica física».

Le alentamos a usar la simulación mental como medio para mejorar su dominio del método. Al hacerlo, podrá crear una representación mental de algún acontecimiento o serie de acontecimientos. Lo hacemos todo el tiempo. Simulamos mentalmente que vamos al supermercado, hablamos con el jefe o nos masajean la espalda. Esto nos prepara y nos alerta para lo que nos espera. La simulación mental también se puede usar para practicar actividades que hacemos o queremos aprender, por ejemplo crear nuevas ideas.

Pruebe con estas maneras de usar la simulación mental para reforzar su capacidad de innovación:

1. **Observe nuevas ideas.** Tome nota de las cosas nuevas e interesantes que vea a lo largo del día y trate de imaginar cómo se inventaron. Preste atención, en particular, cuando algo le haga pensar: «Vaya, ¿por qué no se me ha ocurrido a mí?» Podría ser una nueva herramienta de cocina (un artilugio que corta plátanos con un solo movimiento, por ejemplo). Busque una de las cinco plantillas que podría explicar el invento. Si la encuentra, trate de simular mentalmente que la usa para crear el nuevo objeto. Empiece haciendo una lista mental de los componentes. Luego seleccione el componente que podría llevar al invento.

2. **Elija objetos al azar.** Busque algo corriente a su alrededor y trate de simular mentalmente que le aplica un elemento innovador. Por ejemplo, seleccione un frasco de kétchup o un buzón. Mire también servicios como la entrega de correo o el lustrado de zapatos. Luego recorra con la mente los pasos de nuestro método utilizando una de las técnicas. ¿Cómo puede mejorar los productos y servicios?

3. **Seleccione las técnicas al azar.** Pruebe a elegir una de las cinco técnicas de forma aleatoria e imagine que usa esa plantilla en alguna actividad que se esté desarrollando en ese momento. Por ejemplo, si está en un aeropuerto pasando por seguridad, imagine que usa la dependencia de atributos para crear una conexión entre dos variables independientes que haya a su alrededor. ¿Y si la velocidad de la cola variara según la experiencia de los agentes de seguridad? ¿Podría haber una cola con los agentes más experimentados y, quizás, un pago extra para pasar por ella (para ahorrar tiempo)? ¿O se podría reservar para los que tardan más en pasar, como los padres con niños pequeños? O imagine usar la unificación de tareas: los *viajeros* tienen la tarea adicional de examinar a otros viajeros. ¿Qué tal funcionaría? ¿Qué beneficio aportaría? ¿Quién podría querer un invento así?

La creatividad es una tarea cognitiva. Simular una tarea en situaciones aleatorias desconocidas desarrolla el «músculo de la innovación» para cuando lo necesite en situaciones reales. La práctica hace al maestro.

Estas técnicas se pueden usar individualmente con grandes resultados, pero su potencial se manifestará con más fuerza si se trabaja en equipo. Dada la complejidad de la mayoría de los retos a los que se enfrenta el mundo corporativo en la actualidad, es raro que se genere una innovación por medio de un esfuerzo individual. Ésa es la razón por la que el método SIT ha evolucionado para incluir una serie de técnicas y mecanismos que creen el contexto y las condiciones adecuados para aplicar las plantillas en equipo. Esperamos poder compartir algunos de ellos, así como el enfoque del SIT para crear una cultura de innovación, en una secuela de este libro.

EL CAMBIO ES BUENO; *SEA* EL PRIMERO

A medida que practique y perfeccione sus aptitudes para la innovación, esperamos que se una a muchos otros que usan el método para crear nuevas y valiosas ideas, productos, procesos y servicios. La humanidad ha forjado estas herramientas a lo largo de miles de años solucionando problemas cotidianos. Ahora, en sus manos, utilizadas adecuadamente, tienen el potencial de hacer que usted y su organización sean más creativos que nunca.

EPÍLOGO

(RELATO DE DREW)
Mi hijo, que está en primero de secundaria, me pidió que me presentara voluntario en su escuela para enseñar algo no académico y divertido, por ejemplo cómo usar los patines en línea, hacer galletas, etcétera. Llamé a la escuela y les pregunté si podía dar un curso llamado «Cómo ser inventor». En aquel tiempo, llevaba unos cuatro años enseñando Pensamiento Inventivo Sistemático en muchos talleres de innovación, así que confiaba en poder dar unas clases útiles y amenas para los niños.

Para mi enorme sorpresa, los administradores de la escuela dijeron que no.

Me quedé atónito. Pensaba que la escuela recibiría con los brazos abiertos un minicurso sobre creatividad. Les pregunté por qué. Insistieron en que era imposible enseñar a nadie, en especial a un niño, a ser inventor. Les preocupaba que el curso despertara unas expectativas demasiado altas y que yo «rompiera el corazoncito de los niños». Al igual que la mayoría, los administradores estaban atascados en la idea de que la creatividad es un don que algunos tienen y otros no.

Después de largas negociaciones, al fin la escuela aceptó dejarme dar mi curso. Se apuntaron diez niños, todos de primero y segundo de secundaria. Durante cinco semanas, una hora cada semana, les enseñé las mismas técnicas de innovación que usted ha aprendido en este libro. Les instruí exactamente igual que a los adultos, excepto que usaba ejemplos que los niños encontraran interesantes.

La última clase fue su «examen final». Cada niño se acercaba a la pizarra y yo le daba un artículo corriente en el hogar: una percha, una linterna, un reloj, un zapato, etcétera. Ninguno de los niños sabía por adelantado qué objeto iba a recibir. Durante los siguientes treinta minutos cada uno tenía que aplicar a su producto una de las cinco técnicas de innovación aprendidas en clase. El objetivo era transformar el objeto corriente en una innovación nueva para el mundo, dibujarla en la pizarra y explicar cómo habían usado su técnica para crearla.

La primera en presentarla fue Morgan, de primero. Le había asignado una percha (un artilugio sencillo, de una pieza, sin ninguna parte móvil). A la mayoría, este ejercicio le habría intimidado, porque una percha parece demasiado simple y corriente para innovarla. ¡Pero no a Morgan! Usando la técnica de dependencia de atributos (capítulo 6), inventó una percha que se extendía hacia arriba o hacia abajo o a los lados, dependiendo del tamaño y peso de la chaqueta que le colgáramos.

La siguiente fue Nicole. Le había dado una zapatilla deportiva Keds blanca que me dejó mi esposa para la clase. También ella había usado la dependencia de atributos para crear un zapato con una suela que se adaptaba a la actividad del usuario o al tiempo que hacía. «He inventado una zapatilla en la que la suela se puede cambiar dependiendo de si bailas o juegas a los bolos, o quizá cuando llueve o nieva», explicó. Igual que el invento de Morgan, era algo nuevo, útil y sorprendente.

Y así continuó, por toda la fila, con un niño después de otro usando la creatividad sistemática para ofrecer una nueva invención. Me sentí muy aliviado al saber que no iba a romper ningún corazoncito.

Al final de la clase, celebré una ceremonia de graduación. Entregué los certificados a los alumnos que los acreditaban oficialmente como inventores. Tenían que salir al mundo y crear muchos inventos nuevos y asombrosos. Todos tenían una enorme sonrisa en los labios. (Y yo también.)

Era hora de recoger y marcharse, ya que la clase se había acabado, o eso pensaba yo. Mientras salía del aula y recorría el pasillo, me volví y vi que los niños me seguían. Apreté el paso porque quería ir a casa. Ellos hicieron lo mismo y siguieron a mi lado. Entonces Nicole, casi corriendo, gritó: «¡Drew, Drew! Tengo otra idea: un zapato que se expande conforme te crece el pie».

¡Ni ella ni los demás podían desconectar! Sus pequeñas mentes seguían trabajando a toda velocidad, aunque el curso se había acabado.

Desde entonces, he enseñado el método a alumnos de primaria, en las Wyoming City Schools de Cincinnati. Cuando aplicábamos la técnica de la multiplicación, uno de los alumnos, Sam, siguió mis instrucciones al pie de la letra. Como antes, había dado a cada estudiante un producto real para trabajar; a Sam le había entregado un paraguas rojo intenso de la Universidad de Cincinnati.

Con gran diligencia, Sam creó un paraguas con dos mangos: uno en el sitio habitual y el otro en la parte alta del paraguas, en la punta (técnica de la multiplicación, capítulo 4). Como parte habitual de nuestra metodología, pregunté a Sam:

—Dime, ¿quién querría un paraguas con un mango en la parte de abajo y otro en la parte de arriba? ¿En qué podría resultarle beneficioso?

Sam lo pensó un minuto. Luego lanzó el brazo al aire, exclamando como un loco:

—¡Eh, eh, ya lo sé! ¡Sé *exactamente* para qué lo querría! —Aguanté la respiración. Sam continuó—: Si el viento lo pone del revés, lo único que tiene que hacer es darle la vuelta, cogerlo por el otro mango y empezar a usarlo otra vez.

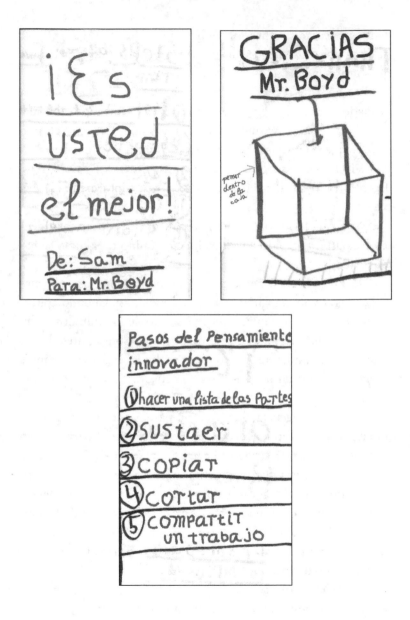

AGRADECIMIENTOS

Cinco pensadores extraordinarios inspiraron a Jacob o colaboraron con él. Sin ellos este libro no existiría. Son Genrich Altshuller, Roni Horowitz, Amnon Levav, David Mazursky y Sorin Solomon. Queremos dar las gracias a cada uno y reconocer el conjunto de su trabajo como la génesis fundamental de este libro.

Primero está Genrich Altshuller, a quien mencionábamos en el capítulo 7. Su idea de que la solución creativa de los problemas puede ser sistemática puso la pelota en juego muchos años antes de que nosotros entráramos en el campo. Creó la Teoría para Resolver Problemas de Inventiva (TRIZ, por sus iniciales en ruso) y ha tenido la máxima influencia en el campo de los planteamientos sistemáticos de la creatividad.

El genio de Altshuller reside en cómo separó la auténtica creatividad de las soluciones tradicionales —sobre todo de compromiso— a la hora de resolver problemas. Él se preguntó: ¿las ideas nos dicen algo?, ¿podemos identificar y definir la lógica de la invención? Y, si la respuesta es sí, ¿podemos enseñar a usar esta lógica? Su interés por los patrones de elaboración de soluciones estimuló a Jacob a hacer la misma pregunta sobre patrones en los productos muy innovadores y en las invenciones de ingeniería.

Altshuller es recordado como una persona vivaz que dedicó su vida a una idea que enriquecería enormemente a la especie humana. Hemos leído innumerables documentos, libros y artículos sobre creatividad, tanto académicos como prácticos, pero nunca hemos encontrado nada más irresistible y fascinante que las opiniones de Altshuller. Sin él, es posible que no tuviéramos ninguna de las técnicas que hemos descrito para usted en este libro. En el relato del capítulo 1, sobre la aventura con una rueda pinchada, uno de los ingenieros era el Dr. Roni Horowitz; el otro era Jacob. Horowitz fue el primero de los colegas de Jacob en descubrir a Altshuller e inspirarse en él. Incitó a Jacob a acompañarle en un viaje para investigar el Pensamiento Inventivo Sistemático. Roni fue el primero en combinar las ideas de Altshuller con el trabajo académico. El resultado fue el principio del Mundo Cerrado, una aportación fundamental al Pensamiento Inventivo Sistemático. Pero Roni hizo más. Hizo que el trabajo de Altshuller fuera accesible a más personas cuando tomó un conjunto de conceptos y herramientas muy difíciles y lo convirtió en un sistema coherente, susceptible de ser enseñado para la solución de problemas. Sin el trabajo, las opiniones, ideas y generosidad de Roni, que actuó como guía personal de Jacob en los primeros años, es probable que el método descrito en este libro nunca se hubiera desarrollado.

También damos las gracias a Amnon Levav. Amnon aparece en el relato del programa piloto de innovación de Drew, en el capítulo 2. Vuelve a aparecer en el capítulo 3 (la historia del DVD de Philips) y en el 4 (la historia del NOTICEable de Procter & Gamble). De hecho, está entre bastidores en muchos relatos de innovaciones dentro y fuera de este libro. Amnon contribuyó enormemente al Pensamiento Inventivo Sistemático. Tomó las teorías e investigaciones de Jacob y Roni, creó los fundamentos del SIT y formó el equipo que las ha estado poniendo en práctica desde 1996. Además, añadió algunos de sus propios principios y herramientas y supervisó la evolución del Pensamiento Inventivo Sistemático desde un método centrado en las plantillas (como describimos en este libro) hasta un enfoque integral de la innovación organizacional, tal como se practica hoy (el cual esperamos describir en nuestro próximo libro). Con ello, Amnon ayudó a hacer del Pensamiento Inventivo Sistemático un método práctico y refinado accesible a casi todo el mundo. Le damos las gracias por su contribución, por compartir su experiencia, por revisar y editar nuestro manuscrito y por estar disponible cuando lo necesitábamos.

Jacob tuvo tres mentores universitarios, sin los cuales su carrera no incluiría la investigación del SIT y, quizá, ni siquiera existiría. David Mazursky y Sorin Solomon, ambos de la Universidad Hebrea de Jerusalén, fueron los tutores de Jacob en su tesis doctoral. Lo aceptaron como alumno, creyeron en la idea de investigación y lo prepararon para que fuera un investigador. Casi todo el trabajo científico que hay detrás de este libro se basa en trabajos académicos que Jacob publicó conjuntamente con Mazursky y Solomon, que se han mantenido ahí, alentándolo y asesorándolo hasta hoy.

Un tercer mentor universitario es Don R. Lehman, de la Columbia Business School, que aceptó a Jacob como alumno de posdoctorado. Jacob lo considera su tercer tutor de doctorado y tiene la fortuna de seguir trabajando con sus tres tutores en proyectos de investigación.

Debemos un reconocimiento y agradecimiento especial a Ginadi Filkovski, alumno de Altshuller que enseñó a Roni y a Jacob su versión de la TRIZ y a organizar la resolución de problemas.

Hemos escrito este libro con la idea de que la creatividad tiene que ver con lo que hacemos para convertir el mundo en un lugar mejor. Hemos tenido el placer de entrevistarnos con muchas personas interesantes y serias y escribir sobre ellas, y deseamos reconocérselo ahora, en especial a aquellos que son responsables de los diversos relatos y casos mencionados en el libro: a

Patti Wuennemann, por su gran labor en Johnson & Johnson; al Dr. Steven Palter, por su solícito trabajo para curar a sus pacientes; al Dr. Luis von Ahn y a su alumna de doctorado Edith Law, por su trabajo pionero en computación humana; a Jeff Sabo y Rob McGee, dos expertos en seguridad minera que nos ayudaron a poner en perspectiva el rescate en la mina chilena; a la Dr. Gretchen LeBuhn, por su trabajo para salvar la población de abejas polinizadoras; a Mike Gustafson de Johnson & Johnson, que tuvo el valor de jugársela con Drew y experimentar con el método del Pensamiento Inventivo Sistemático; a Daniel Epstein, que tuvo la perspicacia de experimentar con el método en Procter & Gamble; a Rainer Schmidt, por su innovador trabajo en BPW; a Jackie Morales y Halina Karachuk, que fueron pioneras en la aplicación del método en AXA Equitable; a Mike Armgardt, del museo Discovery World, por sus detallados conocimientos sobre el músico Les Paul; y a Paul Steiner, de Kapro Industries, que se convirtió en uno de los primeros que creyeron de verdad en el SIT. En algunos relatos, no hemos mencionado por su nombre a algunas personas concretas, pero estamos agradecidos a las empresas que nos permitieron publicar sus historias sobre el uso del Pensamiento Inventivo Sistemático, en concreto Villeroy & Bosch, Samsonite International, Pearson Education y Royal Philips Electronics.

Hace años, Jacob y Drew estaban pensando por separado sobre escribir su propio libro sobre innovación. Drew se centraba en la perspectiva corporativa, Jacob tenía en mente un tratamiento teórico, más parecido a un libro de texto. Ambos sabían del interés del otro. Incluso acordaron usar la misma terminología en sus libros respectivos para no confundir a los lectores. Luego, un buen día, mientras hablaban de sus planes independientes, Jacob preguntó a Drew: «¿Por qué no escribimos un único libro juntos?» Drew, sin detenerse a sopesar el enorme compromiso que estaba a punto de aceptar, respondió:

«¡De acuerdo!» Jacob sonrió, cogió el teléfono y llamó a Jim Levine, de la Levine Greenberg Literary Agency de Nueva York. Unos tres años antes, en 2007, Jim había asistido a la clase de creatividad de Jacob, en Columbia, el mismo día en que Drew era el orador invitado. Después de la conferencia, Jim nos dijo que debíamos pensar en escribir un libro juntos, aunque en aquel momento lo habíamos descartado, ya que supusimos que no era realista teniendo en cuenta nuestro calendario. Pero Jim había plantado la semilla. Qué bien que conserváramos la tarjeta de Jim.

Jim y su equipo, incluidos a Kerry Sparks y Beth Fisher, han sido de una enorme ayuda. No podríamos haberlo hecho sin ellas. Jim nos exigió un alto nivel en el modo de explicación del método a otros. Nos obligó a repensar el argumento y el modo en que hacíamos que otras personas lo entendieran. Hasta entonces, nuestros esfuerzos habían sido demasiado abstractos y teóricos. Jim hizo que nos explicáramos en un inglés claro. Su preparación y orientación lo cambió todo.

Jim nos presentó en Simon & Schuster. Aunque varias editoriales mostraron interés en el libro, fue Bob Bender, editor sénior de Simon & Schuster, quien se hizo con él. Cuando nos preparábamos para nuestra primera reunión con Bob, esperábamos que nos sometiera a un minucioso escrutinio de nuestra propuesta de cincuenta y tres páginas para el libro. Pero sólo nos hizo una sencilla pregunta: «¿Por qué vais a escribir este libro?» Bob era cordial, profesional y comprensivo. Lo más importante es que le intrigaba el método y las dos «ratas». Su entusiasmo por el proyecto impulsó todo el proceso, y nos apoyó todo el tiempo con consejos sensatos para mejorar el libro. Le estamos profundamente agradecidos.

Drew está en deuda con Chris Allen y Karen Machleit, de la Universidad de Cincinnati, con Art Middlebrooks, de la Universidad de Chicago, y con Christie Nordhielm, Marta Dapena-

Baron y Jeff DeGraff, de la Universidad de Michigan, por su apoyo y aliento. Drew está especialmente agradecido a su amigo el Dr. Yury Boshyk. Durante años, el doctor Boshyk le dio la oportunidad de probar, desarrollar y perfeccionar el mensaje de innovación ante muchos públicos corporativos de todo el mundo. Finalmente, Drew no habría formado parte de este proyecto de no ser por Amnon y muchos otros en SIT, que dedicaron tiempo a prepararlo para que pudiera practicar y enseñar el método. SIT, tanto la empresa como el método, tuvieron un profundo efecto en la carrera de Drew y en su actitud de hacer que el mundo sea un lugar mejor.

A lo largo de los años, numerosas personas nos han preguntado cómo podían enseñar el método a sus hijos. Eso nos indujo a averiguarlo. Damos las gracias a las Mason City Schools; a Diann Blizniak, de las Wyoming City Schools; a Pam Zelman, de la Hughes Center High School, y a Emilie D'Agostino por darnos la oportunidad de compartir métodos creativos con niños de todas las edades. Tuvimos la suerte de conocer a jóvenes de talento como Sam, Morgan, Nicole y, especialmente, Ryan. Nuestros amigos de SIT nos prestaron mucho apoyo en estos esfuerzos, ya que habían escrito un libro para niños sobre la solución creativa de problemas.

Damos las gracias a nuestra compañera escritora, Alice La-Plante —a la cual fuimos presentados por Jim Levine—, quien nos ayudó a sintetizar el estilo de escritura de las dos «ratas» para convertirlo en un libro coherente y ameno. Tuvo la abrumadora tarea de coger el estilo corporativo de Drew (breve, anodino y aburrido) y el estilo académico de Jacob (concentrado y lleno de elucubraciones y circunloquios) y convertirlos en algo claro, cómodo y divertido. Alice es demasiado modesta para mencionar que es profesora de Escritura Creativa en la Universidad de Stanford y escritora de ficción galardonada con premios. Más aún, fue un sabio árbitro entre dos coautores rebeldes. No fue sólo una compañera de escritura, sino una maestra. Trabajar con Alice nos ayudó a ser mejores escritores. Como compañeros en la enseñanza, nosotros, a nuestra vez, nos esforzamos al máximo para enseñarle Pensamiento Inventivo Sistemático. Nos alegra decir que está usando algunas de las técnicas para escribir su siguiente novela. ¡Gracias, Alice!

A lo largo de su carrera académica, Jacob ha escrito muchos libros y documentos con ayuda de la escritora y editora Renee Hochman. Renne también ayudó a Jacob y Drew en las primeras etapas de este libro, y Jacob querría darle las gracias especialmente por su ayuda y apoyo continuados.

Damos también las gracias a otros que nos han ayudado a llevar a cabo el proyecto. Dan Ariely, uno de los expertos más conocidos hoy día en ciencias sociales, es amigo de Jacob. Durante años, defendió que el método debía ser publicado y sometido a la prueba del público en general, en lugar de ocultarse en los pasillos académicos y las salas de juntas corporativas. Con el tiempo, y bajo una presión constante, Jacob acabó dándose cuenta de que Dan tenía razón. Dan preparó a Jacob para escribir para el mundo real, fue el primero en respaldarnos y nos preparó para elaborar la propuesta del libro. Luego presentó a Jacob a Jim Levine. Andrea Meyer y Dick Bailey nos ayudaron a escribir, editar y comentar la propuesta mientras nos esforzábamos en sintetizar nuestros dos estilos diferentes de escritura por vez primera. Dave Hamann y Emmanuel Tanghal, nuestros ilustradores, nos ayudaron a contar historias visuales cuando las palabras por sí solas no eran suficientes.

Muchas personas con talento de Systematic Inventive Thinking LLC nos respaldaron y ayudaron todo el tiempo, ofreciéndonos sus historias personales, estudios de casos, aclaraciones y consejos de edición. Yoni Stern, Idit Biton, Nurit Shalev, Hila Pelles y Tamar Chelouche fueron especialmente útiles compartiendo sus experiencias profesionales con el método, proporcionando ejemplos y organizando reuniones con sus clientes. No mencionamos a la mayoría de los otros coordinadores y personal de SIT que practican y enseñan Pensamiento Inventivo Sistemático porque sus clientes exigen confidencialidad respecto a sus invenciones. Queremos mostrar nuestro reconocimiento y agradecimiento a todo el equipo de SIT por su entrega y trabajo diario en la difusión de este método a cada vez más personas: Adi Reches, Alexander Kaatz, Alexander Mildenberger, Alfred Arambhan, Alon Harris, Amit Mayer, Anan Bernstein-Reich, Andreas Reiser, Avivit Rosinger, Bendix Pohlenz, Benedikt Pröll, Boaz Capspouto, Carolina Ávila, Dana Horowitz, Dan Zemer, Dikla Beninson, Dov Tibi, Erez Tsalik, Edich Lachman, Eyal Avni, Felix von Held, Gabriele Richter, Gil Kidron, Grant Harris, Guzu Shalev, Iris Leinwand, Julia Butter, Karen Shemer, Liat Tavor, Mariela Ruiz Moreno, Martin Rabinowich, Maximilian Reitmeir, May Amiel, Meira Moisescu, Michal Lokiec-Yarom, Michal MasterBarak, Michael Shemer (ya fallecido), Nili Sagir, Nir Gordon, Nurit Cohen, Nurit Shmilovitz Vardi, Ofer El-Gad, Omri Herzog, Omri Linder, Or De Ari, Orly Seagull, Philipp Gasteiger, Ralph Rettler, Roberto de la Pava, Robyn Taragin-Stern, Shahar Larry, Shiri Yardeni, Shlomit Tassa, Sinai Gohar, Tal Har-Lev Eidelman, Tobias Guttenberg, Tom Peres, Vasudheva Reddy Akepati, Veronica Rechtszaid, Yael Shor y Yoav Mimram. Finalmente, querríamos dar las gracias a Haim Peres y al ya fallecido Haim Hardouf, que, después de leer una versión preliminar del enfoque de las plantillas, tuvieron la iniciativa y la visión de aplicarlo a su mundo de la publicidad y de iniciar y respaldar lo que más tarde sería la compañía SIT.

Si lee la sección de agradecimientos de la mayoría de libros actuales, verá que los autores dan las gracias a sus familias por «soportarlos». Ahora sabemos por qué. Nuestras familias, en especial nuestras esposas, Anna (Jacob) y Wendy (Drew) se convirtieron en «viudas de libro», ya que dedicamos muchas horas al proyecto y sostuvimos muchas teleconferencias a deshora entre Cincinnati, Jerusalén, Palo Alto y otros lugares lejanos. Les agrademos que lo aguantaran y les prometemos compensarlas. Bien puede ser que ése sea nuestro acto más creativo.

NOTAS

INTRODUCCIÓN

Pág. 17 *En 1914, el psicólogo Wolfgang Köhler inició:*
Arthur Koestler, *The Act of Creation*, Penguin Arkana, Londres,
1964, pp. 101-102.

Pág. 19 *Paul McCartney [...]. En una de sus biografías, Paul confesó:*
Barry Miles, *Paul McCartney. Hace muchos años*, Emecé, Buenos
Aires, 1999.

Pág. 23 *Descubrieron que, en realidad, somos mejores:* Ronald A.
Finke, Thomas B. Ward y Steven M. Smith, *Creative Cognition:
Theory, Research and Applications*, MIT Press, Londres, 1972,
pp. 26-27.

CAPÍTULO 1. LA CREATIVIDAD SE OCULTA DENTRO DE LA CAJA

Pág. 36 *Los consultores de gestión de los setenta y los ochenta:*
«Thinking Outside the Box», Wikipedia,
http://en.wikipedia.org/wiki/Thinking_outside_the_box.

Pág. 36 *Nadie, es decir, hasta que dos equipos de investigación
diferentes:* Janet E. Davidson, «Insights About Insightful Problem
Solving», en Janet E. Davidson y Robert J. Sternberg (eds.),
The Psychology of Problem Solving, Cambridge University Press,
Cambridge, 2003, p. 154.

Pág. 38 *Aunque publicó esta idea en el año 2000, Roni Horowitz:*
O. Maimon y R. Horowitz, «Sufficient Conditions for Design Inventions», *Systems, Man, and Cybernetics,* Parte C: Applications and Reviews, *IEEE Transactions,* 29: 1, n.º 3 (agosto de 1999), pp. 349-361.

Pág. 48 *En 1953, Alex Osborn, fundador y director:* Gary Schirr, «Flawed Tools: The Efficacy of Group Research Methods to Generate Customer Ideas», *Journal of Product Innovation Management,* 29 (2012), p. 475.

Pág. 49 *Los descubrimientos más importantes que no tardaron en surgir:* ibíd., p. 483.

Pág. 50 *Consideremos el consejo de la doctora Margaret Boden:* Margaret A. Boden, «What Is Creativity?», en Margaret A. Boden (ed.), *Dimensions of Creativity,* MIT Press, Boston, 1996, p. 79.

CAPÍTULO 2: CUANDO MENOS SE CONVIERTE EN MÁS

Pág. 67 *En este experimento clásico, Duncker:* Karl Duncker, «On Problem Solving», *Psychological Monographs,* 58, n.º 5 (1945), pp. i-113.

Pág. 68 *Partiendo de ella, Sony popularizó su Walkman:* Meaghan Haire, «A Brief History of the Walkman», *Time* (1 de julio de 2009), www.time.com/time/nation/article/0,8599,1907884,00.html.

Pág. 69 *La historia de Mango es un ejemplo:* Amit Schejter y Akiba Cohen, «Israel: Chutzpah and Chatter in the Holy Land», en James E. Katz y Mark Aakhus (eds.), *Perpetual Contact: Mobile Communication, Private Talk, Public Performance,* Cambridge University Press, Cambridge, 2002, p. 37.

Pág. 72 *El ama de casa tenía ahora que:* Susan Marks, *Finding Betty Crocker: The Secret Life of America's First Lady of Food,* University of Minnesota Press, Mineápolis, 2007, p. 168.

Pág. 81 «*Ay, esto va a ser adictivo*»: Tuit n.º 38 de uno de los creadores de Twitter, Dom Sagolla. André Picard, «The History of Twitter, 140 Characters at a Time», *The Globe and Mail* (Canadá) (20 de marzo de 2011), www.theglobeandmail.com/technology/digital-culture/social-web/the-history-of-twitter-140-characters-at-a-time/article573416/.

Pág. 82 *Glass dijo en una entrevista: «¿Sabe qué es increíble en todo esto?»:* Nicholas Carlson, «The Real History of Twitter», *Business Insider* (13 de abril de 2011), www.businessinsider.com/how-twitter-was-founded-2011-4.

Pág. 86 *Eberhard Au, un ingeniero de treinta y cuatro años que trabajaba allí:* «Dahlbusch Bomb», Wikipedia, http://en.wikipedia.org/wiki/Dahlbusch_Bomb

Pág. 86 *Lo que hicieron en Dahlbusch:* Jeff Sabo, del Mine Safety Training Center, de Cadiz, Ohio, entrevistas con los autores (septiembre de 2011).

Pág. 87 *Por lo tanto, el equipo de rescate tuvo que «poner todas las alternativas...»:* Rob McGee, de la United States Mine Rescue Association, entrevistas con los autores (septiembre de 2011).

Pág. 92 *Después de aquella reunión de 2004, el Standard Bank de Sudáfrica:* «How We Grew», Standard Bank, http://standardbank.investoreports.com/Annual_report2007/go/how.htm.

CAPÍTULO 3. DIVIDA Y VENCERÁ

Pág. 98 *Lester William Polsfuss cambió todo eso:* «Welcome to Les Paul Online», www.lespaulonline.com/bio.html.

Pág. 101 *El público se echó a reír a carcajadas:* Mike Armgardt en el museo de Discovery World, entrevista con los autores (26 de julio de 2011).

Pág. 117 *«Facebook está dirigido filosóficamente...»*: Anil Dash, «The Facebook Reckoning», *A Blog About Making Culture* (13 de septiembre de 2010), http://dashes.com/anil/2010/09/the-facebook-reckoning-1.html.

Pág. 117 *Cada amistad es única:* M. E. Doyle y M. K. Smith, «Friendship: Theory and Experience», *Encyclopaedia of Informal Education,* última actualización: 29 de mayo de 2012, www.infed.org/biblio/friendship.htm.

Pág. 118 *La teoría de Dunbar era:* Aleks Krotoski, «Robin Dunbar: We Can Only Ever Have 150 Friends at Most...», *The Observer-The Guardian* (14 de marzo de 2010), www.guardian.co.uk/technology/2010/mar/14/my-bright-idea-robin-dunbar.

Pág. 119 *Un 85 por ciento de mujeres afirma:* Shari Roan, «Facebook Backlash Continues with Evidence of "Frenemies"», *Los Angeles Times* (30 de marzo de 2011), http://articles.latimes.com/2011/mar/30/news/la-heb-facebook-frenemies-20110330.

Pág. 120 *Alcanzó los 400 millones:* Casey Newton, «Google+ Signs Up to 400 Million Users, with 100 Million Active», CNET (17 de septiembre de 2012), http://news.cnet.com/8301-1023_3-57514241-93/google-signs-up-400-million-users-with-100-million-active/.

Pág. 121 *«Saber que tienes un problema...»:* Jackie Morales, vicepresidenta sénior de soluciones para el servicio de retiro de AXA, entrevista con los autores (12 de enero de 2012).

Pág. 124 *«Usar este planteamiento sistemático fue como estar en la cima...»:* Halina Karachuk, vicepresidenta de innovación, investigación y analítica de AXA, entrevista con los autores (12 de enero de 2012).

Pág. 125 *Le presento a Lynn Noonan:* Esta historia se basa en un relato personal del autor Drew Boyd.

Notas

CAPÍTULO 4. SEA FRUCTÍFERO Y MULTIPLIQUE

Pág. 131 *«Como éramos el mayor minorista del mundo…»:* Robert
Enstad, «Girder Tops Sears "Rock"», *Chicago Tribune* (4 de mayo
de 1973), www.searstower.org/articles.html.

Pág. 136 *Su idea era usar tubos circulares:* «Bruce J.
Graham Video Tribute», vídeo, http://vimeo.com/45525303.

Pág. 139 *La Fusion tiene cinco hojas en la parte frontal:* Claudia H.
Deutsch, «Gillette Is Betting That Men Want an Even Closer Shave»,
The New York Times (15 de septiembre de 2005),
www.nytimes.com/2005/09/15/business/media/15adco.html?r=0.

Pág. 147 *No fue hasta 1661 cuando el científico francés:*
«Melchisédech Thévenot», Wikipedia,
http://en.wikipedia.org/wiki/Melchisedech_Thevenot.

Pág. 148 *La historia empezó cuando un cliente de Kapro llevó:*
Paul Steiner, CEO de Kapro Industries, entrevista con los autores
(19 de enero de 2012).

Pág. 153 *Bushland y Knipling dieron vueltas:* «Dr. Edward F. Knipling
and Dr. Raymond C. Bushland», World Food Prize (Premio Mundial
de Alimentación), www.worldfoodprize.org/en/laureates/19871999_
laureates/1992_knipling_and_bushland/.

Pág. 156 *El College Board las incluye:* «College SAT Format»,
Videojug, www.videojug.com/interview/college-sat-format.

Pág. 162 *Los miembros del equipo habían escuchado, recientemente,
una conferencia de Jacob:* Daniel Epstein, director de marketing de
Procter & Gamble, mensaje de correo electrónico enviado a los autores
(26 de octubre de 2011).

Pág. 164 *El producto tuvo tanto éxito:* Jack Neff, «Special Report-
Marketing 50», *Advertising Age,* vol. 77, n.º 46 (13 de noviembre
de 2006), PS-4-S-4.

CAPÍTULO 5. TRUCOS NUEVOS PARA PERROS VIEJOS

Pág. 172 *La mayoría de personas que sufren este dolor ven sus vidas:* January W. Payne, «Origin of Chronic Pelvic Pain in Women Can Be Elusive», *U.S. News & World Report* (8 de marzo de 2010), http://usnews.com/health-news/faminy/pain/articles/2010/03/08/origin-of-chronic-pelvic-pain-in-women-can-be-elusive.

Pág. 173 *El doctor Palter decidió mapear de manera sistemática:* Steven F. Palter y David L. Olive, «Office Microlaparoscopy Under Local Anesthesia for Chronic Pelvic Pain», *The Journal of the American Association of Gynecologic Laparoscopists*, vol. 3, n.º 3 (mayo de 1996), pp. 359-364.

Pág. 174 *El doctor Luis von Ahn:* Dr. Luis von Ahn, entrevista con los autores (25 de julio de 2011).

Pág. 174 *Captcha no está libre de fallos:* Luis von Ahn, «Human Computation», presentado en Computing Research That Changed the World: Reflections and Perspectives, Washington D. C. (25 de marzo de 2009), www.cra.org/ccc/locsymposium.php.

Pág. 177 *Entre otros logros, reCaptcha:* Alex Hutchinson, «ReCAPTCHA: The Job You Didn't Even Know You Had», *Walrus* (marzo de 2009), http://216.70.90.116/human-resources/.

Pág. 178 *Von Ahn calcula que, si un millón de personas:* Somini Sengupta, «A Start-Up Bets on Human Translators over Machines», *The New York Times* (19 de junio de 2012), http://bits.blogs.nytimes.com/2012/06/19/a-computer-scientist-banks-on-human-superiority-over-machines/?_r=0.

Pág. 178 *«Pero si tenemos a todas esas personas...»:* Clive Thompson, «For Certain Tasks, the Cortex Still Beats the CPU», *Wired* (25 de junio de 2007), www.wired.com/techbiz/it/magazine/15-07/ff_humancomp?currentPage=all.

Pág. 181 *Cedió el trabajo de crear otras* apps: «At an Apple Event at Its Headquarters in Cupertino, California, CEO Steve Jobs Launches the Company's New iPhone App Store», vídeo, www.youtube.com/watch?v=x0GyKQWMw6Q.

Pág. 185 *Durante el entreacto, se oía que los espectadores:* Lyn Gardner, «The Amazing Mr. Musicals», *The Guardian* (24 de enero de 2008), www.guardian.co.uk/stage/2008/jan/24/theatre.musicals.

Pág. 186 *«Lo que no haré es usar...»:* «An Interview with *Sweeney Todd* Director John Doyle», emisión de radio de Downstage Center (fecha original de transmisión: 24 de noviembre de 2006), http://americantheatrewing.org/blog/2006/11/29/john-doyle-127-american-theatre-wing-downstage-center/.

Pág. 186 *Este proyecto se llamó Tales of Things:* Bruce Sterling, «Spime Watch: Tales of Things», *Wired* (13 de abril de 2010), www.wired.com/beyond_the_beyond/2010/04/spime-watch-tales-of-things/.

Pág. 189 *Creó el programa de formación:* Esta historia se basa en un relato personal del autor Drew Boyd.

Pág. 195 *El PlayPump Water System facilita:* Alexandra Kain, «PLAY PUMP: The Merry-Go-Round Water Pump!», *Inhabitots* (5 de marzo de 2009), www.inhabitots.com/play-pump-the-merry-go-round-water-pump/.

Pág. 197 *En 2008, la profesora de biología Gretchen LeBuhn:* Dr. Gretchen LeBuhn, entrevista con los autores (20 de julio de 2011).

Pág. 200 *«Simplemente mediante ese paso de quince minutos...»:* Vídeo de presentación del proyecto por la doctora Gretchen LeBuhn, www.youtube.com/watch?v=33bRgiSgQcA&list=PL9EqiWaS21_9xPN bKTSJPGL5FrlgG-AOe&index=1.

Pág. 202 *Law quiere adaptar una versión:* Entrevista de la doctora Law con los autores (25 de julio de 2011).

Pág. 203 *Este «subidón del corredor» puede rivalizar:*
Gina Kolata, «Yes, Running Can Make You High»,
The New York Times (28 de marzo de 2007),
www.nytimes.com/2008/03/27/health/nutrition/27best.html?_r=l&

Pág. 204 *En 1987, Nike, el gigante del calzado deportivo:* Mark
McClusky, «The Nike Experiment: How the Show Giant Unleashed
the Power of Personal Metrics», *Wired* (22 de junio de 2009), http://
www.wired.com/medtech/health/magazine/17-07/lbnp_
nike?currentPage=all.

CAPÍTULO 6. CORRELACIONES HÁBILES

Pág. 209 *Los camaleones son un tipo de lagarto característico y muy
especializado:* Sharon Katz Cooper, «Chameleons and Other Quick-
Change Artists», *National Geographic Explorer* (octubre de 2002),
pp. 4-7, http://magma.nationalgeographic.com/ngexplorer/02210/
articles/mainarticle.html.

Pág. 212 *Por ejemplo, debido a su altura, la presión sanguínea
de la jirafa:* «Giraffa camelopardalis», Wikipedia,
http://es.wikipedia.org/wiki/Giraffa_camelopardalis.

Pág. 214 *Un 35 por ciento de las innovaciones son atribuibles:*
Jacob Goldenberg y David Mazursky, «The Voice of the Product:
Templates of New Product Emergence», *Innovation and Creativity
Management*, vol. 8, n.º 3 (septiembre de 1999), pp. 157-164.

Pág. 218 *Esta imagen híbrida Marilyn-Einstein fue creada:*
Aude Oliva, «Marilyn Einstein», Hybrid Images,
http://cvcl.mit.edu/hybrid_gallery/monroe_einstein.html.

Pág. 223 *De hecho, lo que dijo fue: «La casualidad favorece...»:* «Louis
Pasteur»: Wikiquote, http://en.wikiquote.org/wiki/Louis_Pasteur.

Pág. 224 *El fundador de Domino's, Thomas Monaghan, inventó* *prácticamente:* Janet Adamy, «Will a Twist on an Old Vow Deliver for Domino's Pizza?», *The Wall Street Journal* (17 de diciembre de 2007), http://online.wsj.com/article/SB119784843600332539.html.

Pág. 227 *En la película* The Bucket List, Carter Chambers: «Plot Summary for the Bucket List», Internet, base de datos de películas (IMDb), www.imdb.com/title/tt0825232/plotsummary.

Pág. 231 *Director de marketing de BPW para productos del té:* Rainer Schmidt, Beverage Partners Worldwide, mensaje de correo electrónico enviado a los autores (15 de agosto de 2012).

CAPÍTULO 7. LA CONTRADICCIÓN

Pág. 251 *Una de las más tempranas y famosas:* «Paradoja de Epiménides», Wikipedia, http://es.wikipedia.org/wiki/Paradoja_de_ Epiménides.

Pág. 257 *En 1995, David Gedye, un joven científico informático:* «About SETI@home», http://setiathome.berkeley.edu/sah_about.php.

Pág. 260 *Sóstrato ideó un truco brillante para satisfacer ambos deseos:* Jacob Goldenberg y David Mazursky, *Creativity in Product Innovation*, Cambridge University Press, Cambridge, 2002, p. 8.

Pág. 274 *Con la amenaza de una subida de impuestos, es posible que ambas iniciativas se detengan:* Roger Fisher, William L. Ury y Bruce Patton, *Sí... ¡de acuerdo! Cómo negociar sin ceder,* Norma, Bogotá, 2005.

Pág. 275 *El nuevo plan salarial de una compañía de seguros:* Ray J. Lewicki, David M. Saunders y John W. Minton, *Essentials of Negotiation,* 3.ª ed., McGraw-Hill, Nueva York, 1999.

Pág. 277 *Las guerras espaciales:* D. Nir, J. Goldenberg y E. Maoz, «Creativity in Negotiation Through the Prism of Creative Templates», en Leigh L. Thompson y Hoon-Seok Choi (eds.), *Creativity and Innovation in Organizational Teams*, Lawrence Erlbaum Associates, Mahwah (Nueva Jersey), 2005, pp. 54-56.

Pág. 278 *Una adquisición amistosa:* Max H. Bazerman y Margaret A. Neale, *La negociación racional en un mundo irracional*, Paidós, Barcelona, 1993.

Pág. 284 *Newell Rubbermaid reunió un equipo:* Amnon Levav, director gerente, SIT LLC, entrevista con los autores (16 de enero de 2012).

CAPÍTULO 8. REFLEXIONES FINALES

Pág. 285 *El Dr. Roger Smith, experto en el:* Roger Smith, «Innovation for Innovators», *Research Technology Management*, vol. 51, n.º 6 (noviembre-diciembre de 2008).

Visítenos en la web:

www.empresaactiva.com